재앙을 축복으로
만드는 사람들

3

재앙을 축복으로
만드는 사람들

3

지은이 김원수

바른법연구원

【 일러두기 】

이 책자는 2017년 가을에서 2020년 겨울까지 매주 토요일 새벽 법문을 글로 옮기고 순서대로 세 권의 책에 나누어 실었습니다.
법문에서 백성욱 박사님과 김원수 법사님의 특징적인 말씀은 그대로 옮기도록 노력하였습니다.
원문은 네이버 카페, 백성욱 박사 교육문화재단
새벽법회II [https://cafe.naver.com/buddhaland]에서 들을 수 있습니다.

●
머
리
말
○

　금강경을 공부한 지 50여 년이라는 긴 세월이 흘렀습니다. 금강경을 처음 접하고 불교의 심오한 철학에 깊이 감동하여 그 가르침을 응용 실천하여 이기심을 모두 버리고 오직 부처님을 시봉하며 깨달음을 얻는 불자, 부처님 시봉하는 불자가 되려 하였습니다. 그러나 거친 사회생활을 하는 과정에서 이기적 욕망을 억누르며 부처님 시봉하는 일이 만만치 않음을 발견하였고, 부처님 시봉하는 일과 눈앞의 재앙을 소멸하고 소원을 성취하는 기복祈福의 마음이 충돌하기 시작하였습니다.

　금강경 공부의 초창기에는 깨달음의 길과 복을 구하는 구복求福의 길이 다른 줄 알았으나, 공부가 점차 성숙해지며 금강경 가르침의 핵심이 불이사상不二思想에 있음을 알게 되었습니다. 깨달음의 길, 즉 부처님 시봉의 길과 구복의 길이 결코 다르지 않음을 발견하면서, 금강경 공부가 잘될수록 소원은 기적적으로 더 잘 이루어지는 듯하였습니다.

하지만 금강경을 열심히 읽어도 10년 이상 지속되는 재앙의 생활을 두어 번 체험하기도 하였는데, 이런 고달픈 체험 뒤에 금강경 공부에 대해 허탈감이 들기 시작하였습니다. 금강경 공부의 보람은 과연 무엇인가? 금강경 공부에 대한 회의가 들기 시작하며, 전지전능하다는 자신감 대신 무력한 자신의 한계를 절감하였습니다. 이때 후딱 깨친 것이 있었습니다. 바로 금강경 16분의 구절입니다.

선남자 선여인 수지독송차경 약위인 경천
善男子 善女人 受持讀誦此經 若爲人 輕賤

시인 선세죄업 응타악도 이금세인 경천고
是人 先世罪業 應墮惡道 以今世人 輕賤故

선세죄업 즉위소멸 당득 아누다라삼막삼보리
先世罪業 卽位消滅 當得 阿耨多羅三藐三菩提

이 말씀으로 비로소 10년 이상의 인고忍苦의 세월이 결코 허송세월이 아니요, 선세죄업의 소멸 기간임을 알게 되었습니다. 이 긴 소멸의 시간에 공부가 진전이 없었던 것이 아니라 조금씩 나아지고 있었는데, '아니 된다'라는 잘못된 생각에 가려 허송세월이라 이름을 짓고 퇴타심의 세월을 보냈던 것입니다. 비로소 선인들이 말씀한 '번뇌가 곧 보리'요 '생사가 곧 열반'이라는 진리를 실감하게 되었고, 재앙이 닥쳐도 이를 재앙이라 이름 짓지 아니하고 축복이라 이름 지으면 축복으로 변한다는 사실을 깨달았습니다.

재앙이 축복과 다르지 않다는 불이不二의 가르침을 깨치는데 수십 년의 세월이 걸린 것입니다. '재앙이 곧 축복'이라는 구절을 실감하는 순간, 나는 새로운 불자로 태어났다고 감히 말씀드립니다.

그 후 매주 토요일 아침마다 도반들에게 재앙이 '재앙이 아닌 축복'임을 실감하는 것을 알려드리려 하였고, 이 법문들을 모아서 만든 것이 이 책입니다. 그리하여 나는 책의 제목을 『재앙을 축복으로 만드는 사람들』로 하게 된 것입니다. 재앙이 곧 축복이 되는 것을 깨닫는 순간 매일매일 좋은 일만이 우리 앞에 있을 것입니다.

이 책을 가까운 도반들은 물론 전 세계 모든 사람들이 잘 읽어서 부처님과 내가 둘이 아닌 진리, 번뇌와 보리가 둘이 아닌 진리, 재앙이 곧 축복임을 아는 불이不二의 진리를 단박에 깨쳐, 나처럼 오래도록 허송세월하지 않으시고 부처님 시봉 잘하기를 기원합니다.

2021년 11월

김원수 합장배례

차
례

- 일러두기 … 004
- 머리말 … 005

제1장
나는 부처님 시봉하는 사람

발원문은 보살이 부처님 시봉하겠다는 서원 … 017

보살불교와 중생불교 … 024

마음 씀씀이가 운명을 만든다 … 031

무엇을 이루려는 한恨을 바치면 소원 성취는 저절로 … 036

소원 성취하여 부처님 기쁘게 해 드리기를 발원 … 041

질문 속에 답이 있다 … 047

우리 가르침은 석가여래의 마음을 닮아 가는 공부 … 055

모든 생각을 바쳐서 나오는 완전한 지혜 … 062

선지식은 우리의 위대성을 수시로 일깨워 준다 … 070

나는 부처님 시봉하는 사람 … 079

제2장
고통에 저항하지 않고
감사하며 바칠 때 축복이 된다

지혜 교육을 받아야 성공하고 능력자가 된다 … 089
공부의 핵심, 경천을 묵묵히 참회하고 부처님께 바치는 것 … 094
고통에 저항하지 않고 감사하며 바칠 때 축복이 된다 … 099
가장 확실하고 완전한 금강경식 소원 성취 … 102
불타는 집에서 벗어나 진정으로 행복할 수 있다 … 112
선입견을 바쳐서 소멸하는 지혜 교육 … 120
일시적 재앙과 구조적 재앙 … 131
불교는 절대성이 있는 종교, 단순한 수련이 아니다 … 142
최고의 수행법, 부처님을 절대 공경하는 것 … 152
도인은 자신을 드러내지 않는다 … 161

제3장
부처님 마음을 연습하여
절체절명의 위기를 극복한다

부처님께 바칠 때 우주를 움직이는 보편적 가치가 된다 … 171

불교 수행의 목적, 몸과 마음을 건강하게 하는 것 … 183

금강경 정신으로 돌아가자 … 194

난제가 착각인 줄 알고 바칠 때 전지전능한 능력이 드러난다 … 204

도인은 말이 없다 … 213

미래를 예견하시는 도인의 수기설법과 대승불교 … 222

부처님께 의지하는 불교에서 부처님 시봉하는 불교로 … 239

부처님 마음을 신구의身口意로 실천하여 재앙을 소멸한다 … 253

절체절명의 위기 극복, 나는 무시겁으로 살생한 적이 없노라 … 262

만물을 자기 몸처럼 사랑하고 실감한다면 … 273

제4장
부처님 감사합니다

윗목의 도반을 호랑이가 물어가도 흔들리지 마라 ⋯ 285
마음을 떼고 진실하게 그리면 한순간에 이루어진다 ⋯ 294
수행의 핵심은 음탐심의 해탈 ⋯ 302
백성욱 박사 교육문화재단 설립의 의의 ⋯ 312
자신이 못난 줄 알고 이 공부를 영광스럽게 알아야 ⋯ 323
본래 없음을 바탕으로 하는 금강경 공부는 쉽고 빠르다 ⋯ 339
부처님 감사합니다 ⋯ 348
고통을 나의 분신으로 알고 사랑할 때 해탈할 수 있다 ⋯ 357

- 찾아보기 ⋯ 367
- 주제로 찾아보기 ⋯ 372

- 편집후기 ⋯ 377

법문 들으시는 모든 분들이
재앙은 소멸하고 소원은 성취해서
부처님 전에 복 많이 지으시기를 발원드립니다

제1장

나는 부처님 시봉하는 사람

발원문은
보살이 부처님 시봉하겠다는 서원

연일 코로나바이러스 공포가 전국을 휩쓸면서 사람들을 공포의 도가니로 몰아가고 있습니다. 저 자신도 마음이 편치 않습니다. 이 재앙에서 벗어나는 길은 없을까? 특히 우리 금강경 공부하는 불자들이 해야 할 일은 무엇이 있을까? 스스로 이렇게 질문을 던져 보았습니다.

저는 지난주에 B방송에 가서 코로나바이러스의 공포를 벗어나는 길은 무엇인가에 대해 금강경 26분을 인용해서 거의 두 시간에 걸쳐 저 나름대로 역설을 했습니다. 다행히 그 역설이 어느 정도 통했던지 B방송에서도 광고를 해 줬고, 다음 주부터는 본격적으로 코로나바이러스 퇴치 방법에 대한 법문이 방송될 것으로 기대합니다. 저는 그것이 굉장히 바람직한 대처 방법이라고 생각하고, 많은 사람이 그 법문을 듣고 코로나바이러스의 공포에서 해탈해서 밝고 자유로운 삶을 찾게 되기를 발원합니다.

저는 세 가지 발원문을 써서 말씀드렸습니다. 그리고 그 세 가지 발원문을 쓰기 전에 제목부터 말씀드렸는데 상당히 역설적인, 어떻게 보면 사람의 상식을 깨는 제목이었어요. '코로나바이러스는 재앙이 아니라 축복'이라는 말로 시작했습니다. '제도하시는 용화교주 미륵존여래불 공경을', 이 표현을 꼭 쓰고 싶었는데 아직 그 구절이 사람들에게 익숙하지 않아서 쓰지 않았습니다. 발원문은 제가 인터넷 카페에 이미 올려놓은 것과 동일합니다.

발원문은
부처님 시봉하겠다는 보살의 서원

우리가 한번 생각해 볼 것이 있습니다. 발원문과 기도문의 차이가 무엇일까요? 분명히 차이가 있다고 봅니다. 하지만 그 차이를 잘 구분하지 못합니다.

기도문은 중생들이 스스로 피조물이며 주위 환경의 영향을 받는 존재라고 생각하고, 자기 자신의 능력의 한계를 느끼면서 절대자의 힘을 빌려 난관을 극복하려는 호소문입니다.

발원문은 그 뜻을 정확히 아는 사람이 드물고, 백 선생님*의 가르침을 받은 사람들만이 알 수 있는 내용이라고 생각합니다. 발원문은 보살이 부처님 앞에서 부처님을 시봉하겠다고 약속하고 서원하는 글입니다.

우리나라 절에서 발원문이라고 하는 것을 가만히 보면 발원문이 아

------
* 백 박사님, 백 선생님은 불세출의 도인이시며 큰 스승이신 백성욱 박사님입니다. 호칭은 법사님께서 말씀하신 그대로 혼용하여 옮겼습니다.

니라 기도문이에요. 우리나라에서 가장 존경받는 스님 중 하나인 ○○ 스님이 시주를 받아서 새 절을 조성하면서 만드신 발원문을 들어봤습니다. "○○사가 잘 유지되어서 많은 사람을 위한 포교의 중심이 되고…… 부처님의 진리를 알리는 중심이 되게 하시옵소서." 하시옵소서는 시봉하겠다는 뜻이 아니라 나한테 해 달라는 이기적인 표현이 들어간 기도문입니다. 발원문이 될 수 없습니다.

우리 발원문은 나한테 뭘 해 달라는, 가피력에 의존해서 내 소원을 이루게 해 달라는 이기적인 내용이 들어가 있지 않습니다. 부처님 앞에서 부처님을 시봉하겠다는 약속, 섬기겠다는 결의가 들어가 있는 것이 특징입니다.

발원은 부처님께 공경심으로 예의를 갖추어 시작한다

제일 먼저 '제도하시는 용화교주 미륵존여래불 공경을' 이렇게 시작합니다. 그것은 꼭 해야 합니다. 발원문은 자신에게 향한 소리가 아닙니다. 절대자를 향한 약속이며 결의를 나타내는 것입니다. 절대자에 대한 예절을 표하고 인사를 해야 합니다. 절대자에 대한 인사를 '제도하시는 용화교주 미륵존여래불 공경을'로 표현합니다.

더 근본적인 표현은 미륵존여래불이 아니라 석가모니불 해야 할 것 같습니다. 백 선생님께서도 처음에는 '제도하시는 용화교주 미륵존여래불 공경을' 하시다가 거의 열반하실 즈음에는 '영산교주 석가모니불 시봉 잘하겠습니다'로 바꾸셨던 기억이 있습니다.

우리는 우리를 제도할 수가 없습니다. 우리는 누구를 교화시켜서 좋은 사람으로 만드는 능력이 없습니다. 오직 제도할 수 있는 분은 부처님밖에 없다고 합니다. 부처님도 제도했다는 생각을 안 하신다고 하지만, 부처님만이 제도가 가능합니다. '제도하시는'이라는 표현을 쓸 수 있는 것은 오로지 부처님밖에 없고 바로 미륵이 그런 분이십니다. 따라서 '제도하시는 용화교주 미륵존여래불 공경을' 하는 것은 부처님 앞에서 부처님 시봉하겠다는 것을 약속하고 결의를 표현한다는 뜻이 담겨 있습니다.

금강경에도 처음에 '여래 선호념 제보살하시며 선부촉 제보살하시나니까' 이렇게 인사로 시작합니다. 인사부터 하고 법문을 청하는 것이 순서입니다. 대뜸 자신의 이기적인 목적을 얘기하는 것은 예의상 맞지 않습니다. 금강경에서도 처음에 부처님에 대한 인사로 출발했듯이 우리의 발원문도 처음에 부처님 앞에서 공경과 예의를 표현하는 것은 너무나 당연합니다.

이건 백 선생님께서 설명해 주신 것을 말씀드리는 게 아니고 제가 깨친 것을 말씀드리는 겁니다. 한 번도 여쭈어본 적은 없습니다. 처음에 자기 소원을 말하기보다는 반드시 인사 먼저 드려야 되고, 그러기 위해서는 '제도하시는 용화교주 미륵존여래불 공경을' 해야 합니다.

모든 사람이 잘되기를 발원하는 순간 부처님 마음이 된다

'모든 사람이 코로나바이러스의 공포에서 벗어나 부처님 전에 환희심 내어 복 많이 짓기를 발원' 합니다. 왜 모든 사람으로 시작할까요? 모든 사람으로 시작하는 것은 우리밖에 없습니다. 모든 사람이 잘되기를 바라는 마음은 중생의 마음이 아니라 보살의 마음이요, 부처님의 마음입니다. 모든 사람이 코로나바이러스 공포에서 벗어나서 부처님 시봉 잘하기를 발원할 때 우리는 순간적으로나마 부처님 마음이 됩니다.

'나를 잘되게 해 주시옵소서' 할 때 우리는 중생의 마음이 됩니다. 중생의 마음이 될 때 우리는 주위 환경의 영향을 받는 존재라고 선언하는 것과 같습니다. 코로나바이러스에 감염될 수 있는 연약한 존재라고 선언하는 것과 똑같습니다. 그런 마음 씀씀이라면 코로나바이러스는 우리에게 침투할 수밖에 없습니다. 저는 그런 기도문은 바람직한 기도문이라고 생각하지 않습니다.

우리는 발원문을 읽을 때 순간적으로 부처님 마음이 되어야 합니다. 이 때 순간적으로 부처님이 됩니다. 부처님은 주위를 지배할지언정 영향을 받지 않습니다. 천하의 바이러스도 부처님께는 침투할 수 없습니다.

부처님만이 모든 사람을 위해서 기도할 수 있습니다. 모든 사람이 잘되기를 기도할 때 우리는 순간적이나마 부처님 마음이 됩니다. 부처님 마음이 될 때 우리는 씩씩해지고, 모든 재앙에서 벗어나고 모든 소원을 이룰 수 있는 능력이 생깁니다. '제도하시는 용화교주 미륵존여래불 공경' 또는 '제도하시는 영산교주 석가모니불 공경'으로 시작하는 것이 필요합니다.

이름 짓는 대로 믿는 대로 현실이 된다

본질적으로 코로나바이러스의 공포가 본래 없고 착각이라는 것을 일깨워 주는 것이 더 정확한 발원의 표현이라고 봅니다. 코로나바이러스의 공포에서 벗어나기 위해서는 그것이 착각이고 본래 없음을 알아야 합니다.

"제도하시는 용화교주 미륵존여래불 공경을, 모든 사람이 코로나바이러스의 공포가 착각이고 본래 없음을 깨달아 부처님 전에 복 많이 짓기를 발원."

지금 우리는 코로나바이러스를 무시무시한 저승사자라고 보는 경향이 있습니다. 국가에서 처방하는 유일한 대책이 '마스크 잘 써라, 사람을 피해 다녀라. 모이지 마라.'입니다. 이런 과정에서 우리는 코로나바이러스를 좋은 인상으로 보지 않고 악마라고 보게 됩니다. 중국의 주석 시진핑은 악마와의 전쟁이라고 표현합니다.

그러나 신라의 향가에서 교훈을 배웠습니다. 나쁜 별이라고 이름을 지으면 나쁜 일이 일어나고, 좋은 별이라고 이름을 지으면 재앙에서 벗어납니다. 코로나바이러스를 악마라 부르며 피해 다녀야 하는 기피 대상으로 생각해서는 안 됩니다. 좀 더 적극적으로, 세상의 상식과는 다르게 '복균이다, 축복이다.' 이렇게 이름 짓기로 합시다. 코로나바이러스는 우리에게 축복이 될 수 있습니다. 이름 짓는 대로 믿는 대로 됩니다. 일체유심조인 것입니다.

기독교에 믿는 대로 되리라는 가르침이 있고 불교에서도 일체유심조의 가르침이 있습니다만, 이런 난국에 코로나바이러스에 좋은 이름을 붙여서 국면전환 하려는 사람은 아무도 없습니다. 저는 감히 우리 선생님이라면 그렇게 하셨으리라 생각하면서 용감하게 돌팔매를 맞을 각오로 B방송에서 이야기했습니다. 우리만이 그런 대안을 낼 수 있고, 우리가 그렇게 서원을 세울 때 코로나바이러스에서 벗어날 수 있습니다.

  부처님 앞에서 부처님 시봉하는 보살의 마음이 되어서, 씩씩하게 그리고 당당하게 우리의 새 길을 찾아 이 난국을 극복해 나가기를 발원드립니다.

2020.02.29.

보살불교와
중생불교

우리가 하는 불교는 다른 불교와 차이점이 있습니다. 이런 차이점을 알고 하는 것과 잘 모르고 하는 것은 시작이 다르기에 결과도 큰 차이가 있습니다. 우리 불교는 보살불교라 할 수 있고, 다른 불교는 중생불교라고 할 수 있습니다. 우리가 하는 불교를 자랑하고 드러내기 위해서 하는 말이 아닙니다.

보살불교와 중생불교

보살은 누구입니까?
보살은 각유정覺有情이라고 합니다. 깨달았지만 아직 부처가 안 되었습니다. 중생이라는 뜻입니다. 닦아야 할 업보가 남아 있습니다.
무엇을 깨달았나?
자기가 부처와 같다는 것을 깨달았습니다. 자기가 부처와 똑같다는 것을 알고 수도하는 것이 보살불교의 특징이라고 할 수 있습니다.

보통 중생불교는 자신을 구원받아야 할 열등한 존재로 봅니다. 자신이 구족하고 베풀 수 있는 여유로운 존재라는 생각을 하지 못합니다. 고달픈 존재라고 생각하여 절대자의 가피력이나 위신력의 힘을 입어서 구원을 얻으려고 하는 불교를 중생불교라고 합니다.

중생불교에서는 석가모니불을 고유명사라고 합니다. 2500년 전에 인도에서 태어나신 싯다르타 태자 석가모니불입니다. 고유명사, 사람, 성인으로 봅니다. 위대한 능력자요 우리를 가르쳐 주는 큰 스승으로 보며, 공경하고 의지합니다. 마찬가지로 백 선생님 제자 중에도 백 선생님을 석가여래 못지않은 아주 대단한 초능력자로 보는 제자들이 많았습니다. 고달프고 무지한 우리를 구원해 줄 구세주로 봅니다. 이것은 중생불교의 특징입니다.

반면 보살불교에서는 석가모니불을 2500년 전 인도의 가비라성 왕자로 고유명사화하지 않고 '참나'로 봅니다.

중생불교에서는 관세음보살은 부처님과 비슷한 초능력자이고, 우리를 불 속에서 꺼내 주시고 물에 빠져도 건져 주시고 어떤 험난한 곳에서도 다 구원해 주시는 위대하신 구세주라고 합니다. 경전에 구고구난救苦救難 관세음보살이라고 쓰여 있습니다. 우리는 구세주라고 하는 말을 그대로 믿습니다.

그러나 보살불교에서는 관세음보살을 '내 안의 자비심'으로 봅니다. 백 선생님께서는 관세음보살을 내 안의 자비심, 내 안의 선지식, 내 마음의 자비심으로 표현합니다. 보통명사화 하여 마음으로 표시합니다. 아미타불은 '내 안의 극락심'으로 표현합니다.

중생불교에서 바치는 것과 보살불교에서 바치는 것이 다릅니다.

스스로의 존재를 열등하게 생각하고, 고통 무능 무지가 실지로 있는 줄 알고, 바칠 것이 있는 줄 알고 바치는 것이 중생불교의 특징입니다.

보살불교에서는 본래 착각인 줄 알고 바칩니다. 본래 착각이고 바칠 것이 없지만 그 착각을 소멸하기 위해서 바치는 것이 특징이며, 이것이 우리가 지향해야 할 바입니다. 우리는 보살불교의 특징을 알고 그대로 실천해야 합니다.

보살불교, 내 마음의 자비심을 깨쳐 모든 것을 해결한다

관음경에는 이런 이야기가 있습니다. 물에 빠져도 관세음보살을 부르면 물속에 가라앉지 않을 것이다. 불에 들어가도 관세음보살을 부르면 능히 불에 타지 않는다. 고통스러울 때, 관세음보살의 묘한 지혜의 능력이 세간의 모든 고통에서 구원해 준다. 탐심이 많은 사람은 늘 관세음보살을 공경하라. 그러면 탐심에서 벗어날 것이다. 진심이 많은 사람은 늘 관세음보살을 공경하라. 진심에서 벗어날 것이다. 치심이 많은 사람은 늘 관세음보살을 공경하라. 치심에서 벗어날 것이다. 관세음보살을 일심으로 외우는 것은 42만 수많은 부처님 명호를 외우는 것보다 훨씬 공덕이 많으니라. 부처의 몸으로, 벽지불의 몸으로 나투어서, 천인 아수라의 몸으로 나타나서 중생을 구원하고 고난을 다 해결해 줄 것이다.

중생불교를 하는 사람들은 어렵고 힘들 때 관세음보살을 많이 합니다. 중생불교에서는 자신을 열등한 존재로, 관세음보살이나 부처님을 구세주로 알고 매달림으로써 구원을 얻거나 해탈을 얻게 된다고 생각합니다.

보살불교에서는 관음경을 어떻게 해석할까요?

보살불교를 하는 사람은 관음경을 경전에 쓰인 그대로 읽지 않습니다.

"우선 관세음보살 마음이 되어라. 내 마음속에서 관세음보살님의 자비심을 깨친다면 물에 들어가도 빠지지 않을 것이고 불에 들어가도 타지 않을 것이다."

무척 고단하고 힘든 일이 있어도 내 마음속 자비심을 깨친다면 그런 고통에서 벗어나리라고 해석합니다.

내 안에 모든 것이 구족해 있는 것을 알기에 깨친 사람은 매달리지 않습니다. 내 속에 관세음보살이 있다고 생각합니다. 내 속의 자비심만 깨친다면 모든 것을 다 해결할 수 있고 모든 초능력이 내게서 나온다고 생각합니다. 같은 관세음보살 명호를 불러도 마음가짐이 아주 다릅니다.

보살불교와 중생불교가 완전히 다릅니다. 우리는 스스로 보살불교를 하는 사람으로 알아야 합니다. 금강경 3분에 제보살마하살 응여시항복기심諸菩薩摩訶薩 應如是降伏其心이라 하면서 보살을 위한 가르침이라고 하였습니다. 15분에서는 이 가르침은 대승자를 위해 설한 가르침이며, 최상승자를 위해 설한 가르침이라는 구절이 나옵니다. 그리고 보살이라는 단어가 금강경 곳곳에 나옵니다. 우리가 보살불교를 해야 함을 금강경에 누누이 강조하고 있습니다. 금강경을 한다면 보살불교를 해야 함을 분명히 알아야 합니다.

진심을 해탈하면
내 속의 자비심이 드러난다

자비심은 상대를 측은하게 여기는 마음에서 생기지 않습니다. 진심을 해탈하면 본래 내 속에 있던 자비심이 드러나는 것입니다. 관세음보살은 자비심이고 내 속의 자비심을 깨치는 것이지, 우리를 구원하는 구세주라는 고유명사이며 매달릴 대상이 아니라는 것을 백 선생님께서는 강조하셨습니다.

백 선생님께서 들려주신 큰스님과 호랑이 상좌 이야기입니다.

어떤 사람이 중국 가는 길에 도인이라 하는 큰스님이 계시는 절이 있어 찾아갔는데 절이 아주 조용했습니다.

"절이 크고 큰스님이 계시는데 시봉이 없으십니까?"

"시봉이 있기는 있소. 그런데 모양이 너무 흉해서 보여 드릴 수가 없네요."

손님이 모양이 흉해도 좋으니 좀 보여 달라고 졸랐습니다.

"그럼 보여 주겠는데 모양이 흉하다고 놀라지 마시오."

큰스님이 "대공아." 부르니 큰 호랑이가 옆에 와서 탁 앉습니다. 시봉은 안 오고 호랑이가 옵니다. 호랑이를 보고 벌벌 떨고 있는데, 이번에는 "소공아." 하니 작은 호랑이가 나타났습니다. 시봉을 보자고 했다가 혼쭐이 났습니다. 오금이 저리는데 그렇다고 도망갈 수도 없고, 가만히 보니까 시봉이기는 한 모양이라 해를 끼치지 않을 것 같기도 합니다.

"그런데 시봉의 모양이 왜 이렇습니까?"

큰스님께서 아무 말씀 안 하시고 "관세음보살." 하십니다.

이 대목에서 백 선생님은 제게 큰스님이 관세음보살 하신 이유를 물어보셨습니다. 불교에 대한 지식은 꽤 있었지만 관세음보살은 고유명사이고 구세주요, 매달리는 존재로만 알고 있어서 전혀 대답할 수 없었습니다. 우물쭈물했더니, 내가 관세음보살을 깨쳤더라면 내 제자가 저런 모양은 안 되었을 것이라는 의미라고 설명하셨습니다. 관세음보살을 못 깨쳤다는 것은 본래 내 속에 구족한 자비심을 깨치지 못했다는 것입니다. 즉, 진심이 있었다는 뜻입니다.

진심이 있으면 제자들이 왜 호랑이가 될까요? 그 큰스님은 철저히 제자를 엄하게 다루셨다고 합니다. 엄하게 하는 것을 자비심으로 위장하고, 꾸짖는 것이 아니라고 생각할 수 있습니다. 그러나 엄하게 하는 것에 남을 꾸짖는 마음이 있습니다. 제자들이 어려워하는 것은 공경심과는 다릅니다.

스승을 어려워하는 것은 나쁜 것일까, 좋은 것일까?

몇 년을 공부해도 어려워하는 사람은 스승에게 정을 못 붙입니다. 스승한테는 정이 좀 들어야 하는 것 아니겠습니까! 어려워하면서 스승을 호랑이라고 별명 짓는 것입니다. 스승을 어려워하면서 호랑이를 마음속에 그렸기 때문에 호랑이가 되어 나타난 것입니다.

관세음보살 하는 것은 자비심을 깨우치는 것입니다. 모든 사람에게 보편적으로 있으며 널리 퍼져 있는 내 속의 자비심입니다. 진심을 닦을 때 구족한 자비심이 드러난다고 할 수 있습니다.

보살불교를 정리해 봅니다. 보살불교는 석가모니 부처님, 관세음보살 등을 절대로 사람이나 고유명사로 보지 않습니다. 초능력자나 구세주라고 하며 매달리지 않습니다. 내 속에 구족되어 있는 것을 알기 때문에 매달리지 않고 나 나누어 줍니다. 이것이 대승불교의 특징입니다.

  우리 법당에서도 엄하게 명령하고 군림하여 제자들에게 호랑이 소리 듣는 선생처럼 하지 말고, 부드럽고 자비롭고 정드는 풍토를 마련해서 부처님 시봉 잘하기를 발원합니다.

2020.03.07.

마음 씀씀이가 운명을 만든다

코로나바이러스 문제는 우리나라뿐만 아니라 전 세계의 화두가 된 것 같습니다. 코로나바이러스가 사람을 죽이고 해롭게 하는 것이 아니라 코로나바이러스에 대한 공포가 사람을 해롭게 하고 죽입니다. 바이러스가 아니라 공포가 문제라면 해결할 수 있습니다. 우리는 그 공포를 제거하여 해로움에서 벗어날 수 있습니다.

마음 씀씀이가 운명을 만든다

유달리 겁이 많은 사람이 있습니다. 밝은이는 겁이 많다고 표현하지 않고 살생 업보가 많다고 말씀하실 것입니다. 남을 많이 죽였기 때문에 그 과보를 자기가 느낍니다. 늘 불안하고 공포를 느끼기 때문에 조심성이 있고 일을 철저히 하고 모범적이라는 평가를 듣는 경우가 많습니다. 빈틈이 없이 매사를 잘 처리합니다. 특히 겁이 많은 사람, 조심성이 많은 사람은 여기에 속합니다.

어떤 심리학자가 분석한 결과입니다. 그는 마음 씀씀이가 운명을 만든다는 실례를 다음과 같이 이야기합니다.

모든 면에서 모범적인 어떤 처녀가 있었습니다. 인물도 좋고 학교에서도 모범생이어서 사람들의 사랑을 많이 받았습니다. 저 애는 좋은 남편을 만나서 시집을 가서도 잘살 것이라고 다들 생각하였습니다. 그런데 그녀는 늘 겁이 많았고, 매사에 조심했고, 사람들의 칭찬도 귀에 들어오지 않았습니다. 혹시 재수 없이 사납고 힘든 남편을 만나면 어쩌나 하는 생각으로 항상 불안했습니다. 아마 백 선생님은 전생의 살생업보가 항상 부정적으로 생각하게 만들었다고 하실 것 같습니다.

사람이 몸뚱이를 가지고 있는 한 겁이 없을 수는 없지만, 겁이 비교적 적은 사람이 있습니다. 매사에 조심하지 않는 사람을 소위 덜렁이라고 하고, 모범생과는 정반대입니다. 또 다른 처녀는 덜렁이고 인물도 거칠어서 시집가도 잘 살지 못할 것이라는 이야기를 들었습니다. 하지만 그녀는 겁이 적고 좀 뻔뻔했기 때문에, 나한테는 아주 멋진 남자가 올 것이라는 낙관적인 생각을 했다고 합니다.

시일이 흘러 조사를 했더니 잘생기고 모범적인 그 처녀는 겁 많은 것이 원인이 되었는지, 역시 몹시 고생시키는 남자를 만나서 평생 아주 괴롭게 살았습니다. 반면 덜렁이였던 그 처녀는 주위의 생각과는 반대로 괜찮은 남자를 만나서 잘 살았다고 합니다.

요즘 TV에서는 거의 예외 없이 코로나바이러스에 대한 경각심을 일깨우며 겁을 줍니다. 이런 이야기를 들으면 굉장히 공포에 떠는 사람이 있고, 반대로 겁이 덜한 사람도 있는 것 같습니다. 물론 조심하지만 두려워하지는 않습니다. 밝은이는 철저히 조심하는 사람보다 겁이 덜한 사람에게 좋은 결과가 온다고 말할 것 같습니다. 밝은이는 코로나바이러스가 사람을 죽이거나 해롭게 한다기보다, 그것이 사람을 죽이거나 해롭게 한다는 공포가 재앙을 불러온다고 할 것입니다.

생각을 바치지 못하고 가지고 있으면

우리 또래인데 나이는 80입니다. 명문 고등학교, 명문 대학을 졸업하고 중학교 교사를 했던 어떤 처녀였습니다. 집안도 좋았고 좋은 남자를 만나서 행복한 결혼 생활을 했습니다. 더 큰 행운은 백 박사님을 만나서 공부했다는 것이지요. 그 처녀는 한센병 환자가 되면 어쩌나 하는 불안과 두려움이 늘 있었다고 합니다. 한센병, 즉 나병은 쉽게 걸릴 수가 없습니다. 그런데 무엇이든지 자기 생각이 착각인 줄 알고 바치라는 가르침을 받았음에도 불구하고, 그 생각만은 바칠 생각을 잊어버리고 바치지 못했던 모양입니다.

나중에 소식을 들었습니다.

한센병에는 걸리지는 않았지만, 나이 60부터 등이 구부러지기 시작하여 90도로 구부러졌다고 합니다. 한센병 못지않은 병에 걸려 아주 비참한 삶을 사는 것을 봤습니다.

금강경 공부하는 사람이 어떻게 저런 삶을?

금강경 공부하는 사람도 좋지 않은 생각을 바치지 못하고 가지고 있는 한, 그 결과를 그대로 받습니다. 뭔가 두렵다고 할 때 우리는 그것을 가지고 있으면 안 됩니다. 가지고 있으면 그대로 됩니다. 깜짝 놀라 바쳐야 합니다.

공포가 착각인 줄 알고 바치면

사람은 돈이 없어서 죽지 않습니다. 돈이 없어서 어쩌나 하는 공포가 사람을 죽입니다. 남편의 무지와 횡포가 나를 괴롭히지 않습니다. 무지와 횡포를 느낀 나머지, 내 스스로 일어나는 남편에 대한 불신과 공포가 나를 좌절시키고 나를 죽입니다. 문제는 가난 또는 남편의 무지와 횡포에 있는 것이 아닙니다. 그것에 대한 공포가 나를 좌절시키고 죽입니다.

청산가리는 극약이라 먹으면 죽습니다. 특이한 것은 대개 약을 먹고 한참 후에 죽는 것이 아니라 삼키기도 전에 죽는다고 합니다. 청산가리를 먹으면 죽는다는 공포가 잠재의식에 깊이 있기에 그렇다는 것입니다. 저는 청산가리를 먹어도 죽지 않는다는 마음이 굳게 서 있다면 청산가리는 사람을 죽이지 않는다고 믿습니다. 청산가리 같은 독약이 사람을 죽게 하지 않습니다. 청산가리가 사람을 죽인다는 믿음이 죽게 합니다.

코로나바이러스 대처 방법 중에 우리가 할 수 있는 것은 무엇이 있을까요? 손 잘 씻고 마스크 쓰는 것도 물론 중요하지만, 더욱 중요한 것은 코로나바이러스가 사람을 해롭게 하고 병들게 하고 죽인다는 그 공포심을 착각으로 알고 바쳐야 합니다. 바치면 반드시 소멸합니다. 그때 우리는 거기서 벗어날 수 있고 자유로워질 수 있습니다.

몇 가지 갖추어야 할 조건이 있습니다. 우리는 코로나바이러스,

가난, 핍박에 좌지우지되는 존재가 아닙니다. 이런 것에 영향을 받지 않고 오히려 마음대로 부리는 위대한 존재라는 믿음을 갖는 것이 매우 중요합니다.

열등한 존재에서 출발해서는 잘 바쳐지지 않습니다. 다 착각이고 못 바칠 게 없다는 믿음을 가지고 코로나바이러스에 대한 공포 역시 착각으로 생각하여 잘 바칠 수 있어야 합니다.

2020.03.14.

무엇을 이루려는 한恨을 바치면
소원 성취는 저절로

금강경 공부를 잘할 수 있도록 소원 성취와 금강경 공부의 상관관계에 대해서 알아보겠습니다.

제가 학교에 오래 있어서 학교를 예로 들겠습니다. 요즘엔 교사가 되기도 어렵습니다. 교대 사대를 졸업하고도 임용고시를 쳐야합니다. 대학교수가 되는 길도 어렵습니다. 외국의 유명한 대학에서 석·박사를 하고 저명한 잡지에 논문도 실려야 됩니다. 성실하게 노력하면 될 수 있지만, 좀 더 쉬운 방법을 찾아서 도인에게 오는 경우가 있습니다.

"저는 교사나 대학교수가 되기를 희망합니다. 어떻게 하면 될 수 있겠습니까?"

우리 공부하는 분들은 거두절미하고 "바쳐라." 합니다. 그러면 "바치기만 하면 대학교 안 나와도 가능합니까?" 이럴 수도 있습니다. 그러니 거두절미하고 "바쳐라."가 아닙니다.

꿈을 이루기 위해서 꼭 필요한 여러 가지 노력을 하되, "바치면서 해라." 이것이 정답입니다. 하지만 이것도 완전한 정답은 아닙니다.

한恨을 바쳐야 한다

밝은이는 이렇게 말씀하실 것입니다.

"그대들은 교사나 대학교수가 되려고 희망할 필요가 없다. 그대들은 모든 것을 구족한 부처이기 때문이다. 그대들은 교사나 대학교수가 되려는 한恨을 가지고 왔다. 그 한이 오히려 교사나 대학교수가 되는데 장애가 되는 것이다. 과정을 밟으며 해야 할 것을 하되, 한을 버려야 한다. '하겠다'는 한을 바치면서 해라. 한이 바쳐지면 아주 쉽게 목적을 달성하리라."

우리는 목적의식이 있어야 성공도 하고 소원을 성취하는 줄 아는데, 한이 있으면 오히려 일을 역행하는 것임을 알려 주시는 것이 보통 사람의 지도 방법과 다릅니다.

한을 잘 바치기만 하면 교대 사대에 가지 않고 논문을 안 써도 자연히 일이 꾸며지기도 합니다. 그러면 자칫 노력은 안 하고 바치기만 하면 된다고 생각하는, '바치는 만능주의'에 빠질 수 있습니다. 하지만 백 선생님 가르침에는 할 일을 하되 한을 바치면서 하라는 뜻이 포함되어 있습니다.

"이 공부는 목적 달성을 위한 것이 아니고 본래 부처인 것을 발견하는 공부다. 바치는 과정에서 소원은 저절로 성취되기 때문에 '이만하면 되었다' 할 필요가 전혀 없다. 본래 부처인 줄 모르고 만족하는 위험에 빠지지 않으려면 처음부터 어떤 한으로 금강경 공부를 해서는 안 된다. 순수하게 부처님 시봉하는 마음으로 공부해야 한다."

한으로 공부를 해서 이루어지면 '이만하면 되었다'는 치심이 당연히 따라오기 때문에, 우리는 그런 데 만족할 정도로 왜소한 존재가 아니라 너무나 위대한 존재이기 때문에 처음부터 한이나 소원을 갖고 오지 말라고 합니다.

백 선생님은 소원을 가지고 오는 사람한테 처음부터 "너는 전지전능한 부처다. 내려놓기만 하면 된다. 한은 소원을 이루는 데 결정적인 장애가 된다. 한만 바치면 저절로 이루어진다. 이루어져도 이만하면 되었다고 할 필요가 없다." 이런 얘기를 다 하실 수 없으니 먼저 "그 생각에 대고 미륵존여래불 해라.* 바쳐라."하시는 경우가 많습니다. 그 한恨만 없어지면 된다는 것을 알기 때문입니다. '하겠다'는 것이 결정적인 장애이니, 이것을 바치기만 해도 잘됩니다.

저도 "해 주시옵소서. 빌어 주시옵소서." 하시는 분들에게 "여러분은 허약한 존재가 아니고 다 할 수 있는 존재이니 내려놓기만 하면 됩니다. 까딱하다 소원이 이루어졌을 때 '이만하면 되었다'하기 쉬우니 처음부터 어떤 한을 갖지 말고 무조건 내려놓으시기 바랍니다."라고 할 수밖에 없어요.

아무 조건 없이
부처님 시봉 잘하기를 발원한다

금강경에 무주상 보시라는 말이 나옵니다. 무주상 보시만 잘하면

------
* 백 선생님께서 말씀하시는 "미륵존여래불 해라."는 가부좌나 장궤 자세로 미륵존여래불을 소리 내어 정진하는 것을 의미합니다. 서가모니불, 금강반야바라밀경, 사구게를 하라고도 하십니다.

본래 부처 자리를 찾는 것입니다. 조건 없이 보시하라는 것인데, 이 말이 추상적입니다. 그래서 아침에 눈을 뜨면 아무 조건 없이 "부처님 시봉 잘하기를 발원. 부처님 전에 복 많이 짓기를 발원."하라고 합니다.

소원을 이루기 위해서 하라는 것이 아닙니다. 내 본연의 모습을 찾기 위해서, 전지전능한 나를 찾기 위해서 무슨 생각이든지 바치고 무슨 일을 하더라도 부처님 기쁘게 해 드리는 것은 너무나 당연한 나의 의무입니다. 그것이 바로 무주상 보시이고 그것만 잘한다면 소원 성취는 기본입니다.

그것만으로는 싱거우니 구체적으로 소원을 넣어서 '부자가 되어서 부처님 시봉 잘하기를 발원.'합니다. '부자가 되어서' 열 번하고 '시봉 잘하기를 발원' 한 번 하더라도 부처님 시봉 발원에 힘입어 다른 기도보다 더 빠르게 소원을 성취합니다. '부자가 되어서' 한 번 하고 '시봉 잘하기를 발원' 아홉 번 하면 더 빨리 되고, 되더라도 '이만하면 되었다' 하지 않습니다. 보다 차원 높은 발원은 아무 조건 없이 부처님 시봉 잘하기를 발원하는 것입니다.

백 선생님께서는 자신이 완벽한 존재임을 망각하고 소원 성취에 매달리는 사람들을 안타까워하시며 여러 방법으로 일깨워 본연의 모습을 찾는 쪽으로 유도하십니다.

"소원을 이루어서 나 잘되겠다고 하지 말고 부처님 시봉 잘하겠다고 해라."

약간 신심이 있는 사람에게는 "너 소원 이루고 싶으냐? 그럼 이승만 대통령이 잘되기를 기원해라." 하셨습니다. 이승만 대통령 잘되기를 기원하는 것은 달리 말해서 무주상 보시 연습과 마찬가지입니다.

나와 관계없지만 여러 사람을 위하고 부처님 기쁘게 하는 일, 예를 들어 '금강경 연수원 이루어 부처님 시봉 잘하기를 발원.'하는 것은 굉장히 좋은 방법입니다.

이제 단순한 소원 성취와 우리 금강경 공부의 차이를 분명히 아실 겁니다. 사람들에게 사무친 원을 포기하라고 하면 안타까우니 '소원을 이루어서 부처님 시봉 잘하기를 발원.'을 알려주시는 도인의 심정을 헤아려 보시기 바랍니다.

본래 '부처님 시봉 잘하기를 발원.'만 하면 됩니다. 본연의 모습을 찾을 때 건강해지고 부처님 기운이 임합니다. 이럴 때 제일 먼저 이루어지는 것이 소원 성취입니다. 그러니 소원이 성취되어도 '이만하면 되었다' 할 필요가 없습니다.

본연의 모습을 밝히기 위해서 바치는 것입니다. 대통령 잘되라고 원을 세울 때, 나와 상관없는 사람을 위해서 기도하는 그 마음은 바로 무주상 보시의 연습이 되어서 아상이 소멸되고 부처님 광명이 임합니다. 내가 부처님 마음이 되고 건강해져서 내가 잘된다는 것이 그런 원을 세우는 원리입니다. 원 세우는 뜻이 무엇인지 제대로 알면 즐겁고 보람 있게 원 세울 수 있습니다.

소원 성취는 기본입니다. 아무 염려 하시지 말고 부처님 전에 복 많이 지으시기를 발원드립니다.

2020.03.21.

소원 성취하여
부처님 기쁘게 해 드리기를 발원

무슨 생각이든지 부처님께 바치라는 말을 우리는 자주 듣습니다. 무슨 일을 하더라도 이기적인 목적으로 하지 말고 부처님 기쁘게 해 드리기 위해서 하라는 말도 자주 듣습니다.

오늘은 부처님 시봉의 참된 의의에 대해서 말씀드리겠습니다.

우리는 시시각각으로
소원을 성취하고 있다

우리 법당에서는 예를 들어서 돈을 벌고자 한다면 돈을 벌기 위해서 열심히 노력하라고 가르치지 않습니다. 돈을 벌려고 하되 부처님 시봉하기 위해서 돈을 벌라고 합니다. 권력이나 도통을 원하더라도 부처님 시봉하기 위해서 하라고 합니다.

대부분 사람들은 돈 많이 벌기를 희망합니다. 그저 돈 많이 벌었으면 하고 단순히 희망하는 사람들이 있습니다. 또 어떤 사람들은 쓸 곳을 정합니다. 예컨대 돈을 벌어서 가족을 위해 쓰려고 미리 정해 놓습니다. 좀 다른 차원에서 이름을 알리고 명예를 드높이기 위해 돈을 벌고 싶은 사람도 있습니다.

도통도 그렇습니다. 도통해서 많은 사람에게 존경을 받고 후세까지 이름을 알리겠다고 희망하는 사람들이 있습니다. 거의 그대로 된다고 합니다. 『우리는 늘 바라는 대로 이루고 있다』 책에도 썼지만, 도인께서는 시시각각 소원 성취가 된다고 하십니다. 우리가 바라는 그대로 됩니다.

바라는 대로 소원 성취를 한 실례를 말씀드립니다.

단지 돈만 모으고 싶다고 하면 돈만 모입니다. 수백억을 모은 사람이 있습니다. 그는 절대 고급 음식을 안 먹습니다. 짜장면을 먹으면서 수백억을 모았답니다. 어떤 사람이 고급 요리를 사 줬더니 수백억 부자인데도 이런 요리를 처음 먹어 봤다고 하더라는 것입니다. 바로 우리 고등학교 동창 중에도 그런 사람이 있습니다. 그 친구는 자기가 노력해서 벌지 않았습니다. 부모로부터 팔천 평의 과수원을 상속받았습니다. 근데 그저 돈만 모았을 뿐이지 어디 쓰겠다는 생각도 없습니다. 돈을 쓸 줄 모르고 쌓아 두기만 합니다.

또 돈을 벌어서 이름을 날리겠다는 사람이 있습니다. 그러면 돈을 벌어서 이름만 냅니다. 돈 벌어서 이름도 내고 일자리도 많이 만들어 주는 경우도 있습니다. 저는 그런 케이스 중 하나가 대우그룹의 김우중 회장 같은 사람이라고 생각합니다. 수많은 돈을 벌어서 많은 일자리를 만들고 각종 소원을 이루었습니다.

또 어느 큰스님이 일찍 견성을 했다는 소문이 났고 유명해져서 많은 사람이 그를 따랐습니다. 그가 돌아가셨을 때 조문객이 인산인해를 이루었다고 합니다. 그것이 그 스님의 소원이었다고 합니다.

우리는 원하는 대로 이루고 삽니다. 바로 되든, 조금 있다가 되든, 아니면 내생에 되든 간에 시간 차이는 있지만, 바라는 대로 다 이루고 있습니다.

그러면 바라는 대로 이루고 있으면 됐지, 왜 부처님 시봉 잘하기를 발원하는 것일까요?

많은 돈을 벌었고, 이름을 알렸고, 좋은 일자리를 많이 제공했다고 합시다. 그러나 그것은 소원 성취일 뿐, 금강경에 나오는 공덕으로 연결이 되지 않습니다. 소원을 성취하여 부처님 드리기를 발원했을 때 부처님을 실감하고 공덕이 됩니다. 공덕의 특성에는 능력과 지혜, 기쁨과 행복감, 그리고 마음의 여유가 포함됩니다.

원하는 대로 돈은 벌었지만
기쁨도 평화도 능력도 없다

돈을 많이 번 사람들은 꽤 있습니다. 돈 벌어서 가족과 잘 살겠다고 한 사람이 있었습니다. 바로 저의 집안 사람입니다. 그는 의사였는데 의사로서 만족하지 않았습니다. 큰 종합병원을 개원했고 돈을 벌어 가족과 함께 마냥 돈을 썼습니다. 10년을 잘 벌다가 망했습니다. 10년 동안 잘 벌어서 가족과 원 없이 쓰고, 지금은 작은 요양병원에 취직하여 초라하게 살고 있습니다.

원 세우면 세우는 대로 다 됩니다. 그러나 망했을 때 다시 일어날 수 있는 능력이 없습니다. 돈 벌어서 부처님 시봉 잘하기를 발원했다면 돈도 많이 벌릴 뿐 아니라, 부처님의 능력이 임합니다. 능력이 임한다는 것은 망해도 다시 일어설 수 있는 능력이 생긴다는 뜻입니다.

돈 많이 벌어서 많은 사람에게 일자리를 주었다면 존경을 받습니다. 그러나 자신은 늘 바쁩니다. 정신적인 여유도 없고, 돈은 모두 사업에 투자했기 때문에 별도의 사업을 창조할 수 있는 물질적인 여유도 없습니다. 비록 자기가 가지고 있는 총자산은 매우 많지만, 자기가 원하는 목적으로 돈 쓸 곳을 이미 다 정해 놓아서 그 투자한 돈 외에 자기가 창조할 수 있는 여유자금은 없는 것입니다. 당연히 기쁨도 없고 평화도 없고 늘 불안합니다. 마음을 여러 군데 붙여 놨기 때문입니다. 무에서 유를 창조하는 지혜도 없습니다.

정신적인 여유도, 물질적인 여유도 없는 이유는 단순히 돈 벌기만 바라고 돈 벌어서 부처님 시봉 잘하기를 발원하지 않았기 때문입니다. 만약 돈 벌어서 시봉 잘하기를 발원했다면 돈을 벌뿐만 아니라 돈을 벌다가 설사 실패를 해도 다시 재기할 수 있는 능력까지 동반됩니다. 그것이 부처님 시봉의 의의입니다.

명예를 얻었지만
내생에 자기 가는 길도 몰랐다

설사 도통을 희망했다고 칩시다. 주변의 많은 사람이 그를 견성성불했다고 존경합니다. 그가 돌아가셨을 때 많은 사람이 대성통곡을 합니다. 그가 실제로 위대해서 그런 것이 아니라 그의 소원 성취입니다.

훌륭한 그분이 돌아가셨을 때 선생님께 여쭈어 보았더니 그가 맞아서 죽었다고 하셨습니다. 그는 도통을 소원했고 명성을 원했고 죽은 다음에 사리가 나오기를 원했습니다. 그대로 되었습니다. 그러나 그의 마음속에는 기쁨도 능력도 평화도 없었습니다. 심지어는 내생에 자기 가는 길도 몰랐던 것입니다. 도인께서 해 주신 이야기입니다.

이것은 도통 자체만 목적으로 했고, 도통해서 부처님 시봉 잘하기를 원하지 않았다는 것입니다. 만약 그가 도통해서 부처님 시봉 잘하기를 발원했으면 어떻게 되었을까요?

부처님 시봉하는 원을 세워야
행복하고 지혜롭게 산다

무슨 일을 하되 이기적인 목적으로 하지 말고 부처님 시봉 잘하기를 발원하라는 뜻을 여러 번 강조하였습니다.

부처님 시봉이 동반되지 않은 자기 소원 성취 발원이라도 그대로 이루어집니다. 그러나 소원 성취 후에 실패했을 때 다시 일어설 수 있는 능력이 생기지 않습니다. 소원 성취만 되었을 뿐이지 마음의 평화나 여유도 없을 뿐만 아니라, 자기가 어디서 왔는지 근본 뿌리조차 알 수 없습니다. 지혜가 없어서 소원 성취의 원리를 알 수 없으니 후학들에게 알려 줄 수도 없습니다. 그저 일생을 자기가 바라는 대로 이루고 가는 인생일 뿐입니다. 이것이 무슨 의미가 있겠습니까?

우리는 바라는 대로 이루는 것을 지상 최고의 가치로 알고 살지만 다시 재기할 수 있는 능력이 없는 소원 성취, 기쁨과 평화가 없는 소원 성취, 나의 정체가 무엇인지 모르는 소원 성취, 이것은 인공지능적인 소원 성취일 뿐입니다.

부처님 시봉 잘하기를 원 세우라고 가르쳐 주는 선지식은 매우 드뭅니다.

'○○ 일을 이루어서 부처님 시봉 잘하기를 발원.'

이 뜻을 깨친다면 실제로 소원 성취도 하고 이면의 진정한 의미까지 알아서, 길이 행복하고 여유 있고 지혜롭게 부처님이 기뻐하는 삶을 살게 될 것으로 생각합니다.

2020.03.28.

질문 속에 답이 있다

"질문 속에 답이 있다." 우리가 종종 듣는 말입니다. 만일 질문 속에 답이 있다면 구태여 질문할 필요가 없겠지요. 책을 보면 이것을 그럴듯하게 설명하는 사람들이 꽤 있어요. 그런데 그분들이 정확히 알고 있을까요?

저는 질문 속에 답이 있다고 생각하지 않았고, 듣기는 했어도 그 말이 믿기지 않았습니다. 뭐 얼추 비슷하게 해석은 되는 것 같았지만 공감은 전혀 하지 못했습니다. 저는 난제가 있을 때는 자기가 해결할 수 없으니 자꾸 질문해서 정답을 찾아야 한다고 생각했습니다.

어떻게 질문 속에 답이 있을까?

학교에서 배우는 사고방식, 일반적으로 스님들이 전해 주는 사고방식으로는 절대로 질문 속에 답이 있다는 이야기는 할 수 없습니다.

그렇지만 저는 아주 월등하게 뛰어난 도인의 결정적인 가르침을 받았기 때문에 가능했습니다. 제가 출가해서 배운 백 박사님의 가르침은 밖에서 배웠던 불교 가르침과는 너무나 달랐습니다. 출가도 하고 이후 오랜 세월에 걸쳐서 가르침을 들어서 비로소 겨우 질문 속에 답이 있다는 것을 터득하게 되었습니다.

엔실리지 기계 고장

소사 수도장에는 해마다 여름이면 큰 행사가 있습니다. 입동이면 해마다 가정에서 김장이 큰 행사이듯이, 여름이 되면 젖소를 키우는 목장에서 하는 큰 행사입니다. 밭에다 옥수수를 심고 열매가 맺기 전에 미리 수확해서, 커터 기계로 잘게 썬 뒤에 큰 원통형 저장고인 사일로에 집어넣습니다. 기계로 옥수숫대를 썰어서 차곡차곡 집어넣는, 말하자면 목장의 김장과 같은 엔실리지 작업입니다.

엔실리지를 하기 위해서 커터 기계를 사용합니다. 사용 방법은 간단합니다. 그냥 전기 연결하고 옥수숫대를 넣으면 저절로 잘리는 단순한 기계인데, 해마다 고장이 납니다. 상식적으로 기계는 고장 날 수 있습니다. 그때 국산품은 상당히 불량했고 고장 잘 나는 게 특징이었습니다. '역시 국산이니까 고장이 잘 나는구나. 외제를 쓰면 안 그럴 텐데.' 생각했습니다. 제가 있을 때도 고장이 자주 났어요.

아침에 법문을 들어갔는데 선생님께서 몹시 야단을 치세요. 특히 한 사람을 야단치시는데, "공부를 제대로 안하고 반항을 했다." 하십니다. 우리가 선생님께 불경스러운 생각을 하고, 요새 식으로 보면 맞먹으려고 했다는 겁니다. 우리가 파업을 일으켰다는 말씀이었습니다.

그런 꾸중은 제가 보기에는 전혀 정당하지 않았습니다. 우리는 선생님을 부처님처럼 보고 선생님께서 시키는 것은 정말 철저히 했고 공경심을 낸다고 했는데 파업을 일으켰다니. 또 파업이 기계 고장의 원인이라니. 정말이지 이해되지 않았고 황당무계하게 들렸습니다. 단지 선생님께서 틀린 말씀을 하시지 않기 때문에 억지로 믿기는 믿었습니다. 그렇지만 오랫동안 석연치 않았습니다.

암송아지 출산

또 이런 일이 있었습니다. 출가하여 첫해에는 계속 암송아지만 태어났습니다. 암소는 젖을 짜기 때문에 재산이 됩니다. 그러나 수소는 젖을 못 짜니 팔아도 가격이 매우 쌉니다. 그러니 목장에서는 암송아지를 낳으면 경사이고, 수송아지를 낳았다고 하면 시무룩해지는 분위기였습니다.

제가 갔던 첫해, 1967년도의 일입니다. 그때 태어난 송아지 일곱 마리가 모두 암소였습니다. 목장에 경사가 났습니다. 또 한술 더 떠서 공부 잘해서, 금강경 잘 읽어서, 금강경 잘 실천해서 경사가 났다고 스스로 생각했습니다. 그렇지만 선생님께서는 공부 잘해서 그렇다는 논평을 하지 않으셨습니다. 외양간은 저희가 갔을 때도 이미 포화 상태였는데, 소가 늘어났으니 증축을 해서 새로 태어난 암송아지 키울 준비를 했습니다.

다음 해 1968년입니다. 여덟 마리인가? 계속 수송아지만 낳았습니다. 그 뒤에도 우리는 공부를 하느라고 했고, 오히려 더 최선을 다해서 열심히 한 것 같은데 계속 수놈만 낳았습니다.

이것을 어떻게 설명해야 할까요?

선생님께서는 여전히 아무 논평을 하지 않으셨습니다. 우리는 마음속이 꺼림칙했습니다. 기계가 고장이 나도 업장이라고 하는데, 수놈만 계속 출산한 것이 업장이 아닐 리가 없기 때문입니다.

우리는 최선을 다해서 조금도 방심하지 않고 공부를 하는데 왜 이런 일이 일어났는지, 마음속으로 불안해지기 시작했습니다. 선생님은 아무 말씀도 안 하셨어요.

이제 외양간은 포화 상태로, 송아지를 더 키울 여력이 없었습니다. 1969년에는 송아지를 더 받지 않았던 것 같습니다. 그러니 부증불감, 송아지가 거의 없었기 때문에 암놈, 수놈이라는 분별을 낼 일이 없어졌습니다.

수송아지 출산

제가 만 삼 년 있었던 1970년도에, 결국 집에서 부르는 바람에 그곳을 나가게 됐습니다. 선생님께서 소를 다 팔고 나가라 하셔서 소를 다 팔았습니다. 수놈만 계속 낳을 때는 아무 말씀도 안 하시다가, 제가 나가면서 소를 다 팔게 되니까 그 뜻을 말씀하셨습니다.

"왜 수놈만 계속 나왔는지 그 뜻을 알겠느냐?"

첫해에는 신심 발심이 되어서 부처님 광명이 들어오고, 우리 마음이 씩씩해지니까 경사스러운 일이 일어났고, 그 결과 암놈만 낳았다는 것입니다. 무척 열심히 하였지만, 우리는 어느덧 공부보다도 성공에 더 마음을 둔 것 같습니다. 암놈을 낳으니 산유량도 늘리고 목장의 발전을 위해서 노력했습니다.

발전을 위해서 노력하는 것이 나쁘지는 않습니다. 세상에서 보면 너무나 당연합니다. 그런데 마음공부를 하는 곳에서는 성공과 발전을 위해서 노력하는 것이 나쁜 것은 아니지만 부작용도 예상해야 합니다.

열심히 노력하다 보면 부처님보다도 현실이 앞서갈 수 있고, 그러다 보면 즐겁게 할 수가 없습니다. 밀어붙이는 용심을 가지니 고달픈 마음이 날 수 있습니다. 산유량을 더 늘리려고 노력하면 힘들고 고달파집니다. 거기서 나오는 퇴타심을 우리는 읽지 못했던 것입니다.

지금 생각해 보면 첫해에 승승장구하면서 신심 발심한 결과 암소만 출산하는 경사가 있었지만, 차분하게 공부로 이어가지 못한 것 같습니다. 목장의 성공에 집중하다 보니까 굉장히 피로했었고, 속에서는 하기 싫은 마음이 점점 싹튼 것 같습니다.

아마 월급이라도 받았으면 월급 받는 맛에 더 했을지도 모르죠. 그런데 거기는 월급을 주는 곳이 아닙니다. 월급을 받지 않아도 즐겁게 하는 법을 가르치는 것이 그 수도장의 목표였는지도 모릅니다. 그런데 우리는 어느덧 산유량을 늘리고 암소를 많이 낳아서 세간에서 말하는 식의 성공을 하려고 했고, 너무 무리하게 일한 것이 동시에 하기 싫어하는 마음으로 이어지지 않았나 생각합니다.

시시각각 소원 성취라는 말처럼 목장을 하기 싫어하니까 목장이 안 되게끔 꾸며질 수밖에 없습니다. 저도 지금은 목장을 하기 싫어했던 우리의 마음 씀씀이가 계속 수송아지를 낳게 했다는 선생님 말씀을 이해할 수 있습니다. 또 그 마음이 더 무르익어서 수도장을 나오게 되지 않았나 생각합니다.

모든 난제는 내가 불러왔다

지금 제가 이 말씀을 왜 드릴까요?

처음에 기계가 고장 났을 때, 우리 책임이 아니라고 생각했습니다. 기계가 국산이고 잘못 만든 것이니 고장이 나는 것은 너무나 당연한 일이라고 생각했습니다. 그리고 계속 수송아지만 태어났을 때도 '불가항력이다. 어떻게 암수 낳는 것을 우리 마음대로 할 수 있나?' 생각했습니다. 그것은 어쩔 수 없이 원인 지어서 나온 결과이지, 우리 책임은 아니라고 여겼지요.

그런데 선생님의 말씀과 공부한 결과를 종합해 본다면, 그때 확실히 엔실리지 커터 기계를 돌릴 때 설치는 사람이 있었습니다. 그 사람의 마음에는 기계를 돌려서 실적을 잘 내려는 오만함이 있었습니다. 기계도 사람처럼 다루어야 합니다. 기계는 사람이 만든 작품이기 때문에 사람의 특성을 닮습니다. 사람도 정성껏 대할 때 그 사람이 감동하듯이, 기계도 정성껏 다룰 때 똑같이 반응합니다.

세상일이 우리 마음과 무관하다고 보는, 다분히 유물사관 같은 사고방식이 사실은 옳지 않다는 것을 몰랐습니다. 우리의 마음 씀씀이가 기계를 고장 나게 했다는 것을 몰랐습니다. 우리의 오만한 마음, 설치는 마음이 기계를 고장 나게 했다는 것을 분명히 알게 됐고, 또 우리가 목장을 하기 싫어하는 마음이 소원 성취가 되어서 수송아지만 낳았다는 것도 터득하였습니다.

자, 이렇게 되면 각종 난제의 책임은 어디 있는가에 대한 해답이 자명해집니다. 각종 난제나 시련은 어쩔 수 없이 오는 게 아닙니다. 불가항력이 아닙니다. 과학적으로 원인 지어서 그대로 오는 게 아닙니다. 다 내가 불러서 옵니다.

난제를 해결하려는
그 질문 속에 답이 있다

그러면 난제를 해결하는 길이 무엇인가?

내가 불러온 것이니, 내 마음을 바꾸기만 하면 그 난제는 해결될 수 있다고 볼 수 있습니다. 비로소 저는 여기서 질문 속에 답이 있다는 그 이치를 알게 됐습니다.

질문은 왜 생깁니까?

난제를 해결하기 위해 여기저기 묻는 것이 바로 질문입니다. 그런데 누구한테 물은들 신통한 해답이 나오지 않습니다. 난제는 내가 불러왔는데, 그것을 밖에 있는 사람에게 묻는다고 시원한 대답이 나올 리가 없기 때문입니다.

'내가 불러왔으니, 내 마음을 바꾼다면 더 좋은 결과가 오지 않겠는가?'라고 생각했을 때 바로 해답이 내 속에 있는 것을 알게 됩니다. 그렇게 이해하고 나니까 질문 속에 대답이 있다는 것을 이해하게 됐고, 부처님의 가르침이 무엇인지 알게 되었습니다. 저는 이렇게 확신하게 되었습니다.

"모든 난제에 대해서 걱정하지 마라. 다 해결할 수 있느니라. 그 난제는 전지전능한 네가 불러왔기 때문이다. 전지전능한 네가 다른 것을 원한다면 다른 형태로 보답해 줄 것이다."

난제가 있을 때 밖에서 찾아 헤매지 말고 자기 마음속을 들여다봐야 합니다. 내가 불러온 것이니 내가 사고방식을 바꾸기만 하면 다른 식으로 주위 환경이 보답할 것입니다. 이것이 부처님 가르침의 기본 핵심 원리이기도 하고, 세상을 슬기롭게 사는 방법이라고 말씀드립니다.

질문 속에 답이 있다는 말의 뜻을 잘 알아서, 모든 난제의 해법을 마음 밖에서 찾지 마시고 내 속에서 찾아 부처님 시봉 잘하시기를 발원합니다.

2020.04.04.

우리 가르침은
석가여래의 마음을 닮아 가는 공부

공부를 통해서 얼마나 변화했는지, 무엇을 깨치셨는지 등 도반들의 이야기를 들을 기회가 종종 있었습니다. 물론 상당수 공부가 지지부진한 분들도 있지만, 우리 공부를 만나서 짧게는 두 달, 대개 일 년 이내에 아주 괄목할 만한 놀라운 변화를 체험한 분들이 있습니다. 무척 신선하고 감동적입니다. 때로는 경천동지할 만한 놀라운 기적을 창조하는 분들도 있는 것 같습니다.

우리의 가르침이 다른 불교 가르침과 어떤 점이 달라서 이런 놀랄 만한 변화를 가져오게 되는 것일까?

도반들의 이야기를 들으면서 새롭게 우리 가르침의 특수성, 정체성, 우수성 또는 장점을 다시 생각합니다. 이것을 알고 공부하는 것은 모를 때와 상당한 차이가 있습니다. 자신의 공부에 대해서 자긍심이 있을 때, 거기에 걸맞은 결과가 반드시 올 겁니다. 우리 공부가 다른 공부보다 별로 나을 게 없다며 자긍심이나 자신감 없이 공부할 때, 실지 결과도 별로 낫지 않을 수 있습니다.

지금까지 저는 우리 공부에 대해 자긍심을 갖고 공부하지 않았음에도 불구하고 괄목할 만한 변화를 체험했다는 이야기를 종종 들었는데, 공부의 우수성에 대한 자긍심과 자신감을 품고 공부한다면 틀림없이 더 빛나는 결과가 올 겁니다.

스승의 마음을 닮아야 한다

그러면 우리 가르침이 어떻게 다를까요?

저는 이것을 글로 좀 정리해서 논문이나 강연용으로 쓸 수 있고 방송으로 내보낼 수도 있다고 생각해 봤습니다. 사람들한테 감명을 주는 굉장히 좋은 글이 될 것으로 생각합니다.

우리가 예를 들어서 누구의 제자―부처님의 제자, 예수의 제자, 공자의 제자라고 얘기할 때, 그 제자는 스승을 닮아야 합니다. 물론 입과 몸도 닮아야 하겠지만 더 중요한 것은 마음씨, 마음 씀씀이를 닮는 것입니다.

우리 법당에 오시는 분들은 다양한 수행을 경험하였습니다. 한국의 대표적인 불교 수행인 간화선 또는 위파사나, 다라니, 염불, 기타 명상 등등 여러 과정과 여러 수행을 거쳐서 오셨습니다. 그분들이 간화선, 염불, 다라니, 삼천 배를 할 때 그것을 시키시는 스승이나 스님이 있었을 것입니다.

그 스님의 뜻을 닮으려고 했을까요? 혹은 스승이 하면 좋다니까, 부귀영화나 도통 등 이기적인 목적으로 했을까요?

수행할 때 대부분 수행을 시키는(가르치는) 사람이 반드시 있습니다. 그러나 그 사람의 마음을 닮으려고 하지는 않습니다. 이 수행으로 자기에게 어떤 이익이 있나, 이익을 취해서 잘 살아갈 수 있나 하는 상당히 이기적인 목적으로 수행하는 경우가 많습니다. 이렇게 한다면 시킨 분의 뜻과도 다르고 효과도 별로 없을 것은 너무나 자명합니다. 수행의 효과가 좋으려면 시키는 대로 하는 것뿐만 아니라, 시키는 사람의 마음을 닮는 것이 더 중요합니다.

그분이 왜 간화선, 위파사나, 다라니, 삼천 배를 하라고 했을까? 시키는 목적이 있었을 겁니다. 그것을 잘 알고 그분의 정신을 닮으려고 하는 것이 일차적인 과제입니다. 그 정신만 잘 닮는다면 행위는 꼭 따라서 하지 않아도 됩니다. 정신 속에 모든 것이 다 있다고 생각합니다. 그런데 우리는 그 정신을 닮고 따르기보다 가르침을 수단으로 이용해서 이기적인 목적을 달성하려고 하니 성과가 지극히 미미할 수밖에 없습니다.

우리 가르침은
석가여래의 마음을 닮아가는 것이다

우리의 가르침은 어떻습니까?
우리도 잘 파악하지 못하는 게 아닐까요?
여기 와서 제일 먼저 하는 것은 금강경 독송입니다. 금강경을 가능한 뜻으로 읽으라고 합니다. 백 선생님께서는 "마음으로 읽어서 귀로 듣도록 하라."고 하셨습니다. 금강경을 자꾸 읽기만 해도, 또는 쓰기만 해도 석가여래의 마음을 조금씩이라도 닮아 갑니다.
간화선은 뜻이 없어요. 그지 화두를 꼭 쥐고 참구만 하면 화두를 주신 스승의 마음을 닮아 갈 수 없습니다. 염불도 마찬가지입니다. 염불 수행을 제시해 주신 그 스승의 마음을 닮으려고 하는 것이 원칙입니다. 하지만 보통 사람들은 재앙을 소멸하고 소원을 성취하려는 이기적인 목적으로 하기 때문에, 본래 취지에도 어긋나고 그 결과도 지지부진할 수밖에 없습니다.

반면 우리는 독송을 하면서 한 걸음 한 걸음 석가여래의 마음을 닮아 간다고 할 수 있습니다. 경만 읽는 것이 아니라 올라오는 모든 생각을 다 부처님께 바칩니다. 생각이라는 것은 무엇이며, 바치는 것은 무엇입니까? 생각은 바로 아상입니다. 바친다는 것은 아상을 소멸하는 것입니다.

무슨 일을 하든지, 심지어 수도할 때도 부처님 시봉하기 위해서 수도하고 나 잘되기 위해서 수도하지 말라는 것이 우리 가르침입니다. 학교 공부를 할 때도 부처님 시봉하기 위해서 공부하라고 합니다. 말이 안 되는 것 같지만 그렇게 하려고 마음을 내는 순간 우리는 무소유 정신, 부처님 정신, 실무유법實無有法의 석가여래 마음을 조금이라도 닮게 되며 부처님을 향해서 한 걸음 한 걸음 나아가게 됩니다.

우리 가르침은 입으로만 시키는 대로 하거나 가르침을 이용해서 부귀영화를 취하려는 것이 아니라, 그 말씀을 읽고 그 행을 닮으려는 것입니다. 이런 가르침을 가르쳐 주신 석가여래의 뜻을 닮아 가는 과정에서 괄목할 만한 결과가 나왔다고 생각합니다.

잘 생각해 보십시오. 시키신 분을 닮아 가는 다른 어떤 가르침이 있습니까? 시키는 대로 따라 하며 알지 못하게 자기 아상을 키우고 있는 것 아닌가요?

석가여래의
마음을 닮는 수행

백 박사님께서 말씀하신 적이 있습니다.

"관세음보살도 좋다. 지장보살도 좋다. 그렇지만 미륵존여래불을 해라. 미륵존여래불 하는 것이 공부에 매우 성과가 좋으리라."

우리는 그런 말씀을 들을 때 잘 믿기지 않습니다. 왜 관세음보살, 지장보살, 아미타불보다 미륵존여래불이 낫다고 하는가? 저는 한때 미륵존여래불의 신통력이 관세음보살이나 지장보살의 신통력보다 더 낫기 때문에 미륵존여래불 하는 것으로 생각하여 여쭤본 적도 있습니다.

백 박사님께서 깜짝 놀라 눈을 둥그렇게 뜨시고 말씀해 주셨습니다.

"그런 소리 절대로 하지 마라. 왜 우리가 미륵존여래불을 하느냐? 그건 석가여래가 하신 것이다.

관세음보살을 하면 모든 고난에서 벗어날 것이고 아미타불을 외우면 극락세계에 갈 것이며 지장보살을 하면 지옥에 빠지지 않고 살아서 모든 일이 잘 풀릴 것이라고 한다. 그래서 우리는 관세음보살 해서 고난을 면하려는 목적, 아미타불 해서 극락세계에 가려는 목적을 위해 염불하며 자연스레 이기심을 키우게 된다.

그럼 미륵존여래불, 미륵은 어떤 분이냐?

'부처님께서는 나 잘되기 위해서 관세음보살, 아미타불 하는 게 아니라 궁극적으로 아상을 없애기 위해 시키신 것이다. 이렇게 관세음보살, 지장보살, 아미타불의 실례를 들어 아상을 없애 주시고 행복하게 해 주시고 극락세계로 가게 해 주시는 이 석가여래 부처님은 대단히 훌륭하신 부처님이시다.'라고 한 분이 바로 미륵이시다.

미륵존여래불정진은 석가여래의 마음을 닮는 수행이다.

관세음보살, 지장보살, 아미타불정진은 바로 자기의 행복이나 극락왕생, 즉 이기적인 목적 달성을 위해서 하기 때문에 결과적으로 효과는 당연히 적을 수밖에 없지 않겠느냐?"

백 선생님은 이런 취지의 말씀을 해 주셨습니다.

미륵존여래불정진은 석가여래를 닮기 위한 수행입니다. 물론 석가여래께서 관세음보살, 지장보살, 아미타불정진도 석가여래의 마음을 닮으라는 뜻으로 시키셨지만 우리는 깊은 뜻을 모르고 겉만 받아들여서 자신의 이기적인 목적을 담아 염불정진하기 때문에 결과적으로 재앙 소멸과 소원 성취만 할 뿐, 석가여래가 바라는 밝아지는 영광은 차지하지 못하는 겁니다.

이제 우리가 금강경을 읽고 무슨 생각이든지 바치면서, 잘 안 바쳐질 때는 미륵존여래불정진 하는 뜻을 잘 알 것입니다.

정리

우리의 수행은 재앙을 소멸하고 소원을 성취하는 것에만 있지 않습니다. 이것들은 부수적으로 따라옵니다. 근본적인 것은 석가여래의 마음을 닮는 것입니다. 우리가 아상 소멸 즉 무소유, 무주상 보시, 실무유법의 정신을 닮아서 부처님처럼 되는 수행을 하였기 때문에 공부의 효과도 빠르고, 다른 수행을 거쳐 온 도반들이 짧은 시간 내에 괄목할 만한 성과와 기적적인 성취를 해서 더욱 신심 발심하게 되었다고 생각합니다. 저는 도반들을 만나며 감동하고 새롭게 신심을 다집니다. 다른 사람과 대화할 때는 30분만 얘기해도 지치지만, 도반들과는 두 시간이 넘도록 대화해도 하나도 지치지 않습니다. 제가 얻는 것이 훨씬 더 많기 때문입니다.

 우리 가르침의 특수성과 정체성, 우수성을 알고 자긍심으로 공부할 때 공부의 효과는 더 클 것이고, 그 효과까지도 부처님께 바치는 마음을 가질 때 우리에게 부처님 광명이 더 임하게 되어 부처님 시봉 잘하게 될 것으로 생각합니다. 모든 재앙은 소멸하고 소원 성취해서 부처님 전에 복 많이 짓기를 발원합니다.

2020.04.11.

모든 생각을 바쳐서 나오는
완전한 지혜

우리가 지금 배우는 것은 무슨 교육이며 지혜 교육과 어떤 관계가 있는가?

오늘 이런 것을 생각해 봅니다. 이런 고찰은 바른법연구원이 제 길을 가는 데 매우 필요하고 도움이 되기 때문입니다.

조선 사람들에 대한
서양 사람들의 소감

조선 말기에 서양 사람이 쓴 기행문 『동방의 조용한 아침의 나라』가 서양에 알려지기 시작했습니다. 그때 한양은 곳곳에 쓰레기가 넘치는 등 굉장히 지저분했고 사람들은 가난하여, 지금으로 보면 아프리카 최하층 또는 인도 빈민촌처럼 거의 동물과 비슷한 삶을 산다고 표현한 구절이 많다고 합니다. 그 기행문을 직접 읽어 보지 않아서 모르겠습니다만, 이렇게 가난하고 지저분한 조선 사람들의 삶을 표현함과 동시에 또 상당히 인상에 남는 것이 있었다고 해요. 서양인의 인상에 남았던 것은 조선 양반들은 참 점잖고, 서양에서 도저히 볼 수 없는 훌륭한 인격자라는 것이었습니다.

조선 말기, 본격적으로 서양의 문물이 흘러들어 오기 시작했습니다. 서양 사람들은 한 수 가르쳐 주고 싶었습니다. 일본을 가르쳐서 개화시켰으니, 조선도 같은 방식으로 개화시키고 싶었던 거예요. 이 어리석은 민족을 자기네 수중에 넣고 싶었습니다. 그런데 개화시키려고 해도 뭘 물어봐야 개화를 시키지요! 물어봐야 자기네들의 우수성을 과시하는데, 도대체 묻지를 않는 거예요. '이 나라 사람들은 이렇게 호기심이 없나, 배우려는 의욕도 없나? 그러니 이렇게 나라가 후졌지.'하며 무시했을 것 같습니다.

한번은 이런 일이 있었다고 합니다. 서양인들은 말이 없는 조선 사람들을 놀라게 하려 했습니다. 서양에는 이미 녹음기가 발명돼 있던 시기입니다. 녹음기에서 사람들의 대화 소리를 듣는다면 말 없고 호기심이 전혀 없는 조선 사람들도 입을 열 수밖에 없으리라 생각하고, 영의정 등 높은 관리들이 모인 자리에서 서양의 녹음기를 들려주었습니다.

그런데 그때도 아무 반응을 나타내지 않는 겁니다. 대체 어떻게 이 사람들 입을 열게 할까 고민하다 서로 대화하는 것을 바로 녹음해 당장 이 자리에서 들려준다면 결국은 입을 열 거라고 생각했습니다. 그러나 자기 소리가 녹음기에서 나오는데도 "왜 그러냐? 서양의 과학은 어떻게 이렇게 발달했느냐? 우리가 뭐 배울 게 있느냐?" 이렇게 묻는 조선 관리들이 아무도 없었습니다. 그래서 두 손 들었다고 합니다. 아마 속으로 이 나라는 희망이 없고 결국 남의 식민지 노릇밖에 할 수 없을 것이라고 비웃었을 겁니다.

그럴 정도로 우리나라 사람들은 말이 없었습니다. 아마 『논어』, 『맹자』에서 나온 얘기인지도 모릅니다마는 남아일언중천금男兒一言重千金이라는 말이 있습니다. 남자가 한마디 얘기하는 것은 천금과 같은 무게가 있다는 뜻입니다. 즉 말을 함부로 하지 말라는 겁니다. 한마디를 해도 권위가 있게 이야기하라는 것입니다. 또 『논어』에 나오는 이야기입니다. 교언영색 선의인巧言令色 鮮矣仁, 말 잘하고 인물 좋은 사람치고 어진 사람은 아무도 없다는 표현입니다. 말 잘하는 것은 덕이나 진짜 실력과는 무관하다는 뜻입니다. 조선 시대에 말을 잘하는 사람은 존중받지 못했습니다.

이런 표현도 있습니다. 만물정관 개자득萬物靜觀 皆自得, 만물을 가만히 살펴보고 있으면 저절로 그 뜻이 알아진다는 이야기입니다. 알기 위해서 질문할 필요가 없다는 겁니다. 질문해서 아는 것은 완전히 아는 게 아니라는 겁니다. 우리 마음속에는 본래 아는 이치가 있어서 만물을 잘 관찰하기만 하면, 즉 분별 망상을 쉬기만 하면 저절로 알아진다는 동양의 진리입니다. 조선의 양반은 그런 진리를 실천하여서 질문이나 말이 없었던 것 같습니다. 제가 대학 다닐 때도 수업 시간에 질문하는 아이들이 많지 않았던 기억이 있습니다.

김 박사 이야기

1963년, 제가 3학년이었는데 비록 서울대학교라고 하지만 교수 중에서 특히 공과대학은 박사학위를 마친 교수가 거의 없었던 시절입니다. 물론 국내 대학에서는 학위를 주지도 않았을 때였습니다. 학위를 일본이나 미국에서 따 온 사람이 있기는 했는데, 교수 중 학위를 가진 교수는 거의 없었습니다. 그런데 미국 유타대학에서 박사 학위를 받고 명문 콜롬비아대학에 교수로 계시던 김○○ 박사가 한국에 왔습니다. 전자공학 박사로 나중에 한국전자공업협동조합 이사장직을 맡았고 한국 전자공업의 중심적인 역할을 했던 사람입니다.

힘들었던 유학 시절을 쭉 풀어서 한 시간 동안 강연하는 것을 들었습니다. 자기는 한국에서도 학점이 좋지 않아서 열등감을 품고 미국에 갔고, 아무것도 몰랐다는 겁니다. 특히 수업 시간에 질문하지 않는 한국인의 특색대로 일절 말을 하지 않고 가만히 있었다고 합니다. 당시 미국의 교육은 마치 요새 초등학생들이 뭐 물어보면 대답하려고 "저요! 저요!" 열심히 손드는 것과 아주 유사했다고 합니다. 미국의 대학 수업은 너무나 활발했고 토론은 진지했으며 수업 시간 내내 활기찼다고 합니다. 자기는 아무 말도 할 수가 없었고, 아무것도 모르기 때문에 질문할 수도 없었다는 겁니다. 알더라도 우리나라 사람들은 본래 말이나 질문을 잘하는 기질이 아닙니다. 시험은 책 한 권을 달달 외워서 봤다고 합니다. 그야말로 피나는 노력입니다.

하도 말을 안 하니까 한번은 교수가 거꾸로 질문을 하더랍니다. 그 질문이 고등학교 일학년도 알 수 있는 간단한 미분의 내용이어서 대답을 했대요. 그랬더니 사람들이 다 놀라더랍니다. '어, 말도 할 줄 아네!' 김○○ 박사는 이런 이야기를 하면서 최선진국인 미국의 학문을 따라가기 위해서는 우리나라 사람들도 호기심을 가져야 한다고 했습니다. 활발하게 질문하고 토론해야 인재가 나오고 세세 신진국이 될 수 있다는 말이지요.

조선의 전통 교육은 지혜 교육

그러면 우리나라 식으로 질문 안 하고, 수업 시간에도 묵묵히 있는 것이 과연 나쁜 방법인가? 열등하게 만들고 퇴보하는 방법일까? 이런 것은 좋지 않은 교육일까? 그런 생각을 한번 해보게 됩니다.

제가 학교 다닐 때 수업 시간에 활발하게 질문하는 애들이 있었습니다. 또는 설사 모르는 것이 있어도 질문으로 해결하지 않고 독학으로 자꾸 새기고 새겨서 조용히 해결하려는 학생들도 있었습니다. 결과적으로 질문을 활발하게 하는 친구들은 그리 성적이 좋지 않았습니다. 일절 질문하지 않고 혼자 새기면서 조용히 독학하던 친구가 저희 과에서 수석으로 졸업했고 미국의 명문대학 학위를 취득하여 모교 교수가 되었습니다. 그런 걸 보면 활발하게 질문하는 것이 과연 좋은지 갈등하게 됩니다.

저는 조선의 전통 교육은 서양 사람들이 생각하는 교육과는 다르다고 생각하게 되었습니다. 전통 교육의 특징이 있다면 그것은 지혜 교육이라고 생각합니다. 질문해서 교수로부터 답변을 얻어 내고, 토론해서 거기서 얻은 답변으로 자기 실력을 키우는 서양식 교육은 지식 교육이라고 생각합니다. 교수의 강의, 토론이나 정보 교환으로 이루어진 교육은 다 지식 교육에 속합니다.

지식 교육과 지혜 교육의 차이가 무엇일까요. 이스라엘 박사 1호인 유○○ 박사는 "이스라엘 교육은 지식 교육이 아니라 지혜 교육이다. 배워서 아는 것이 지식 교육의 특징이요, 배우지 않고 아는 것이 지혜 교육의 특징이다."라고 설명합니다. 유○○ 박사는 새마을 운동의 기틀을 잡는 데 큰 역할을 했던 사람입니다. 그는 이스라엘 교육의 우수성, 특징이 바로 지혜 교육임을 강조하고 있습니다. 저는 이 내용에 공감합니다.

조선의 교육은 서양 사람들이 무시하는 어리석은 교육이 아닙니다. 비록 노벨상은 받지 못했을지 모르지만, 노벨상보다 훨씬 뛰어난 업적을 낼 수 있고 우수한 인재를 키울 수 있는 지혜 교육이 조선에 있었다고 생각합니다.

우리는 전통적으로 지금까지도 수업 시간에 활발하게 질문하지 않습니다. 질문해서 해답을 얻을 것을 요구하지 않습니다. 질문해서 교수로부터 얻은 지식은 배워서 아는 지식, 학이지지學而知之라고 합니다. 배울 학學, 말 이을 이而, 알 지知입니다. 배우지 않고 아는 지식, 그것을 지혜, 생이지지生而知之라 합니다.

조선의 교육은 배우지 않고서 아는 교육입니다. 질문을 통해서 해답을 알려고 하는 게 아니라 의문이 생길 때 만물정관 개자득, 가만히 그것을 관찰합니다. 그러면 분별이 사라지는데, 그때 본래 아는 능력이 발현하고 바로 지혜의 발현으로 이어집니다. 지혜 교육입니다.

부처님께 바치는 교육은
지혜 교육의 핵심이다

우리는 조선 시대 선비들이 했던 만물정관 개자득의 논리보다는, 부처님께 바치는 방법으로 지혜 교육을 하고 있다고 생각합니다. 저는 우리 법당의 토요 법회, 일요 법회, 조별 활동, 금강경 연수원 세미나-이것들이 다 지혜 교육의 일환이요 연장이라고 생각합니다. 우리는 궁금할 때 물어서 해결하지 않고, 토론해서 해결하거나 알려고 하지 않습니다. 모른다는 생각이 들 때 질문하고 싶은 생각을 자꾸 바칩니다. 자꾸 바치다 보면 바치는데 굉장히 익숙해집니다. 모른다는 생각을 바치고 알게 되어도 바칩니다. 그러면 본래 아는 우리의 능력이 드러납니다. 바치는 교육은 바로 지혜 교육의 핵심입니다.

조선 시대에도 바로 그랬던 겁니다. 그런데 조선 시대에는 지혜 교육이 꽃피지 못했어요. 꽃이 피기도 전에 서양 사람들이 들어왔고, 교육의 전통이 무르익기도 전에 지식 교육으로 방향이 바뀌었습니다. 지혜 교육으로 훌륭해질 수 있는 사람들도 서양식의 교육에 물들어서 지식 교육으로 사고방식을 바꿈으로써 더 발전하지 못했다고 생각합니다.

이스라엘의 수업 시간과 도서관은 활발한 토론으로 시끌벅적하다고 합니다. 물론 다른 나라, 특히 우리나라 도서관은 조용합니다. 정숙이 기조입니다. 정숙은 완벽한 지혜 교육의 특성입니다. 이스라엘이 시끌벅적하고 토론이 활발한 것은 완전한 지혜 교육이 아니기 때문입니다. 불완전합니다. 이스라엘은 완전한 지혜 교육은 못하더라도 토론이라는 방법을 도입해서 어느 정도 교육을 완성해 가는 과정을 확립했고, 이것으로 결국 세계를 제패할 수 있는 뛰어난 인재를 배출할 수 있었다고 생각합니다.

금강경 공부를 하면서 교육에 관심을 가지고 보니 우리의 바치는 공부는 참 지혜 교육의 근본이고 뿌리였습니다. 그러니 이를 잘 발전시킨다면 이스라엘의 불완전한 지혜 교육보다 훨씬 뛰어난 지혜 교육이 되고, 이스라엘보다도 훨씬 더 뛰어난 인재가 나올 것으로 믿게 되었습니다. 이 신념을 변치 않고 나간다면 주위에서 아무리 비관적인 소리를 하더라도 반드시 빛을 볼 날이 있을 것으로 생각합니다. 그에 관련된 여러 가지 이야기가 있습니다만, 차차 기회가 되는대로 하겠습니다.

조선 시대로부터 면면히 이어져 내려온 소중한 지혜 교육의 뿌리가 실종되었는데, 이제 백 박사님이라는 훌륭한 도인을 통해 지혜 교육을 다시 시작할 수 있다고 생각합니다. 우리에게는 이 교육을 잘 살려야 할 사명과 당위성이 있습니다.

2020.04.18.

선지식은
우리의 위대성을 수시로 일깨워 준다

　최근 코로나19 이후에는 도반들이 적게 오시니, 매주 금요일 저녁 신법당 2층에서 기탄없이 마음속 이야기를 할 기회가 많이 있었습니다. 특히 어제는 코로나로 약 두 달 동안 못 왔던 분들의 이야기를 주로 듣게 되었습니다. 두 달 동안 우리 공부가 완전히 실종된 것 같습니다. 다 이유가 있습니다. 사회적 거리 두기를 해라. 사람 모이는 곳 가지 마라. 코로나바이러스는 사람에게 치명상을 입힐 수 있다. 요즘 가장 많이 듣게 되는 이런 말들은 그럴듯합니다. 거기다가 한 수 더 보탭니다. 코로나 시대에는 법당도 중요하지만, 국가 시책을 따라야 병도 걸리지도 않고 사회 질서도 잘 잡힌다는 것이지요. 심지어 수백 년간 철저히 지켜 왔던 교회 부활절까지도 정부 시책에 호응하여 두 주를 연기하였습니다. 독실한 기독교 신자들이 도저히 있을 수 없는 일이라고 아무리 이야기하여도 설득력이 없는 것 같습니다.

가장 우선해야 하는
부처님 가르침

　우리 불자들은 이런 시대적 상황에서 어떻게 해야 할지 한번 검토해 봅니다.
　국가는 거리 두기를 권장하고, 코로나바이러스는 치명적이며 경제도 위태롭게 한다고 이야기 합니다. 그러나 법당이나 교회에서 부처님의 가르침, 절대자의 가르침을 잃어버리게 되어 받는 피해는 누구도 절대 책임질 수 없습니다. 국가가 하는 일은 국민을 위하는 것도 있지만 정치가들의 개인적인 목적 달성을 위해서인 경우도 상당히 있습니다.
　우리가 따라야 할 것들이 여러 가지 있습니다. 가정에서는 가정의 윤리를 따라야 하고, 사회에서는 보편 원리를 따라야 하며, 국가에서는 국민으로서 해야 할 도리가 있습니다. 그러나 가장 우선해야 할 가르침과 도리가 있다고 생각합니다. 다 평등하지 않습니다. 가장 우선해야 하고 절대적으로 따라야 할 것은 부처님의 가르침이라고 생각합니다.
　부처님 가르침을 따르는 것은 우리를 살리는 구원의 길이고, 진실로 이익이 되는 길이며, 다른 가르침과도 원칙적으로 배치背馳되지 않으므로 최우선으로 해야 합니다. 이번 코로나 사태로 세상에 떠도는 이야기, 국가에서 하는 보편적인 이야기를 따르다 보니 공부가 완전히 실종되었습니다.
　그러면 세상에서 이야기하고 국가에서 제시하는 규칙, 원칙, 보편 타당한 진리와 부처님의 가르침은 뭐가 다를까요?

보통 세상의 진리는 자신은 피조물이고, 노력해야 성취할 수 있으며, 주위 사람들의 영향을 받는 존재라는 전제하에서 여러 가지 규칙과 원칙을 정하고 따르게 합니다. 심지어 금강경을 제외한 여타의 불교 가르침에서도 인간은 주위의 영향을 받는 존재, 열등한 존재, 다른 사람들과 함께 살며 서로 도와야 하는 존재, 혼자 설 수 없는 연약한 존재입니다. 이런 대원칙하에서 가정의 윤리, 국가와 사회의 타당성 있는 진리가 성립합니다.

부처님 가르침은 근본적으로 다릅니다. 자신이 열등한 존재가 아니며, 주위의 영향을 받는 나약한 존재가 아니라 모든 것을 자기 마음대로 할 수 있는 전지전능한 존재라는 대원칙에서 출발합니다. 이 원칙으로 살아야만 우리가 정말 행복해질 수 있고 위대하게 될 수 있습니다.

코로나 사태로
부처님 가르침과 멀어지다

세상 사람들의 원칙이나 말에 의하면 코로나바이러스가 우리를 죽일 수 있다고 합니다. 그러나 부처님의 가르침에 의하면 우리가 죽지 않는다고 하는 한, 세균이나 천하의 어떤 것도 우리를 죽일 수 없습니다.

코로나바이러스가 우리를 죽일 수 있다는 세상 사람들의 이야기에 두 달 동안 우리는 완전히 항복한 것 같습니다. 부처님과 멀어진 것입니다. '혼자서 해도 되겠지. 집에서 하면 왜 안 돼?'하며 혼자 공부하신 것 같습니다. 한두 주, 길게는 한 달까지도 그럭저럭 되었을 겁니다. 그런데 한 달이 지나고 나서는 거의 예외 없이 금강경도 잘 안 읽게 되고, 갈수록 공부의 필요성과 의미를 잃어버리고 맥이 빠지게 됩니다.

그전에 우리는 무슨 일이든지 바치고 부처님을 시봉하는 사람이라고 하며, 이기적이 아닌 상당히 군자와 같은 마음을 내었습니다. 그러나 코로나에 항복한 후, 부처님과 멀어진 이후에는 상당히 연약해지고 부처님께 매달리는 사고방식이 됐습니다. 바치고 베푸는 사고방식이 아니라 '해 주시옵소서. 살려 주시옵소서. 이럴 때는 어떻게 해야 하겠습니까?' 매달리고 애원하는 연약한 사고방식으로 변한 것을 느낍니다. 저는 깜짝 놀랐습니다. 어제 면담 결과, 코로나 사태가 3~4개월만 더 지속되면 조금 쌓아 올렸던 부처님 가르침의 싹은 여지없이 무너지고 원점으로 후퇴할 수 있다는 확증을 얻었습니다.

우리가 하는 공부의 원칙과 정체성을 확인하면서, 왜 공부를 해야 하는지 다시 살펴봐야 합니다. 미처 깨치지 못한 상태에서 무조건 따라가다 보니, 코로나 사태에 여지없이 우리의 정체성을 잃어버리고 옛날로 돌아가는 일이 벌어졌습니다. 우리 공부의 원칙을 잘 몰라서 그런 것이기에 그 특징을 한 번 복습하겠습니다.

우리가 전지전능한 존재라는
전제에서 출발한다

부처님의 가르침은 여러 가지가 있습니다. 부처님께서 49년 동안 사람의 근기根機에 따라 다양한 설법을 하셨습니다. 밝은이의 가르침은 획일적이지 않고 수기설법, 대기설법이어야 합니다. 수기설법,

대기설법은 듣는 이들의 근기, 그들의 환경에 따라 임시방편으로 말씀하신 것이지, 부처님께서 하시고 싶은 말씀은 아니었을 것입니다. 부처님께서 가장 하시고 싶은 말씀은 화엄경 사구게에 압축되어 있습니다. 일체유심조라는 말을 알기 쉽게 풀이하면 우리가 모든 것을 다 만드는 전지전능한 조물주라는 뜻입니다. 우리 법당에 있는 상수불학정자의 기둥에도 쓰여 있습니다.

저는 이 화엄경 사구게 "심여공화사 능화제세간 오온실종생 무법이부조 心如工畵師 能畵諸世間 五蘊實從生 無法而不造"를 매우 좋아합니다.

'정신적인 것, 물질적인 것 모두 내 마음이 그려낸 결과일 뿐이다. 내가 만들지 않는 것이 없다. 나는 창조주다.'라는 뜻입니다.

우리가 모든 것을 다 알고 할 수 있는 위대한 존재라는 것은 부처님 가르침 중에서 가장 최상위에 있는 가르침입니다. 이것 외의 가르침은 그 사람이나 환경에 맞는 가르침일 뿐입니다. 부처님이 꼭 하시고 싶은 말씀을 한마디로 요약한다면 "그대는 전지전능한 부처이니라." 하는 화엄경 사구게입니다. 우리는 이 가르침을 통해 모든 열등감, 환난에서 벗어날 수 있고 모든 재앙을 소멸할 수 있다고 봅니다. 희망을 찾을 수 있습니다.

좀 더 구체적인 예를 들어 보겠습니다.

우리는 안 된다는 것이 너무 많습니다. 안 된다는 것이 착각인 줄 알고 바치라는 말을 듣습니다. 우리는 '안 된다'고 하지만, 밝은이가 보면 이렇게 말씀하십니다.

"너는 전지전능한 존재이다. 네가 안 된다고 정해 놓으니 안 되는 것이다. 안 된다는 것이 착각인 줄 알고 바쳐서 소멸한다면 전지전능한 본래 면목이 드러나서 다 알게 된다."

우리는 모른다고 합니다. 모르는 것도 많습니다. 대통령, UN 사무총장, 미국 대통령이 모른다고 하면 그것이 진리입니까? 그런 사람의 이야기보다 부처님의 말씀이 더 중요합니다. '모른다' 하는 우리를 보고 부처님께서는 가련하게 여기시며 다음과 같이 말씀하시지 않을까요?

"너희들은 본래 다 아는 위대한 존재인데, 언제부턴가 다른 사람들, 위대하다는 사람들의 헛소문에 팔려서 스스로 모른다는 말을 남발하며 모르는 사람이 되어 버렸다. 지금이라도 '모른다'는 생각이 착각인 줄을 알고 바치면 전지전능하고 위대한 능력이 드러날 것이고, 너희들이 해야 할 역할이 무엇인지 알게 될 것이다."

스트레스를 풀려고 간음한다고 하면 부처님께서는 아마 이렇게 말씀하실 것입니다.

"간음, 음란한 짓, 성폭행 같은 것을 왜 하느냐? 너희들은 그런 방식으로 스트레스를 풀지 않아도 되는 너무나 위대한 존재이다. 진면목을 모르고 자신을 스스로 탕자, 열등한 존재, 피동적 존재, 그런 식으로 스트레스를 해소할 수밖에 없는 연약한 존재로 여겨서 하는 우스운 행동이다. 그런다고 스트레스가 풀릴 것 같으냐? 과감히 벗어나라."

우리는 커닝하고, 도둑질하고, 베끼려고 합니다. 부처님은 그런 사람들을 나무라시지 않습니다. 나무라고, 야단치고, 하지 말라고 하는 것은 하지하下之下의 방법입니다.

"너희들은 그런 것을 하지 않아도 된다. 능력 있는 존재이기 때문이다. 커닝하고 베끼는 것은 너희들이 본래 위대한 존재임을 모르고, 언젠가부터 자신을 가련하고 열등한 존재로 아는 깜깜함에서 나온 헛된 발상이다."

커닝하고, 도둑질하고, 베끼지 않는 연습을 하여 본래의 모습을 찾을 수 있습니다. 시험지를 커닝하고 도둑질해서 수석한 사람이 일시적으로 박수를 받고 인기를 얻을 수는 있습니다. 그러나 그이는 본래 능력이 있다는 것을 모르는 행위를 한 죄업으로, 본래 능력이 말살되어 길이길이 고통을 받으면서 일시적인 행복의 순간을 무상하게 만듭니다.

불립문자의 참뜻은
우리의 위대성을 찾으라는 것이다

한층 더 나아가 검토할 것이 많습니다.

소사에서는 책을 보지 마라, 라디오도 듣지 말라고 했습니다. 달마 대사는 참선하는 분들에게 불립문자 교외별전不立文字 教外別傳을 이야기했습니다. 이 말씀의 배경과 참뜻을 알아야 합니다. 바로 우리가 전지전능한 존재임을 일깨워 주기 위해 말씀하신 것입니다. 책을 봐서 정답을 찾는 것은 전지전능한 존재임을 망각한 깜깜한 행위입니다. 우리는 책, 경험이나 정보를 통하지 않아도 스스로 알 수 있는 능력을 가진 존재라는 것입니다.

"그때 그 마음을 바쳐라! 그대들은 책에 의지하지 않고, 정보에 의지하지 않고, 커닝하지 않아도 알 수 있는 위대한 존재이기 때문이다. 아무리 책을 보고 싶어도, 도둑질하고 싶어도, 남의 이름을 빌려 출세하고 싶어도, 살려 달라고 매달리고 싶어도 그 마음을 바쳐라. 그대들은 누구의 도움으로 살거나 문자에 의지해서 알아야 하는 연약한 존재가 아니다. 부처님이라는 존재에 매달리고 싶을 때가 바로 공부할 때, 깨칠 수 있는 때, 철저히 바칠 때이다."

그 뜻을 모르고 무조건 책을 보지 않으니, 본래 아는 능력도 말살하고 세상에서도 뒤떨어져 이중으로 깜깜해지고 있습니다. 이면의 뜻은 모르고 그저 책을 보지 않는 것에만 능수능란하게 되었어요.

책 보지 말라는 불립문자의 참뜻을 알아야 합니다. 우리의 위대성을 찾으라는 간곡하고 혹독한 훈련의 한마디인데 그 참뜻을 모르고, 깨닫지 못하고, 그저 책만 보지 않는 것이 문제입니다.

선지식은
우리가 위대한 존재임을 일깨워 주시는 분

우리는 수시로 잘난 척하고 싶어 합니다. 말 잘하고, 글 잘 쓰고 자신을 드러내서 박수를 받습니다. '당신이 최고다, 어떻게 그리도 글을 잘 쓰나? 말을 잘하나?' 그 박수, 사흘도 안 갑니다.

밝은이는 그런 사람을 우습다고 하실 겁니다.

"너는 인정받고 박수 받는 것으로 보람을 찾고 만족할 약한 존재가 아니다. 자랑해서 인정받는 것으로 만족하고 위안을 받는 형편없는 존재가 아니다."

부처님께서 안타까워하시며 이렇게 말씀하실 겁니다.

"그런 일로 만족하는 것은 일시적인 보람인데, 자신의 영원한 보배로움을 없애려고 하는 것이냐? 왜 드러내려고 하느냐!"

우리는 그런 것을 모르고 코로나 한방에 뿅 하고 가 버렸습니다. 상당히 심각한 문제입니다. 코로나 사태에 뿅 가고, 수시로 잘난 척하고 싶고, 커닝해서라도 드러내고 싶은 것은 자신의 근본이 탕자라는 데서 출발한 것입니다.

선지식의 역할은 우리가 스스로 열등하게 여기거나 잘난 척하면서 노예 생활하는 것을 안타까워하면서, 수시로 그대들은 위대하다고 가르쳐 주시는 것입니다. 선지식이 없으면 우리는 밝아질 수 없습니다. 우리는 스스로 탕자 연습, 자기 비하 연습, 자기 발등을 밟는 연습에 너무나 익숙합니다. 선지식이 채찍질해 주지 않는다면 항상 그 길로 빠지게 되어 있습니다.

특히 혈연으로 맺어진 가족이 최고라고 생각하는 한국 사람들을 부처님은 우습다고 하실 겁니다. "네가 전생을 보지 못해 그러는구나. 너를 죽이러 온 원수 업보도 알아보지 못하느냐." 하실 겁니다. 누구의 아내도 어머니도 아닌, 전지전능한 부처님의 자손인데 '내 자식이 최고지. 내 자식, 내 남편의 말을 들어야지.'하는 사람을 부처님은 얼마나 딱하게 여기시겠어요.

코로나 사태로 배각합진背覺合塵, 깨달음을 등지고 세상의 천박한 사고방식에 물들었습니다. 천박한 사고방식이라고 하면 펄쩍 뛰실 겁니다. 애국심이며 법을 지키는 일이고 인생의 가야 할 길이라 하겠지요. 아닙니다. 부처님 가르침 그 이상의 더 좋은 것이 없습니다. 부처님을 절대 공경하십시오. 선지식 만나기를 원 세우시기 바랍니다.

2020.04.25.

나는
부처님 시봉하는 사람

종종 도반님들께 '나는 누구의 아버지, 남편이 아니라 부처님 시봉하는 사람이다', 이런 마음의 자세를 가져야 한다는 것을 강조해 왔습니다.

이 말씀은 소사에서 수도할 때 백 박사님께서 자주 하셨습니다.

우리는 스스로 목장 일을 하는 사람이라는 생각을 늘 했습니다. 목장의 번영을 위해서 전력투구하는 사람이라 생각했어요. 산유량을 늘리고 목장이 잘되어야 돈도 벌어 부처님 시봉도 할 수 있기 때문입니다. 그러다 보니 목장 일에 전력을 다했습니다. 또 직장에 다니는 사람들은 자기 직장 일에 전념합니다. 나는 직장 소속이라는 생각을 하게 되기 쉽습니다. 선생님께서는 그런 생각을 경계하기 위해서인지, "너는 어느 직장의 사람이 아니다. 목장 일을 하는 사람이 아니다." 또 제가 우리 어머니를 지극히 좋아했기 때문에, "너는 어머니의 아들도 아니다. 너는 누구냐? 나는 부처님 시봉하는 사람이라고 생각해라." 가르치셨습니다.

'나는 부처님 시봉하는 사람', 이 말씀의 뜻은 아무리 강조해도 지나치지 않습니다. 우리는 그 깊은 뜻을 모르는 것 같아요. 이 뜻을 잘 새기고 이해하는 것은 공부에 매우 크게 도움이 되고 깨달음에도 결정적인 역할을 합니다.

부처님 시봉하는 일을 택하라

우리나라에서는 개인의 일보다 국가의 일을 우선시했습니다. 유교의 도리로 충성과 효도를 강조했는데 충과 효가 갈등할 때는 충성을 택하라고 했습니다. 충성은 여러 사람을 위하는 것이고 효도는 가정을 위하는 것이기 때문입니다. 이런 유교적인 전통이 면면히 이어져, 한국의 가장은 직장과 가정의 일을 갈등할 때 대개 직장의 일을 우선으로 택합니다. 그러나 최근 미국이나 일본에서는 직장과 가정의 일이 충돌할 때 대개 가정으로 기울어집니다.

『불모지대』는 돌아가신 이병철 회장이 삼성 임직원 필독도서로 선정하였던 일본소설입니다. 군국주의 시대의 일본은 가정보다 국가를 우선했습니다. 군국주의 시대에 태어난 한 사관학교 출신 가장이 가정보다는 국가, 회사를 우선하는 군국주의 사고방식으로 말미암아 충돌하는 내용을 소설로 쓴 것이 『불모지대』입니다. 결국, 국가와 직장을 가정보다 우선하는 사고방식이 일본의 경제를 부흥시켰으며 오늘의 일본을 있게 한 것으로 묘사하고 있습니다. 삼성의 이병철 회장은 가정보다 직장을 우선하는 사고방식을 중요하게 여겨서 그 책을 전 임직원 필독도서로 선정하여 읽게 한 것 같습니다. 그러나 근래 일본은 점점 직장이나 국가보다 가정 및 개인을 우선하는 경향으로 바뀌고 있고, 이것이 일본의 경제 발전을 무디게 하는 하나의 요인이 아닐까 합니다.

가정과 종교가 충돌할 때 대부분 비종교인은 가정을 우선시합니다. 독실한 종교인은 가정과 종교가 충돌할 때 여지없이 종교 쪽으로 갑니다. 코로나바이러스가 위험하니 가족들이 교회에 나가지 말라고 해도 독실한 신자는 아랑곳없이 교회로 갑니다. 국가의 이익과 종교의 이익이 충돌할 때, 독실한 신자는 국가의 이익보다 종교를 우선합니다. 여호와의 증인은 종교적 이유로 군대에 가지 않습니다.

직장과 가정, 가정과 종교, 국가와 종교가 갈등할 때 우리는 어느 길을 택해야 할까요? 백 선생님께서는 어떤 말씀을 하실까요?

선생님께서는 종교를 택하라 하시지 않고, 부처님 시봉하는 길을 택하라 하실 것 같습니다. 가정이나 직장보다 '부처님 시봉'하는 일을 택하는 사람은 소수입니다.

"가정이나 직장보다 부처님 일을 택하는 사람은 우주의 축복을 받는 사람이 될 것이다. 그것이 실용적이고 합리적이기 때문에 권하는 것이다. 무조건 옳아서가 아니라 그대들에게 진실로 이익이 되기 때문이다. 가정과 국가보다는 부처님 시봉하는 길을 택하라."

가정을 최우선으로 아는 사람은 가정에서 지극한 사랑을 받습니다. 가정보다 국가에 헌신하는 사람은 가정에서는 버림을 받을지라도 수많은 국민에게 존경의 대상이 되고 축복을 받습니다. 국가와 부처님 시봉이 충돌할 때 부처님 시봉을 택한다면 우주의 축복을 받게 됩니다. 국가를 위해서 충성할 때는 충신으로 이름이 나지만, 그 축복은 유한하고 허무한 것입니다.

"무슨 생각이든지 부처님께 바쳐라. 나는 어느 때이건 가정의 구성원이 아니다. 그 누구의 남편이나 아내도 아니다. 나는 오로지 부처님 시봉하는 사람이다."

백 선생님께서는 우리가 스스로를 부처님 시봉하는 사람이라 생각할 때 온 우주와 하나가 되어서 그 진면목을 찾을 뿐만 아니라, 모든 사람의 축복이 자기에게 임하는 매우 실용적인 가르침이기 때문에 그 길을 택하라고 말씀하신 것입니다.

부처님 시봉의 참뜻

부처님 시봉의 참뜻을 안다는 것은 쉽지 않습니다.
가정에 충실한 것이 왜 부처님 시봉이 아닐까요?
예를 들어 바이러스가 창궐했을 때 국가나 가정에서 당신의 생명을 보호하기 위해서 법당에 가지 말라 합니다. 그런데 진정으로 부처님 시봉하는 사람은 그 말이 들리지 않습니다. 부처님 시봉하는 사람은 '이 말대로 하는 것을 정말 부처님이 승낙하실까? 업보에 끌려서 하는 것은 아닐까? 이 생각도 바쳐야 하는 것이 아닐까? 내가 법당에 가지 않는다면 누가 법당을 지킬 것인가? 가족의 생각도 중요하지만, 법당에 가서 부처님 시봉하는 마음을 내는 것은 어떨까? 법당에 간다고 해서 코로나에 걸린다는 것은 말도 안 된다.' 이렇게 생각합니다. 그런데 우리는 이런 생각까지는 하지 않습니다. 평소에 '나는 부처님 시봉하는 사람이다'라는 생각을 하지 않기 때문입니다.

늘 무슨 생각이든지 바치며 스스로 부처님 시봉하는 사람이라고 생각하는 사람은, 가정에서 사랑하는 아내와 자식이 건강과 행복과 평화를 위해서 간곡히 충고하더라도 그 말을 따르지 않습니다. '부처님께서는 이 말을 따르라고 하셨을까?' 먼저 생각하고 바칩니다. 부처님 기쁘게 해 드리기 위해서 가족, 직장 상사 누구의 말을 따를 것인지 갈등하면서 바치게 됩니다. 바쳤을 때 올바른 답이 나옵니다.

부처님 시봉하는 사람이냐, 선동하는 이의 제자이냐?

제가 예를 들어보겠습니다.

소사에 있을 때 백 선생님 옆에서 늘 젊은 여자가 시봉을 했습니다. 신심 있는 불자들은 젊은이가 다른 일을 하지 않고 선생님을 시봉하니 고맙고 훌륭하다고 생각했습니다. 그러나 신심이 없는 상당수의 사람들은 은밀하게 살림을 차린 거라고 의심했습니다. 의심하는 한 사람이 충동합니다. "밤마다 둘이 자는 거 몰라?" 하며 흔들기 시작했습니다.

그때 무슨 생각이든지 바치는 사람, 부처님 시봉하는 사람, 즉 신심이 충실한 사람은 그 말을 듣고 갈등하지 않을 것입니다. 그 말이 자기 귀에 들렸다고 하는 것 자체가 자신의 책임입니다. 그런 마음이 있을 때 그런 소리가 들리는 것입니다. 코로나가 기생하기 어려운 청정한 마음을 스스로 유지했다면 코로나는 절대 오지 않습니다. 우리 마음속에 부처님에 대한 신심이 가득하다면 그런 소리가 들리지 않습니다. 신심이 떨어질 때 그런 소리가 솔깃하게 들리고, '선생님이 젊은 여자와 사시는 것 같은데.' 하며 갈등합니다.

의심했던 도반이 '보따리 싸기 전에 고백이나 해 보자!' 하고 마지막으로 여러 사람 앞에서 선생님의 일급비밀을 터놓았습니다. 선생님께서 해명하시고 우리를 안심시킬 것이라는 생각으로 고백한 것입니다. 그러나 해명하시지도 않고 묵묵부답도 아니고, 크게 꾸중하셨습니다.

"너는 부처님 시봉하는 사람이냐, 선동하는 이의 제자이냐?"

우리는 수시로 색성향미촉법色聲香味觸法의 유혹을 받고, 그의 제자 노릇을 하며 시봉하고 있습니다. 이럴 때 소수의 사람에게는 인기가 있고 축복을 받아도, 많은 사람에게 외면받으며 부처님 세계에서 멀어지고 대세에서 뒤떨어집니다. 색성향미촉법의 제자가 되어서도 노예가 되어서도 안 되고, 오로지 부처님 시봉하는 사람이 되어야 합니다.

"너는 송 씨 말만 듣고, 선생님 말은 안 듣느냐?"

크게 호령하셨습니다. 그것은 변명보다 더 사랑스럽고 묵묵부답보다 더 위대한 법문이었습니다.

정리

우리는 수시로 색성향미촉법의 제자가 될 것인가, 부처님 시봉하는 제자가 될 것인가를 갈등합니다. 신심 없는 사람은 갈등도 없이 무조건 색성향미촉법의 제자가 됩니다. 그러나 갈등할 수 있어야 합니다. 더 나아가 갈등에서 벗어나서 부처님 시봉하는 것이 무엇인가를 깨치고 과감하게 그 길로 가야 합니다. 그렇게 하면 온 우주의 축복을 받을 것입니다. 내생이 있으면 천당에 갈 것입니다.

'나는 부처님 시봉하는 사람이다.'하는 그 뜻을 잘 생각해야 합니다. 우리는 결코 악마, 사탄, 색성향미촉법의 제자가 되어 부처님과 멀어지는 삶을 살아서는 안 됩니다.

2020.05.02.

제2장

고통에 저항하지 않고
감사하며 바칠 때 축복이 된다

제2장

고통에 저항하지 않고
감사하며 바칠 때 축복이 된다

지혜 교육을 받아야
성공하고 능력자가 된다

코로나 사태에도 불구하고 상당한 열기로 전국 각지에서 모인 불자, 도반님들이 계십니다. 무엇 때문에 오셨을까? 어둠 속에서 사는 삶을 청산하고 밝아지러 왔다는 것이 가장 정확한 표현이라고 생각합니다. 밝아진다는 것을 가장 이해하기 쉽고 과학적이며 합리적인 용어로 표현한다면, 지혜 교육을 받는 것이라고 말씀드리고 싶습니다.

지혜 교육은 우리가
전지전능하다는 것에서 출발한다

가정교육은 인성 교육이며 학교 교육은 직업 교육이라고 생각합니다. 예전 서당에서는 직업 교육이라고 하기보다는 인성 교육을 했고, 어떻게 보면 지혜 교육을 했습니다. 요즘 우리가 받는 가정교육이나 학교 교육은 모두 배워서 나아지자는 지식 교육이라고 할 수 있습니다. 우리는 지식 교육을 통해 성공도 하고 출세도 하고 세상을 지배하고 주도한다고 생각합니다. 우리는 스스로 열등하고 배워야 할 존재로 생각합니다. 배우고 훈련받아야 나아지고 능력자가 된다고 생각합니다.

우리가 보기에는 지식 교육을 받아야 성공하고 출세하고 세상을 주도하는 것 같지만, 밝은이는 지혜 교육을 받아야만 세상에서 성공하고 리더가 되고 능력자가 된다고 말할 것입니다.

지혜 교육은 우리를 전지전능한 부처님이라 보는 것에서 출발합니다. 모든 교육 자료를 내 마음에서 찾습니다. 반면, 지식 교육은 우리를 열등한 존재로 보기 때문에 배워야 할 것이나 해결책을 마음 밖에서 찾도록 가르칩니다. 선생에게서 찾고, 책에서 찾고, 여러 가지 정보에서 찾습니다. 그러나 선생이나 정보는 정확하지 않기 때문에 지식 교육은 아무리 노력을 한다고 해도 완전하고 확실한 교육이 되지 못합니다.

우리가 말하는 지혜 교육은 자신을 전지전능한 능력자로 보고 출발합니다. 이것은 부처님 말씀이기 때문에 진실이고 진리입니다. 또한 자기 마음속에서 찾습니다. 부처님 말씀이 옳다면 이 교육은 완전하고 확실한 교육이 된다고 생각합니다.

새로운 법당의 시작

우리의 지혜 교육은 학교에서 배우는 교육보다 완전하고 확실하고 실감나는 교육이기에 먼 곳에서도 오십니다. 코로나 사태에도 용감하게 오셔서 여기 촌구석이 공부의 열기로 가득하게 된 이유는 이 교육이야말로 확실하고 실용적인 교육이라고 믿기 때문입니다.

일요일에 망원동 법당에 가면 다른 어떤 불교 법회보다 열기로 충만합니다. 좁은 법당이 늘 일요일마다 꽉 찹니다. 1층, 3층, 4층, 5층으로 나눠 열악한 환경에서 법회를 봅니다. 서서 듣거나 좁은 의자에 비좁게 앉아 있는 모습을 보면 반갑기도 하면서 한편으로는 마음이 아팠습니다. 우리를 위한 넓은 강의실이 없을까? 한 300명 들어가는 강의실이 없을까? 이 가르침이 세계에 퍼질 가능성은 없을까?

모든 것은 돈이 필요합니다. 그런데 밝은 선생님께서 모금하지 말라 하셨습니다. 우리 가르침으로는 모금을 해서도 안 됩니다. 우리는 구족하기 때문에 원을 세워 스스로 할 뿐, 설치고 서로를 피로하게 하는 모금은 우리 가르침과 맞지도 않고 효과도 적을 것입니다.

저는 일요 법회를 할 때마다 넓은 강의실이 생기길 원했고, 그 강의실을 얻을 수 있는 경제력이 있기를 마음속으로 기원했습니다. 하지만 입을 벌려 말하는 것은 안 된다고 생각하고, 다른 분들이 말하는 것도 극구 말려 왔습니다. 원만 세우면 자신 속에서 모든 답을 찾을 수 있다는 가르침에 의해, 돈을 만드는 것도 불가능하지 않을 것으로 생각했습니다.

이런 정성이 통했던지 근래에는 복전함을 통해 매주 모이는 성금 액수도 적지 않았습니다. 한 번도 돈 달라, 회비 내라 말한 적이 없는데 마음에서 우러나 자발적으로 한 성금이 어느덧 꽤 되었습니다. 다행히 밝은 분들이 좋은 정보와 지혜를 주셔서 드디어 서울에 100평 가까운 강의실을 계약하게 되었습니다. 모금을 하거나 독지가가 나서서 된 것이 아닙니다. 정성 가득한 눈물겨운 돈들이 하나하나 모였습니다. 물론 큰돈을 내신 분들의 영향도 있습니다. 그분이 누구인지 말한 적은 없습니다. 하지만 깊이 감사하고 법당의 은인이라고 생각합니다.

새로운 법당을
세계 최초의 지혜교육원으로

일단 구입을 했기 때문에 월화수목금토 전부 사용해야 합니다. 매일 어떻게 활용할지를 생각해 봤습니다. 다른 곳에서 하듯이 불교대학을 만들어야 하지 않을까 생각했습니다. 단, 지식 교육을 하는 불교대학을 만들어서는 안 됩니다. 그런 것은 성공할 수도 없습니다. 우리가 지금까지 해 왔던 일요 법회, 주말 출가, 새벽 법회……, 이것이 모두 지혜 교육입니다.

지혜 교육의 특성이 무엇입니까? 자신을 전지전능한 위대한 존재로 보고 모든 난제의 해답을 자기 마음속에서 찾는 것이 지혜 교육의 특징입니다. 지혜, 능력, 재산 등이 모두 우리 마음속에 구족해 있고, 스스로 깨닫기만 하면 그것을 찾을 수 있다는 아주 쉬운 가르침을 석가여래께서 주셨고 밝은 선생님께서 그것을 구체화해서 실행하게 해 주셨습니다. 우리는 그 가르침을 가지고 그대로 가기만 하면 됩니다.

지혜 교육을 위해서 지혜교육원이라는 불교대학을 설립할 수 있습니다. 사람들을 지혜롭게 하고 능력자로 만들고, 한층 더 나아가 개인의 행복은 물론 국가 사회에 공헌하며 세계 평화와 안정에도 기여할 수 있는, 4차 산업혁명의 주역들을 키워 내는 지혜 교육이 세계 최초로 실시될 것입니다.

처음에 가르치는 교수는 배우는 입장이 되어야 할 것입니다. 가르친다고 할 수 없습니다. 어려움을 몇 년 겪고 나면 지혜 교육을 할 수 있는 훌륭한 교수가 많이 배출될 것입니다. 그러면 우리는 대한민국을 세계 일류 국가로 만들어 낼 인재를 배출할 수 있고, 4차 산업혁명 시대에 인공지능이 하지 못할 일을 할 수 있을 것입니다. 그것이 전 세계에 알려진다면 수많은 인재들이 이 교육을 받기 위해 지혜교육원에 모여 들리라는 것을 어렵지 않게 예상할 수 있습니다.

지금까지 우리 도반들이 꾸준히 성금을 모아 주었고, 이런 공덕으로 이루어진 일을 무척 기쁘고 감사하게 생각합니다. 이젠 더 이상 법당을 위한, 불사를 위한 모금은 없습니다. 그동안 다소나마 피곤하게 해 드린 것은 죄송하게 생각합니다. 이번에 새롭게 알았습니다. 원만 세우면 우리 속에서 모든 것을 다 발견할 수 있습니다. 지혜건 능력이건 재물이건, 무엇이든지 다 구족해 있으니 찾아내기만 하면 됩니다. 설치면서 적선을 요구하지 않아도 됩니다.

우리 법당은 항상 인심 좋게 베푸는 법당, 평화로운 법당이 될 것입니다. 이곳에 오면 저절로 힐링이 되어 마치 극락세계처럼 느끼지 않을까 싶습니다. 우리는 석가여래의 가르침대로 자기 속에 갖춰져 있는 본래의 극락세계를 발견할 수 있을 것으로 생각합니다. 신념과 용기를 가지고 한 걸음 한 걸음 나아가길 발원합니다.

2020.05.16.

공부의 핵심,
경천을 묵묵히 참회하고 부처님께 바치는 것

지난 일요 법회를 생각하면 감동 그 자체였습니다. 짧은 기간에 일어난 법당의 놀랄만한 변화가 첫 번째 감동의 이유였지요. 그리고 외부적인 변화뿐 아니라 도반들의 마음도 제가 감동한 두 번째 이유입니다.

『부처님 품속에 살고 있는 사람들』이라는 책에서 우리 도반들의 마음이 얼마나 아름답고 순수하며 공경심이 충만한지 느낄 수 있습니다.

저는 과거를 되돌아보면 참 부족한 사람이었을 뿐만 아니라 복도 못 지은 사람이었습니다. 스스로 평하기를 관세음보살 구생경에 나오는 표현으로 박복불신자 중죄개소멸薄福不信者 重罪皆消滅, 참 박복하고 공경심이 없는 사람이며 뒤로 넘어져도 코가 깨지는 고달픈 인생이었지요. 도와주려는 사람은 적고, 반대로 뜯을 것도 없는 사람에게 뜯어가려는 사람은 너무나 많았던 삶이었습니다. 그러던 제가 근래에 공경과 찬양의 대상이 되고, 심지어는 상당한 거액의 재산을 쾌척하시는 분들이 생기고, 자기 일처럼 솔선해서 도와주려는 분들이 생겼습니다. 이러한 놀랄만한 변화를 '법회의 극락세계'라고 하며 그 감동을 표현한 적이 있습니다.

선혜보살의 삼배三拜

또 인상 깊은 일을 체험하였습니다. 부처님 오신 날 행사 후 사물놀이와 합창의 열기가 식고 도반들이 대부분 거의 떠나 조용해졌을 무렵입니다. 뒤늦게 도착하신 어떤 도반님이 전날 비가 내려 질척한 진흙 바닥에, 오랫동안 사모하던 대상을 만난 것처럼 울먹울먹하며 합장 공경하며 삼배三拜를 하는 것입니다. 저는 예전에 불경에서 읽었던 선혜보살의 이야기가 생각났습니다.

선혜보살은 석가여래의 전생입니다. 부처님께서 진흙 길을 지나가실 때 발에 진흙이 묻는 것이 안타까워, 긴 머리를 풀어 진흙에 놓고 절을 하며 부처님이 지나가시게 했다는 고사입니다. 이분이 저를 보자마자 울먹울먹하며 진흙 바닥에도 아랑곳하지 않고 삼배를 하는 것은 예전 선혜보살의 공경심과 다르지 않은 것 같았습니다.

'왜 나처럼 박복한 사람이 이런 생불生佛과 같은 대접을 받을까?' 생각해 보았습니다. 저에게는 어울리지 않는 일이라고 생각했습니다. 저는 스스로 너무나 박복하고 주위 사람들에게 경천輕賤을 받는 대상이라 생각해 왔기에, 근래 일어난 놀랄만한 변화에 꿈인가 생시인가 싶을 만큼 어리둥절합니다.

사람들은 이렇게 생각할지도 모릅니다. '그래도 50년의 세월을 금강경을 읽었으니 말년에는 복을 받는다. 무료급식을 십여 년 꾸준히 했으니 그 선행으로 복을 받는다. 가행정진을 열심히 했으니 그 복을 받는다.' 저를 어느덧 꽤 복 받은 사람으로 인정하시는 것 같습니다. 또 위타인설하는 복이 많다더니, BTN이나 BBS에서 법문을 많이 한 복으로 말년에 사람들한테 칭송과 대접을 받는다고 생각할지도 모르겠습니다. 그러나 다시 한 번 검토해 보니, 오랫동안 금강경을 읽은 공덕도 아니요 무료급식을 비롯한 좋은 일을 많이 한 결과도 아닌 듯합니다. 경전을 다른 사람에게 위타인설한 공덕 역시 아니라고 생각합니다. 그러면 무엇일까?

공부의 최대 보람,
경천을 참회하고 부처님께 바친 것

저는 병약한 데다 키도 작고 무능했고 성품도 좋지 않아, 가족과 가까운 도반에게 경천을 많이 당했습니다. 공부의 보람을 거의 느끼지 못할 정도로 고달픔과 괴로움이 끊임없이 이어졌습니다. 경천을 당해 자존심이 상할 때, 상대를 원망하는 생각이 들고, 남탓을 하거나 변명하기를 잘했습니다.

그런데 저한테도 선근이 있었던지 도인에게 배울 기회가 있었고, 제가 도인께 배운 최대의 보람은 금강경 16분의 이야기입니다.

약위인경천 시인 선세죄업 응타악도 이금세인 경천고
若爲人輕賤 是人 先世罪業 應墮惡道 以今世人 輕賤故

선세죄업 즉위소멸 당득아누다라삼막삼보리
先世罪業 卽爲消滅 當得阿耨多羅三藐三菩提

금강경 16분의 이 구절은 제게 해당하지 않는다고 생각했습니다.

저는 악도에 떨어질 정도로 죄를 짓지 않았다고 생각했어요. 또 경천은 저만 받는 것이 아니고 다들 받는 것으로 생각했습니다. 저 자신이 경천을 받았다는 사실을 인정하지 않았습니다. 하지만 저처럼 경천을 많이 당한 사람도 흔치 않을 것입니다. 그리고 금생의 잘못이 아닌 선세죄업으로 인한 경천이라고 생각했습니다. 저는 잘하려고 했는데 억울하게 당했다고 생각했고, 그것은 전생이 원인이라고 봤기 때문입니다.

그런 제가 공부를 함으로써 얻은 최대의 보람은 경천을 당했을 때 상대를 원망하고 공격하고 화내기보다는 선세죄업의 결과라고 생각하고 반성하고 참회하게 된 것입니다. 이것이 저의 장점이며, 이런 저의 태도가 저를 박복불신자에서 벗어나게 한 것입니다.

제가 법당에서 극락세계를 이룩하고, 도반들의 마음 변화를 유도하고, 장래에 금강경 연수원을 이룰 정도로 큰일을 하게 된 핵심적인 요인은 무엇일까요?

위타인설이나 선행, 가행정진 때문이 아닙니다. 사람들에게 경천을 받았을 때 화내거나 맞받아치지 않고 제 잘못으로 알고 참회하며 부처님께 바쳤던 것, 이것이 지난 일요일에 제가 겪었던 기쁨과 감동의 핵심적인 원인이라고 생각합니다. 저는 금강경 16분 선세죄업 즉위소멸 당득아누다라삼막삼보리에 지극히 공감합니다.

난제는 우리를
업그레이드시키고 발전시킨다

또 한 가지 말씀드리고 싶은 것이 있습니다. 많은 분이 난제, 가족과의 갈등을 호소합니다. 제 경험에 비추어 보면 고난과 경천, 가족 간의 숨 막히는 업보들이야말로 우리를 업그레이드시키고 발전시키는 요소이며, 우리를 잘되게 하는 스승의 고마운 채찍과 같은 것입니다. 재앙이 곧 축복이라는 것은 진실입니다.

제게 배울 것이 있다면 이것이 핵심입니다. 다른 사람이 경천할 때 아니 바치지만 않고, 내 속의 원인을 부지런히 참회해서 바치기만 한다면 우리는 발전할 수 있습니다.

극락세계를 만드는 원인을 다른 곳에서 찾지 않고 내 마음속에서 찾아서, 행복해지고 순간순간 감동하는 여러 가지 일을 스스로 만들 수 있습니다. 행복의 요인, 발전의 요인, 지혜의 요인을 우리는 구족하고 있습니다. 밖에서 찾지 마세요. 주위에서 나를 괴롭히는 사람이 나를 향상 발전시키는 은인임을 기억하고 인생을 살아가면 도처에 모든 극락을 이룰 것입니다.

2020.05.23.

고통에 저항하지 않고
감사하며 바칠 때 축복이 된다

우리는 몸과 마음을 편하게 하는 복을 좋아하고, 몸과 마음을 불편하게 하는 재앙은 싫어합니다.

어떻게 재앙을 없애고 복이 오게 할까?

부처님께서는 금강경을 통해서 답하셨습니다.

"재앙이 곧 복인 줄 알아라. 재앙이 복인 줄 알면 재앙을 없애고 복을 오게 하는 가장 좋은 길을 가는 것과 마찬가지다."

오늘은 재앙이 어째서 복과 다르지 않은지에 대하여 말씀드리고자 합니다.

번민과 고통은
아상이 죽고 재앙이 소멸하는 청신호

내 몸의 저항력이 바이러스와 싸워 바이러스가 죽어 가는 과정에서 나는 것이 열입니다. 그렇기에 열을 없애려는 것은 어리석은 짓이며, 열나는 것은 곧 병이 치유되는 신호이기에 감사하게 생각해야 합니다. 오히려 해열제를 먹어 열을 내리게 한다면 세균의 세력을 키우고 저항력을 약하게 만들어 병을 키울 수 있습니다(서울의대 이왕재 교수 강의 참조).

마음이 고통으로 위축되고 무기력해질 때의 괴로움을 우리는 싫어합니다. 밝은이는 각종 재앙으로 인한 번민과 괴로움, 우울함을 아상我相이 죽는 신호라 합니다. 아상이 죽어서 고통의 뿌리를 멈추게 하는 신호입니다. 각종 번민으로 괴로워하는 것은 마치 세균이 몸의 저항력과 부딪혀 발버둥을 치며 죽어 가는 것과 마찬가지입니다. 심한 번민과 고통은 아상을 죽게 합니다. 이때 진심瞋心을 내지 않고 '감사합니다'를 계속한다면 마침내 아상이 죽어서 각종 재앙을 소멸하게 하는 청신호가 됩니다.

우리는 고통을 청신호로 생각하지 않고 나를 괴롭히는 악마의 화신으로 생각하여 술이나 마약, 섹스 등을 통해 고통에서 도피하려 합니다. 도피하는 것은 우리 몸의 법력, 공부의 힘인 저항력을 약하게 하고 오히려 탐진치를 키워서, 재앙을 소멸하게 하는 것이 아니라 더 강하고 크게 합니다.

고통의 뜻을 잘 알고 대처한다면
인생을 행복하게 살 수 있다

밝은이는 금강경의 가르침을 통해서 간접적으로 이렇게 말합니다. "고통이 나쁜 것이 아니라, 고통은 나쁜 것이라고 이름 지으며 물리치려 하고 짜증내는 것이 문제이다. 고통을 나쁜 것이라고 이름 짓지 말고 감사하게 생각하며 부처님께 바쳐라."

그럴 때 재앙과 탐진치가 소멸하고 아상이 죽습니다. 아무리 절체절명의 위기와 고통이 몰아쳐도 저항하거나 분별 내지 않고 '감사합니다'하며 바칠 때, 마침내 아상이 죽게 되어 재앙은 소멸하고 부처님의 세계를 체험하게 됩니다.

이를 알게 되면 고통은 물러가고 행복이여 오라고 할 필요가 없습니다. 고통을 바로 축복의 근원으로 알면, 고통이 왔을 때 물리치려 하지 않고 감사하게 수용하며 바침으로써 바로 복으로 바꿀 수 있습니다. 별도의 궁리가 필요 없습니다. 심지어 술이나 약물 섹스 등 레크레이션에 의지하여 고통을 완화하려고 할 필요가 없습니다. 고통이 주는 교훈을 잘 알아야 합니다. 고통의 뜻을 잘 알고 대처한다면 인생을 행복하게 살 수 있습니다.

그저 '네' 하며 저항하지 않고 묵묵히 감사하며 바칠 때, 우리 몸속에 있는 위대한 부처님의 힘이 재앙은 소멸하고 소원은 성취하게 하여 복 많이 짓게 될 것입니다. 이 뜻을 알고 어떠한 역경에도 저항하지 말고 감사하게 받아들입시다.

2020.05.30.

가장 확실하고 완전한
금강경식 소원 성취

　빈손으로 왔다가 빈손으로 간다, 공수래공수거空手來空手去라는 말이 있습니다. 세상에 욕심낼 게 뭐 있느냐, 아등바등 욕심을 내서 재산과 명예를 가지려 하고 심지어는 도통을 가지려 해도 갈 때는 다 빈손으로 간다는 이야기가 있습니다. 그러나 실제로 공수래공수거란 표현은 맞지 않습니다. 빈손으로 온 것도 아니고 빈손으로 가지도 않습니다.

　우리는 수많은 한恨과 어떤 원願을 가지고 이 세상에 태어났습니다. 그래서 태어날 때부터 그 한을 풀려고 하고 소원을 이루려고 합니다. 절대로 빈손으로 태어나지 않습니다. 그러기 위해서 노력도 하고 애도 씁니다. 복도 짓고 혜도 닦지요. 또 갈 때도 결코 빈손으로 가지 않습니다. 복福 지은 것, 혜慧 닦은 것을 그대로 가져갑니다. 혜를 많이 닦은 사람은 내생에도 상당히 지혜로운 사람이 됩니다.

　우리는 여러 가지 한이나 원을 가지고 왔기 때문에 태어나면서부터 소원을 이루려고 발버둥칩니다. 그것이 곧 인생인지도 모릅니다.

어떻게 하면 소원을 이룰 수 있을까요?

소원을 이루는 방법을 크게 세 가지로 분류해 보았습니다.

보통식 소원 성취

• 목표를 설정하여 정신집중하고 전력투구한다

우선은 중생적인 소원 성취법이라 할 수 있는 보통식 소원 성취법입니다.

보통 사람들은 우선 자기 소원의 목표를 설정합니다. 다양한 소원이 있습니다. 예를 들어 대기업 사장은 회사의 사활이 걸린 사업이 성공하기를 바랍니다. 성공하면 우리 회사는 살고 그렇지 않으면 죽습니다. 어떻게 이것을 살려서 우리 회사도 살고 나도 살까? 대기업의 사장이라면 그 사업을 크게 성공시켜서 세계적인 기업, 또는 몇 백 년 가는 사업이 되기를 희망하는 수가 많습니다. 큰 회사뿐 아니라 개인에게도 범위는 약간 다르지만 자기 운명을 결정하는 난제가 수시로 생깁니다.

보통식의 소원 성취법이라고 하는 것은 대개 먼저 목표를 설정합니다. 그럼 목표를 설정하지 않는 방법이 어디 있느냐고 질문하실 수 있습니다. 목표를 설정하지 않고서도 소원을 이루는 방법이 있습니다. 그런데 보통식의 소원 성취법은 거의 다 일단 목표를 설정합니다. 학생이라면 일류 대학 입학을, 직장인들은 좋은 회사에 들어가서 승승장구하고 진급하는 것을 목표로 할 겁니다. 일단 목표를 설정한 뒤에 목표를 분명히 성취하겠다는 그림을 그리라는 말까지 있습니다.

그 뒤에는 정신일도 하사불성精神一到 何事不成이라는 말처럼 정신을 집중합니다.

학교 다닐 때 수학 문제를 풀어 본 경험이 있을 겁니다. 수학 문제가 왜 안 풀리는가? 대개 정신이 산만할 때 문제가 안 풀립니다. 반면에 정신을 집중했을 때는 잘 풀리는 수가 있지요. 수학이나 과학 문제는 딱 막혔을 때 잡념이 생기면 문제를 못 풀고 정신을 집중하면 풀리는 경우가 종종 있습니다. 그래서 대개 성공을 지향하는 사람들은 성공의 목표를 세우고, 또 모든 정신을 집중하고 전력투구합니다. 이것이 보통 사람들의 성공의 일반적인 원칙이며 사고방식입니다.

특히 간화선 수도자들은 "화두에 정신집중해라. 꿈에서도 화두를 잃어버리지 마라. 오매일여, 몽중일여, 동정일여하면서 일할 때나 보통 때나 화두를 놓치지 말라. 정신을 집중해라." 합니다. 대개 간화선 수행자들은 도통이라는 목표를 세우고 이를 이루기 위해 화두에 정신을 집중하고 전력투구합니다. 이런 것이 보통식 성공법이라고 말씀드립니다.

기독교식 소원 성취

• 자기 속의 무한한 힘을 활용한다

이와는 다르게, 자기 속의 무한한 힘을 활용하는 성공법이 있습니다.

그것은 선지식이 일깨워 줄 수밖에 없습니다. 우리는 내 속에 무한한 힘이 있다는 것을 모릅니다. 맨땅에 헤딩한다는 말이 있듯이 이 세상에 믿을 것은 내 신념과 내 체력, 정신력밖에 없다고 하면서 자기 힘으로 모든 것을 해결하려고 합니다. 그런데 그 방법은 어떻게 보면 제일 하지하下之下의 방법인지도 모릅니다.

반면에 상당히 슬기로운 방법이 있습니다. 쥐가 스스로 부산에 가기는 어렵지만 부산 가는 소의 등에 타고 가만히 있으면 저절로 부산에 갈 수 있듯이, 밝은이들은 자기 속의 무한한 힘을 활용하라고 합니다. 세상에서 성공하는 것도 자기 혼자서 하려 하면 아무리 목표를 철저히 세우고 정신을 집중하고 전력투구를 하더라도 어렵습니다.

"무한한 힘이 네 속에 있다. 그것을 활용해라." 하는 것이 소위 기독교식 성공법입니다. 또 티베트에서는 만트라를 자꾸 외웁니다. 주문을 외웁니다. 염불합니다. 그것은 자기 속의 무한한 힘을 활용해서 성공하는 경우입니다.

제가 지금 두 가지를 말씀드렸습니다. 첫 번째는 보통식 성공법, 즉 중생식의 성공법입니다. 그리고 다른 하나는 자기 속의 무한한 힘을 활용하는 성공법입니다.

두 방법 모두 성공하기 위해서 '내가 하겠다'라는 마음을 냅니다. 즉 탐진치가 동반된다는 것이 특징입니다. 무한한 힘을 활용할 때는 탐진치가 그나마 덜 생깁니다. 내가 하는 게 아니라 무한한 힘을 활용하는 것이기 때문에 '하겠다'라는 생각을 좀 덜 내지요. 그러나 '하겠다'라는 생각을 아예 배제할 수는 없습니다.

내가 할 때는 오로지 나의 힘, 나의 체력, 나의 복력을 믿습니다. 그러나 무한한 힘을 활용할 때는 '나'가 적습니다. 아상, 탐진치가 적을 때 쉽게 성공할 수 있습니다. 후자의 방법은 상당히 지혜로운 방법이고, 많은 영웅호걸은 자신 속에 있는 무한한 힘을 활용해서 성공을 쟁취하곤 했습니다.

금강경식 소원 성취

• 자신이 전지전능하다는 전제로 무지 무능을 바친다

　마지막으로 확실한 방법이 있습니다. 그게 바로 금강경식 성공법, 보살의 소원 성취법이라고 말씀드리고 싶습니다.

　우선 목표를 세우지 않습니다. 목표를 세울 필요가 없습니다. 자신을 열등하다고 보지 않기 때문입니다. 우리 공부법은 자기 자신이 전지전능하다는 데서 출발합니다. 단지 스스로 무능하다고 규정하여서 무능하게 되고, 또 스스로 자신을 열등하게 보고 불가능하다고 이름 짓기 때문에 불가능하게 되는 것입니다. 자기 자신이 본래 부처님과 똑같이 전지전능하다는 대전제, 대가정에서 출발하는 것이 금강경식 수행법입니다.

　무엇을 하겠다고 할 필요가 없습니다. 모른다는 생각을 내려놓기만 하면 되는 것입니다. '내가 한다'는 '나'가 있을 필요가 없습니다. 나는 그대로 창조주요, 절대자이기 때문에 '나'라는 것을 설정할 필요가 없습니다. 그저 내려놓기만 하고 바치기만 하면 됩니다. 이것이 특징입니다.

　사업에 성공하고 싶다면 될 수 있는 한 '나'라는 것, 탐진치를 개입시키지 않습니다. 나를 개입시키고 탐진치를 개입시키는 것은 자기 자신이 열등하다는 대전제가 이미 깔려 있기 때문입니다. 열등하다는 대전제, 즉 나는 소원 성취하기 어렵다는 생각을 깔아 놓고 소원을 성취하려 덤비는 것은 굉장히 지혜롭지 못합니다.

　큰 무엇을 목표로 이루고 싶을 때 목표를 이루겠다고 하지 않습니다. 목표를 이룰 필요가 없습니다. 나에게는 욕심이 없습니다. 모든 것을 구족하고 있기 때문입니다. 단지 나는 지금 '못한다. 모른다.'는 착각에 빠져 있을 뿐입니다. 그러므로 소원을 성취하는 것은 내 목표가 될 수 없습니다.

이 소원을 이루어서 내가 잘 먹고 잘살겠다가 아닙니다. 소원을 이루어 무지와 무능에서 벗어나기를 발원합니다. 다른 표현으로 하면 부처님 시봉 잘하기를 발원하는 것입니다. 무지하다고 무능하다고 스스로 규정하지 않는다면, 소원 성취는 먼 곳이 아닌 바로 자기 속에 있기 때문입니다.

집이 몹시 가난합니다. 부자가 되어 좀 넉넉해져서 집안을 살려야 합니다. 부자가 되는 길이 이미 나한테 구족되어 있습니다. 그런데 부자를 향해서 나아가지지 않습니다. 이것을 해결해야 합니다. 해결하지 못하게 방해하는 것이 바로 무지와 무능입니다. 이것을 해결해서 부처님 시봉 잘하기를 발원한다는 뜻은, 무지와 무능을 깨쳐서 시봉 잘하기를 발원하는 것과 똑같습니다. '나'라는 것만 없으면, 모든 것을 구족해 있기에 다 이룰 수 있습니다.

모든 사람이 소원을 이루어서
부처님 시봉 잘하기를 발원

금강경식 소원 성취법은 내가 잘되기를 바라지 않고, 목표를 세우지 않고, 부처님 시봉함으로써 무지와 무능을 깨트리려고 합니다. 소원을 이루고 도통을 이루어서 부처님 시봉 잘하기를 발원할 뿐입니다. 나를 없애고 탐진치를 없애기만 하면 된다는 뜻이 포함되어 있습니다.

나는 전지전능하기 때문에 나 자신의 이익에는 관심이 없습니다. 나보다도 모든 사람을 생각하기 때문에 절대로 '내가 잘된다'고 하지 않으며 '소원을 이루어서 부처님 시봉 잘하기를 발원'합니다. 하지만 이것도 완전한 방법은 아닙니다.

소원을 이루어서 부처님 시봉 잘한다는 것에는 아직 이루지 못한다는 전제가 깔려 있기 때문에 그냥 '부처님 시봉 잘하기를 발원'이 가장 좋습니다.

그래도 소원을 좀 이루어야지 그냥 시봉 잘하기를 발원하면 우리는 좀 답답해합니다. 하지만 밝은이는 이렇게 이야기합니다.

"소원을 이루되 소원을 이루는 것이 네 목표가 아니다. 너는 소원을 이루기를 바랄 정도로 그렇게 열등한 존재가 아니다. 소원을 이루는 데 방점傍點을 두지 마라. 소원 이루는 것을 가볍게 생각하고 부처님 시봉하는 데 방점을 두어서 원을 세워라."

'나'라는 것을 설정할 때 나는 열등하다는 것을 대전제로 깔고 있습니다. 그래서 금강경식의 소원 성취법에서는 '나'를 뺍니다.

"모든 사람이 그 소원을 이루어서 부처님 시봉 잘하기를 발원."

이처럼 모든 사람이 소원을 이루고, 그저 잘되는 것이 아니라 부처님 시봉 잘하기를 발원할 때 내 마음은 우주의 마음과 하나가 됩니다.

만약 내가 일류 대학에 합격해서 부처님 시봉 잘하기를 발원한다고 칩시다. '내가 합격하면 다른 사람이 떨어지게 되니 이것은 이기심이 아닌가? 그런 이기심으로 어떻게 소원 성취를 할 수 있을까?' 이런 질문이 있을 수 있습니다. 모든 사람이 시험에 합격해서 부처님 시봉 잘하기를 발원할 때 내 마음이 그대로 우주와 하나가 됩니다다. 그 마음은 전지전능한 마음이기 때문에 바로 소원을 이룰 수 있습니다.

내가 무엇을 이루어서 잘살겠다고 하기보다, 부처님 시봉 잘하기를 발원합니다. 또는 모든 사람이 부처님 시봉 잘하기를 발원합니다. 이런 방법이 일차적인 방법입니다.

예를 들어 도통이나 큰 사업 또는 대통령이 되고 싶은 소원을 세웠다고 합시다. 대통령이 되어서 내가 잘 먹고 잘살겠다가 아니라 부처님 시봉 잘하기를 발원하라는 것이 금강경식의 소원 성취법이고, 또는 모든 사람이 대통령이 되는 소원을 다 이룩해서 부처님 시봉 잘하기를 발원하는 것도 하나의 방법이라고 말씀드렸습니다. 그것은 상당히 확실한 방법입니다. 왜냐하면 우리는 본래 전지전능한 존재이기 때문입니다.

근본적인 방법은 열등감을 바치는 것이다

그것보다도 더 근본적인 방법이 있습니다. 내가 도통하고 싶을 때, 내가 상당히 지혜롭고 싶을 때, 내가 큰 부자가 되고 싶을 때가 있습니다. 그렇지만 스스로 열등하다는 생각이 들어 못할 것 같습니다. 큰 부자가 되고 싶을 때, 되기를 발원하는 방법 또는 되어서 시봉 잘하기를 발원하는 방법도 있지만, 그것보다 더 근본적인 방법은 열등감을 바치는 것입니다. '나는 부자하고는 거리가 멀어. 도저히 안 돼. 죽었다 깰 만큼 노력을 해도 안 돼.' 하는 생각이 들때 "이 열등감 바쳐 부처님 시봉 잘하기를 발원."하는 것이 가장 현명한 방법입니다.

또 내가 지혜로워지고 싶은데 지혜로워지지는 않습니다. 너무나 모르는 게 많습니다. 나는 지금 같아서는 김O은 뱃속에 뭐가 들었는지 좀 알았으면 좋겠습니다. 시진핑이나 트럼프의 마음속에 뭐가 들었는지 알았으면 좋겠습니다. 그것을 아는 사람은 제갈량 이상의 능력자가 되어서 한국을 발전시키고 세계를 주무를 겁니다.

백 선생님께서는 언제 해방이 될지 굉장히 궁금하셨습니다. 그런 경우 해방이 언제 되는지를 알아서 부처님 시봉 잘하기를 발원하는 방법도 있습니다. 또는 모든 사람이 미래를 잘 아는 지혜를 일깨워서 부처님 시봉 잘하기를 발원하는 방법도 있습니다. 그것보다 더 근본적인 방법으로, 이렇게 하는 게 좋습니다.

"모른다는 생각이 착각인 줄 알고 부처님께 바쳐 시봉 잘하기를 발원."

우리는 전지전능하기에 그런 것을 알 수 있고, 알 권리가 있으며, 그 길을 가야 할 당위성이 있기 때문입니다.

정리

지금까지 제가 세 가지 소원 성취법을 말씀드렸습니다.

사람들은 대부분 중생적인 소원 성취법에 매달려 있습니다. 목표를 세우고 정신을 집중하고 전력투구하는 방법입니다. 두 번째는 자신 속에 무한하고 위대한 힘이 있음을 믿고 그것을 활용하는 방법이라고 말씀드렸습니다. 그러나 그 방법 역시 내가 있고 탐진치가 다소 있기 때문에 불완전합니다.

가장 확실하고 완전한 방법은 우선 모른다는 생각, 안 된다는 생각이 착각인 줄 알고 부처님께 바치는 것입니다. 백 선생님께서는 해방되기 십 년 전에 이미 남북통일을 예견하셨고 남북분단까지도 예언하셨으며 그것이 확실히 알아졌다는 말씀을 제가 두어 번 들었습니다. 그분이 아셨듯이 우리도 알 수 있습니다. 그것이 지혜의 성취입니다.

이 방법이 조금 실감하기 힘들다면, 모든 사람이 지혜로운 사람이 되어서 부처님 시봉 잘하기를 발원하는 방법도 매우 좋습니다. 그런데 그게 한두 번 해서는 실감이 안 납니다.

"모든 사람이 다른 사람의 마음을 훤히 꿰뚫어 보는 지혜를 얻어 부처님 시봉 잘하기를 발원."

하루에 백 번씩, 백 일만 해본다고 칩시다. 백 번 하기도 쉽지는 않지만, 하루에 백 번씩 제가 며칠을 해본 적이 있습니다. 확실히 효과가 있습니다. 아주 쉬운 방법입니다. 밑천 안 드는 방법입니다. 잘 실천하시고, 소원을 성취하여 부처님 시봉 잘하기를 발원드립니다.

2020.06.06.

불타는 집에서 벗어나
진정으로 행복할 수 있다

어렸을 때 읽은 법화경에 나오는 구절입니다.

삼계무안 三界無安 세상에는 편안함이라는 게 없다.
유여화택 猶如火宅 마치 불타는 집과 같다.
중고충만 衆苦充滿 사람들은 고통으로 가득 차 있다.
심가포외 甚可怖畏 매우 두렵고 두렵도다.
유아일인 唯我一人 오직 나 한 사람만이
능위구호 能爲救護 능히 구하고 보호할 수 있다.

"여기서 그대들을 구해 내리라."라고 부처님께서 무한한 자비심을 담아, 마치 구세주와 같이 말씀하셨습니다.

어렸을 때는 부처님의 자비를 느끼기보다 '삼계라는 게 이렇게 늘 불안한가? 불타는 집이란 말이 맞는가?' 하며 의심했습니다. 거짓말 같습니다. 가만히 보면 세상에는 행복한 사람들도 꽤 많은 것 같고, 인생을 낙으로 아는 사람들도 꽤 많은 것 같습니다.

'왜 부처님께서는 삼계를 이렇게 불타는 집으로 비유했을까?'

불타는 집에서 사는 인생

제가 70세 고희의 나이를 훌쩍 뛰어넘어서 어느덧 80세 가까이 되었습니다. 성공한 사람들도 많이 보고, 또 성공가도를 달리다 죽은 사람들도 많이 봤습니다. 동료들 중에서 눈부시게 성공했지만 곧 사라지는 사람들이 꽤 많습니다. 그들 중에 진정으로 행복을 느끼면서 살던 사람이 얼마나 있을지 검토해 봤습니다.

제가 만난 상당수 사람들 중에는 수천억의 돈을 번 사람들도 있었습니다. 또 해외로 나가서 나라를 빛낼 정도로 유명한 학자도 있었습니다. 한편 크게 성공하지는 않았어도 가정에서 부부 사이에 금실이 좋아 행복하게 사는 사람들도 있었습니다. 지금 생각해 보면 그 행복은 상당히 일시적이었다는 것을 알 수 있습니다. 진정한 행복은 없었습니다.

서양 속담에도 이런 말이 있습니다.

'낙원이라고 하는 것은 항상 검은 그늘 밑에 있다.'

항상 재앙의 그늘 속에 있고, 재앙 속에서 살고 있는 것이 인생입니다. 저는 이제는 '삼계무안 유여화택', 그 말씀을 믿게 됐습니다. 삼계는 늘 불안 근심 걱정으로 가득 차 있고 불타는 집과 같다는 말씀을 지금은 깊이 공감합니다.

세상에 두 부류의 사람이 있다고 생각합니다. 대다수는 운명대로 업보의 줄에 이끌려 예정된 공식대로 삽니다. 이 사람들은 법화경의 삼계무안 유여화택, 즉 불타는 집에 살고 있는 사람입니다. 한편 운명을 바꾸고 업보를 해탈하며 사는 사람은 아주 극소수입니다.

우리 수도자의 길은 무엇일까요?

재앙을 근본적으로 소멸해서 진정한 행복을 얻는 것이 수도자, 특히 금강경 수도자의 갈 길이라고 생각합니다. 또 금강경을 제대로 공부하면 운명을 바꾸고 업보를 해탈해서 진정한 행복을 얻을 수 있다고 생각합니다.

인생은 불타는 집에서 사는 삶입니다. 재앙 속에서 사는 삶이라는 것이 틀림없는 사실입니다. 저는 소사에서 4년을 공부하고 나왔을 때, 제 인생에서 모든 재앙이 사라지고 탄탄대로를 걸을 것으로 생각했습니다. 그만한 대가는 이미 치렀다고 봤기 때문입니다. 그러나 식당을 하며 끊임없이 생기는 재앙에 아연실색할 수밖에 없었습니다. 서운하게 생각하고 선생님을 원망했던 적이 있었습니다.

'이렇게 열심히 공부했는데, 최선을 다해서 살았는데, 나보다 더 착한 사람 있으면 나와 보라고 할 정도로 스스로 착하다고 생각했는데, 왜 내게 이런 재앙이 끝나지 않습니까?'

백 선생님 하시는 말씀이 이랬습니다.

"이 몸뚱이가 있는 한, 그대로 재앙이다."

그땐 잘 안 믿었습니다. 그런데 살아 보니 행복이라고 하는 것은 큰 재앙을 딛고 또 업보를 해탈하고 나타나는 일시적인 현상이지, 진정한 행복은 사실 거의 없습니다. 결국, 불타는 집에서 사는 것이 인생이라는 결론에 도달했습니다.

재앙이라 이름 짓고
낙심 좌절하는 것은 불행의 신호

재앙에 대하여 본격적으로 생각해 봅니다.

가정불화, 특히 배우자의 불륜과 서로에 대한 불신은 가장 큰 재앙 중 하나입니다. 이런 것은 누구한테나 일어날 수 있는 재앙이며, 배신감이 아주 크다는 것이 특징입니다. 성공하려는 사람에게는 큰일을 하려고 하다가 실패하고 좌절하는 재앙도 있습니다. 저는 화재를 당한 경험도 있었는데, 왜 나한테 이런 일이 일어났을까 생각해 보면 이것은 자기 선입견의 파괴입니다. 또 이것이 재앙의 특징입니다. 이미 기대했던 일이라고 한다면 재앙이 아닙니다. 또 내가 불러서 왔다고 생각하면 그것도 재앙이 아닙니다. 소위 재앙은 '배신을 당했다. 의외의 일이다. 억울하다.'는 것이 특징입니다. 그리고 재앙은 놀람과 공포를 항상 동반합니다.

보통 사람들은 재앙에 도전하여 극복하거나 대처합니다. 상대한테 배신을 당하면 상대를 제압하여 극복하려고 합니다. 자기 혼자 할 수 없다면 주위의 도움을 받습니다. 돈의 힘, 권력의 힘, 심지어는 부처님의 힘으로 상대를 제압하고 극복하려고 합니다. 소극적인 방법으로는 놀람과 공포의 스트레스를 명상 혹은 등산으로 해결하려 하는 시도도 있습니다. 노력하다가 재앙을 극복하고 성공하기도 합니다.

재앙은 배신감, 억울함, 놀람에서 출발합니다. 재앙이라고 이름 짓게 되면 대개 극복하지 못합니다. 부부간의 불화는 이혼으로 끝나는 수가 많습니다. 또 갑작스러운 파산, 화재, 병 등은 상당히 수

양이 된 사람이 아니고서는 죽음으로 끝나는 수가 많습니다. 죽음으로 끝나기 전에 신호가 옵니다. 재앙으로 이름 짓는 것 자체가 불행의 신호, 즉 낙심과 좌절이 불행의 신호입니다.

밝은이들이 보면 전생에 낙심하고 좌절했던 기억이 떠오르는 것이라고 합니다. 전생에 실패했던 기억이 금생에도 똑같이 떠오르면서 그때 그랬듯이 내리막길로, 더 큰 좌절과 이혼, 심지어 죽음으로 이어진다는 것입니다.

모든 축복과 재앙은
전생에 원인이 있다

그런데 재앙을 딛고 행복과 성공으로 바꾸는 사람이 아주 소수 있다고 말씀드렸습니다. 엄밀하게 얘기하면 상당히 복을 지은 사람, 지혜 있는 사람, 금강경을 공부하는 사람이 아니고는 쉽지 않다고 봅니다. 보통 사람은 오로지 금강경식 방법에 의해서만 재앙을 딛고 행복과 성공의 길로 갈 수 있다고 봅니다.

그런 사람의 특징이 무엇인가?

그 특징을 얘기하기 전에 이것을 말씀드려야 합니다.

모든 축복과 재앙은 갑자기 일어나지 않습니다. 전생부터 원인이 다 있습니다. 달리 말해서 억울할 것, 놀랄 것, 두려울 것 하나도 없습니다.

번뇌라는 것은 주기적으로 돌고 돌아서 나타납니다. 하는 일마다 안 될 때가 있습니다. 그런가 하면 하는 일마다 잘될 때도 있는 것을 우리는 종종 체험합니다.

왜 하는 일마다 안 될까?

우리는 그 이유를 모릅니다. 밝은이가 보시면 재앙이라고 하는 것들이, 전생에 죄지었던 주기에 금생에도 나타난다고 합니다. 그럴 때 하는 일마다 안 되는 겁니다. 전생에 죄짓고 사람들을 원망하고 남을 탓했던 그 번뇌가 다시 돌고 돌아서 금생에 나타나는 겁니다.

한편 어느 때인가, 반드시 전생이 아닐 수 있습니다. 십 생 전일수도 있고 심지어는 백 생 전일 수도 있습니다. 그때 부처님께 공경하고 역경에 감사하는 연습을 했었다면, 그런 기억이 돌고 돌아서 떠오르는 시점이 있습니다. 그 시점에는 일이 다 잘 풀립니다.

그래서 대개 전생에 복 지었다고 하는 기억이 되살아날 때가 성공했을 때입니다. 또 좌절할 때, 내리막길을 갈 때는 전생에 실패했거나 좌절했다는 기억이 떠오를 때입니다.

대부분 사람들은 예정된 기억에 의존하여 운명적으로 살 수밖에 없습니다. 불교에서 인과응보의 법칙은 한 치의 오차도 없이 진행된다고 합니다. 전생에 죄지은 그대로 벌을 받습니다. 언젠가 전생에 낙심했던 그때와 똑같이 안 되는 일이 연달아 일어납니다. 또 언젠가 전생에 복 지었던 때와 같이 그대로 일이 잘 됩니다.

재앙을 소멸하는 마음

어떤 마음이 운명을 바꾸고 업보를 해탈하게 할까?

불륜, 파산, 속 썩이는 자식 등 사람들이 말하는 재앙이 왔을 때 뜻밖의 일이라고 놀라지 않습니다. 주기적으로 올 것이 왔다고 생각하고, 재앙이라 이름 짓지 않습니다.

'그때 깨달았더라면 다시 안 왔을 텐데, 그때 못 깨우쳤기 때문에 돌고 돌아서 깨치라고 나에게 오는 것이구나.'

깨치라고 오는 것이라면 재앙이라고 이름 지을 필요가 없는 것입니다. 깨치라고 일러 준 고마운 스승의 채찍이라고 생각하면, 감사하다고 이름 지을 수 있습니다.

수도하는 사람들, 특히 금강경 읽는 사람들, 우리도 마찬가지입니다. 우리는 소위 재앙이라고 하는 불쾌한 일, 예상 밖의 일이 터졌을 때 놀라거나 억울해하거나 공포를 느끼지 않아야 합니다. 번뇌가 돌고 돌아, 주기적으로 올 것이 온 것으로 생각하기만 해도 놀라거나 괴롭지 않습니다.

전생이면 전생, 어렸을 때면 어렸을 때, 그때 깨달았더라면 다시는 오지 않았을 것입니다.

재앙이 지금 온 것은 나를 벌주려고 오는 것이 아니라 나를 업그레이드시키고 더 깨우치게 하려고 오는 것입니다. 이것을 공격하고 저주하고 맞받아치려고 할 것이 아니라 감사하게 생각합니다. 놀라지 말고 억울해하지도 두려워하지도 말고 재앙이라 이름 짓지 말고 감사해야 합니다.

이런 것이 발전적인 해석입니다. 이런 마음의 자세는 재앙을 소멸하는 데 상당히 결정적인 역할을 하게 됩니다.

재앙은 착각이고
본래 없는 줄 알고 바쳐야 한다

한층 더 나아가서 바쳐야 할 것입니다.

'이것은 착각이고 본래 없는 것이다.'

그렇지만 죄지었던 기억이 떠오르면서, '이건 안 되는 거야' 할 수 있습니다. 그것은 팩트fact가 아닙니다. 그것도 역시 착각인 줄 알고 자꾸 바칩니다. 집에서 안 되면 법당에 나오셔도 됩니다.

재앙은 본래 없습니다. 절체절명의 위기라는 것도 내가 그렇게 생각한 것입니다. 내가 전생에 절체절명의 위기라고 이름을 지었기 때문에 금생에 절체절명의 위기가 된 것이지, 그때 절체절명의 위기라고 생각하지 않고 올 것이 왔다고 했더라면 금생에도 그렇게 놀라지 않고 억울해하지 않았을 것입니다. 전생에 지은 것이 그대로 되풀이되는 것을 팩트라고 보는 것은 너무나 어리석은 삶입니다.

금강경에서 범소유상 개시허망이라고 했듯이, 억울함, 놀람, 좌절 등을 착각으로 알고 자꾸 바칠 때, 절체절명의 위기라고 생각했던 어떤 재앙도 결국 극복할 수 있습니다. 부부간의 배신, 불륜, 사랑하는 이와의 이별, 속 썩이는 자식, 사업 실패 같은 것들을 다 반전시키고 극복하여 진정한 행복을 맛볼 수 있다고 결론을 말씀드립니다.

저는 그것을 배웠고, 완전하지는 않아도 부분적으로 체험했고, 행복을 맛보았습니다. 이것은 궁리나 궁상이 아닌 엄연한 진리요, 사실입니다. 이 가르침을 잘 받아서 불타는 집에서 벗어나 진정으로 행복한 삶을 사시기를 발원합니다.

2020.06.20.

선입견을 바쳐서 소멸하는
지혜 교육

　이제는 우리가 본격적으로 밝은이의 뜻을 배우고 펼쳐야 할 것 같습니다. 우리가 지혜 교육을 배우고 지혜로워져서 많은 사람을 지혜롭게 하는 일을 한다고 해도 좋습니다.
　오늘은 현대 교육의 특징 중 지식 교육과 지혜 교육이 어떻게 다른지 알아보고, 왜 지혜 교육을 해야 하는지 말씀드리고자 합니다.
　선생님이란 지식, 경험, 정보가 풍부한 사람으로 후학을 가르치는 분을 말합니다. 배워야 깨인다는 말도 있습니다. 조선 시대에는 90%가 문맹이었고, 서양인과 비교하면 모르는 것이 너무나 많았습니다. 경제, 문화, 과학 모든 면에서 후진국이어서 선각자들의 슬로건이 '배워야 산다.'였습니다. 우리는 교육기관을 만들고 부지런히 가르치고 배웠습니다. 정보를 많이 가지고 있어야, 많이 배워야 문화 경제 과학이 발전해서 국가가 부강해진다고 믿고 있습니다. 그 결과 우리나라는 서서히 후진국의 대열에서 벗어났고 이제 선진국의 대열에 거의 들어섰다고 합니다.

패러다임 시프트paradigm shift

지금도 많이 배우는 것이 중요하다는 것을 부인하지 못합니다.

하지만 이에 상치하는 가히 혁명적이라 일컬을 만한 책이 있습니다. 하버드대의 토머스 쿤이 쓴 『과학혁명의 구조』라는 책입니다. 서울대학교 필독 도서입니다.

"과학은 지식이나 정보가 많이 쌓여서 발전하는 것이 아니라 개인의 사고 체계 전환과 사고방식의 변화로, 즉 패러다임 시프트로 인하여 발전하는 것이다. 지식, 정보, 경험, 기술 등이 많이 쌓인다고 과학이 발전하고 국가가 부강해지는 것이 아니다."

많은 사람이 공감하였습니다. 대학 교육도 이제는 지식 교육 스타일에서 점차 벗어나기 시작했습니다. 아무리 많이 배워도 그것이 실질적으로 도움이 되거나 과학 발전에 기여하는 것이 아니며, 사고 체계를 바꾸는 것이 더 중요하다는 것입니다.

대학의 교육도 지식을 일방적으로 전달하는 주입식 교육에서 창의성 교육, 패러다임의 전환 교육으로 바뀌기 시작했습니다. 특히 인공지능 만능 시대에는 지식 교육이 아무 쓸모가 없다는 것에 많은 사람이 공감하면서, 지금 한국의 교육도 지식 위주의 주입식 교육에서 탈피하고자 몸부림치고 있습니다. 지식 교육으로는 선진국의 대열에 들어설 수 없습니다. 새로운 교육은 틀림없이 사고 체계의 전환 교육일 것입니다. 이것을 지혜 교육이라고 말하고자 합니다.

알고 보면 우리나라는 지혜 교육을 예전부터 해 왔습니다. 공자님, 부처님 교육이 경제를 개발하고 과학과 국가를 발전시키는 지혜 교육인 것을 모르고, 구시대의 유물로 멀리 제쳐 두었던 것입니다.

우리가 추구하는 금강경 연수원 교육도 지혜 교육입니다. 지혜라는 용어가 생소하면 창의성으로 이해하는 것이 가장 좋습니다. 그러나 창의성, 지혜를 어떻게 계발하는지에 대해서는 속수무책입니다. 저는 다행히 지혜를 가르쳐 주신 밝은 스승을 만났기 때문에 지혜 교육을 어떻게 해야 하는지 감히 말씀드릴 수 있습니다.

선입견이 사라질 때
본연의 능력이 드러나서 알게 된다

우선 저를 비롯한 보통 사람들의 경험을 이야기해 보겠습니다.

중고등학교에서는 국어, 영어, 수학, 과학, 정치, 경제 등을 배웁니다. 특히 수학은 문제가 안 풀리다가 열심히 집중하고 노력하면 풀리는 경우가 많았습니다. 굉장히 어려운 문제를 풀고 나면 쉽게 느껴집니다. 그런데 그 전에는 왜 어렵다고 느껴졌을까? 이후에도 저는 대학(자연과학대학)에서 여러 가지 어려운 문제가 풀리는 체험을 했습니다.

왜 모르다가 알게 되었을까? 실력이 늘어서 알았을까?

실력이 늘어서 안 것이 아니었습니다. 내가 잘못된 선입견에 집착해 있으니까 당연히 모를 수밖에 없었던 것입니다. 모르는 것을 알기 위해 열심히 집중하고 생각하고 또 생각합니다. 옛날에 알았던 그 시절을 더듬어서 연구하고 또 연구하다가 대번에 알게 될 때가 가끔 있었습니다. 잘못된 선입견을 따라가느라 몰랐던 것이고, 그 선입견이 깨지면서 알게 된 것입니다. 실력으로 알게 된 것이 아니고 선입견만 바꾸면 알아지는 이치를 차츰 깨닫게 되었습니다.

그래도 아직 저는 패러다임 시프트란 말을 완전히 이해할 수 없었습니다. 전에는 수학, 과학, 철학이 서로 전혀 상관없는 독립적인 과목이라고 생각했습니다. 그러나 제가 대학원에서 박사 과정을 이수하며 논문을 계속 쓰다 보니 결국 학문의 뿌리는 철학이며, 철학에서 수학이, 또 수학에서 물리와 화학이 시작되었다는 것을 알게 되었습니다. 철학의 발전이 수학, 물리, 화학의 발전입니다. 모든 학문의 뿌리는 철학이었습니다. 그래서 박사를 영어로 철학박사Doctor of Philosophy, Ph.D라고 합니다.

알고 보니 철학의 발전이 지혜의 발전이고, 선입견의 소멸이 철학의 발전이며 지혜의 계발이었습니다. 제가 논문을 쓰면서 본격적으로 학문의 뿌리를 쭉 더듬어 가다가 아무 선입견 없이 느닷없이 나오는 지혜가 우리 속에 있는 것을 알았습니다. 아무 선입견이 없을 때 난제가 풀리듯이, 선입견이 없을 때 올바른 철학적 사고로 올바른 가정을 할 수 있습니다. 가정을 바르게 했을 때 진짜 수학, 진짜 과학이 된다는 것을 터득하게 되었습니다.

아인슈타인은
선입견을 소멸하는 능력이 탁월한 사람

저는 대학원에서 불세출의 과학자 아인슈타인의 이론을 공부할 기회가 있었습니다. 성철 스님까지도 그를 존경하였지요. 아인슈타인은 우리나라에서 성철 스님으로 인하여 더더욱 난공불락 불세출의 천재로 각인되었을지도 모릅니다. 대한민국의 천재학자도 아인슈타인이라 하면 쩔쩔맵니다. 미국의 대가도 그를 높게 봅니다. 아인슈타인은 신과 같은 존재로 생각되었습니다.

막상 공부하고 보니 아인슈타인의 이론도 상당히 잘못된 것이 많았습니다. 고체란 무엇인가? 액체란 무엇인가? 고체의 본질을 규명하는 과정에 대한 아인슈타인의 유명한 솔리드 모델이 있어요. 이 이론이 고온에서는 맞는데, 저온에서는 틀립니다. 결국 이 모델은 디바이P. Debye에 의해 저온에서 비열 이론으로 개량되었습니다. 아인슈타인이 덴마크 물리학자인 닐스 보어와 토론하면 번번이 깨졌다고 합니다.

왜 아인슈타인이 이런 실수를 했을까? 이해가 되지 않았습니다.

제가 박사 논문을 계속 업데이트하며 깊이 연구하다 보니, 스스로 생각하기에 꽤 괜찮은 논문이라고 생각하게 되었습니다. 제 논문을 보니까 세계적인 유명한 학자도 그 영역을 터치하지 못하였다는 것을 발견했기 때문입니다. 저는 비로소 아인슈타인을 조금 파악하게 되었습니다. 아인슈타인이 대단한 게 아니었습니다.

아인슈타인은 자기 선입견을 소멸하는 능력이 누구보다 탁월한 사람이지, 원래 불세출의 천재는 아니었습니다. 선입견이 사라질 때 본연의 능력이 드러났을 뿐입니다. 그는 자기를 낮출 줄 아는 지극히 겸허한 사람이며, 잘난 척하지 않는 사람입니다. 본래 우리보다 뛰어난 능력을 가진 불세출의 천재는 아니었습니다.

백 선생님의 공부를 잘만 한다면 아인슈타인 못지않은 천재가 되는 것도 불가능하지는 않겠다고 생각하였고, 금강경 연수원을 만들겠다는 결심을 하게 되었습니다.

선입견을 소멸하는
백 선생님의 가르침

실생활에서 백 박사님의 가르침에 관한 제 체험을 말씀드리겠습니다.

한 중학생이 수학 문제가 잘 풀리지 않자, 세상의 모든 것을 안다는 백 선생님께 수학 문제를 풀어 달라고 철없는 질문을 했습니다.

우리 같으면 이런 질문을 하지 않습니다. '선생님은 철학박사인데 수학을 어떻게 알겠어?' 철학을 아는 논리와 세상의 이치를 훤히 아는 도인의 경험은 과학 같은 데는 적용을 할 수 없다고 굳게 믿기 때문에, 수학 문제를 선생님한테는 아예 묻지 않습니다. 수학은 내가 한 수 위라고 생각했는지도 모릅니다.

"모른다는 그 생각에 대고 미륵존여래불 해라."

백 선생님께서 이리 말씀하시니 질문했던 중학생은 어처구니가 없습니다. 미륵존여래불을 하는 것은 불행을 행복으로 바꾸기 위한 것인데 어째서 수학 문제까지도 미륵존여래불을 하라고 하실까?

저도 그때 소사에 있으면서도 백 선생님의 대답은 무리이며 부적절하다고 생각했습니다. 제가 감히 선생님을 심판하고 있었던 것입니다. 그때는 과학적으로 난제가 있을 때, 즉 학문에 난제가 있을 때는 미륵존여래불이 통하지 않는 것으로 생각했습니다.

훗날 선생님께서 열반하시고 저는 논문을 쓰면서 선입견 소멸이 굉장히 어렵지만, 이것만 소멸하면 부처님과 똑같은 전지전능한 능력이 나올 수 있고 수많은 난제를 풀 수 있겠다고 생각했습니다. 그제야 수학 문제가 안 풀릴 때 미륵존여래불을 하라고 말씀하신 것이 명답이라는 것을 뼈저리게 느끼게 되었습니다. 그 뒤부터 저는 인생의 난제뿐 아니라 학문의 난제가 있을 때도 미륵존여래불을 하게 되었습니다.

'학문에 있어 모르는 부분이 있다면 잘못된 선입견으로 인한 것이다. 잘못된 선입견을 소멸하는 것이 미륵존여래불이라면, 학문에서도 미륵존여래불이 통할 수 있다.'라고 뒤늦게 공감하게 되었고, 모르는 생각이 있을 때마다 미륵존여래불을 하니 확실히 통했습니다.

이렇게 미륵존여래불로 선입견이 소멸하는 것을 토마스 쿤은 '패러다임 시프트'라고 표현했으며, 이를 통해 과학이 발전하는 것을 확실히 이해하게 되었습니다.

선입견이 없는 무의식 세계인
꿈에서 나타나는 지혜

패러다임 시프트의 실감 나는 사례가 너무나 많습니다.

닐스 보어는 아인슈타인에 버금가는 물리학자입니다. 토론할 때는 아인슈타인보다 뛰어났다고도 합니다. 보어는 새로운 패러다임의 원자 모델을 제시하였습니다. 원자를 본 사람은 없습니다. 원자를 모델로 설명하기가 힘듭니다. 그전에는 원자핵을 중심으로 원자가 돈다고 생각했지만, 보어는 원자가 돌며 에너지가 양자화되는 개념을 처음으로 도입하여 노벨물리학상을 받으며 스타가 되었습니다. 에너지가 연속적으로 되어 있지 않고 양자화된 개념을 이해한다는 것은 쉽지 않습니다.

재미있는 것은 그 위대한 개념이 연구해서 발견한 것이 아니라는 점입니다. 원자 구조를 자꾸 생각하다가, 꿈에서 선명하게 본 것을 적용하여 나온 것입니다.

알고 보니 닐스 보어만 그런 것이 아니라 아인슈타인, 에디슨, 뉴턴, 러일전쟁의 유명한 스타인 일본 제독 등 여러 인물에게 꿈으로 알았다는 일화가 있었습니다.

왜 꿈에서 알게 될까요?

우리는 멀쩡한 정신으로 내 주장, 즉 선입견을 굽히지 않습니다. 하지만 꿈에서는 내 주장이 조금 굽혀진, 겸손한 내 모습을 볼 수 있습니다. 수행을 열심히 하다 보면 내가 죽는 꿈을 꿉니다. 또는 슬픔, 절망 등으로 꿈속에서 눈물을 철철 흘리는 수가 있습니다. 꿈에서 깨어나면 내가 바뀐 것을 느낍니다. 아상, 선입견이 소멸하면서 본연의 지혜가 발현되는 것입니다. 아상이 소멸한 사람의 꿈은 지혜의 꿈이라 할 수 있습니다.

그런데 앞서 말씀드린 사람들은 수도해서 아상을 소멸한 것이 아닙니다. 자꾸 알려고 하는데 알아지지 않아서, 굉장히 괴로운 순간에 아상이 소멸한 것입니다. 끝까지 알려고 합니다. 마치 화두처럼 참구하는데 안 뚫려요. 은산철벽銀山鐵壁. 무자화두無字話頭. 도저히 모르겠어요. 우리가 모른다는 생각을 바친다는 것과 비슷한데, 의심하기를 고양이가 쥐 잡듯이 하라고 해도 잘 안 됩니다. 오매일여, 화두 들기를 평상시나 꿈과 똑같이 하라고 합니다. 이것을 실천하는 과정은 굉장히 힘들고 어렵습니다. 그러다가 어느 순간 아상이 죽고 깨지며 깨쳐집니다.

지금까지 선입견을 소멸하여 알게 되는 실례를 말씀드렸습니다. 토머스 쿤에서 시작하여 유명한 여러 과학자, 수많은 영웅호걸이 아상이 없어진 무의식 세계, 꿈에서 나타난 지혜로 성공했다는 것을 대략 들려 드렸습니다.

백 선생님의 가르침이 바로
과학적인 지혜 교육

저는 과학적으로 지혜를 계발시키는 법을 백 선생님께서 만들었다고 생각합니다. 백 선생님께서는 이렇게 말씀하십니다.

"모른다는 생각이 있을 때 그 생각이 착각인 줄 알고 부처님께 바쳐라. 그리고 그 '모른다'는 생각에다 대고 자꾸 미륵존여래불 해라. 그러면 언젠가 '모른다'는 생각이 없어질 때가 반드시 온다."

우리는 지금까지 묻거나 배워야만 알았던 경험 때문에, 모르는 것이 있을 때는 누구한테 묻는 데 익숙합니다. 그런데 물어서 아는 것은 진짜 아는 것이 아닙니다. 자기 실력이 아닙니다. 물어서 아는 것은 과학 발전에, 경제 발전에, 국가 부강에 아무런 도움이 되지 않습니다.

진짜 알려면 어떻게 해야 할까요? 누구한테 물으면 안 됩니다. 자기 마음속에서 찾아야 합니다. 누구한테 묻는 것은 자기 마음 밖에서 찾는 것입니다. 자기 마음속에 '모른다'는 생각이 사라질 때까지, 잘난 척하는 선입견이 소멸할 때까지 자꾸 미륵존여래불 해야 합니다. 미륵존여래불을 계속하다 보면 정말 모를 것 같은 생각이 점차 엷어집니다. '모를 것이 없네!' 하는 든든한 마음이 생길 때가 분명 있습니다. 그때까지 일심으로 미륵존여래불을 정진한다면, 처음에는 꿈으로 알게 되다가 점차 현실에서도 알게 됩니다.

저도 꿈을 통해 알았던 체험이 적지 않게 있습니다. 닐스 보어, 주기율표를 만든 멘델레예프, 러일전쟁 당시 일본의 제독이 그랬듯이 선입견이 소멸한 꿈속에서 알게 되었습니다. 그들은 운 좋게 꿈을 꾸어서 알게 됐지만, 알고 싶을 때 마음대로 알게 되지는 않았습니다.

우리는 알고 싶을 때 마음대로 알게 되는 방법을 금강경을 통해서 배웠습니다.

"모른다는 생각이 있을 때 부처님께 바쳐라. 그냥 바쳐서는 안 된다. 착각인 줄 알고 바쳐라."

착각인 줄 알고 바치는 것은 자신감을 가지고 바치는 것입니다. 우리는 열등한 존재이자 모를 수밖에 없는 존재이고, 아는 것에 한계가 있다는 생각으로 바치면 안 됩니다.

"우리는 전지전능한 부처이다. '모른다'는 것 자체가 하나의 착각 현상일 뿐이다. 이것이 착각인 줄 알고 정성껏 바칠 때, '모른다'는 생각이 드디어 없어지며 부처님과 같은 본연의 전지전능한 능력이 드러나게 될 것이다."

이렇게도 명쾌하게 지혜 교육의 과학적인 체계를 말씀하신 분은 백 선생님밖에 없을 것으로 생각합니다. 이것을 잘 체계화하여 교육한다면 틀림없이 훌륭한 인재들을 양성할 수 있을 것으로 확신합니다. 그길로 가야 합니다.

4차 산업혁명 시대를 대비하는
도인의 지혜 교육

알파고가 이세돌과 커제를 깼습니다. 커제는 지고 나서 엉엉 울었습니다. 우리는 이 사실로 무상함을 느낍니다. '인간의 지혜는 기계 앞에 무참히 부너졌다!'라고 통탄하는 사람들이 많습니다. 한편으로는 '이세돌이나 커제를 이길 수 있는 인공지능을 개발한 것은 인간이다. 신의 영역에 거의 접근할 수 있는 인간의 지혜, 얼마나 위대한가?' 하며 인간 승리라고 기뻐하는 사람도 있습니다. 인간의 지혜 영역이 점점 더 커져서 신의 영역에 가겠지만, 앞으로 인간보다 나은 지능을 가진 로봇이 지배하는 세상이 올지도 모릅니다. 저는 얼마 전에 『싱귤래리티Singularity』라는 영화를 보았습니다. 70년 후의 일을 가상하여 만든 영화인데, 인간 이상의 지능을 가진 로봇이 세상을 지배하고 쓰레기인 인간은 사라져야 한다며 인간을 몰살하는 영화입니다. 틀림없이 있을 수 있는 시대라고 생각합니다.

그 시대에 살아남는 길이 무엇인가?

미국에서도 싱귤래리티 유니버시티Singularity University 등을 만들어서 4차 산업혁명 시대를 대비하고 있다는 것을 우리는 이미 알고 있습니다. 우리나라에서는 다행히 도인의 교육에서 미국에서도 할 수 없는 지혜 교육, 그 가능성을 발견했습니다. 이 지혜 교육을 해야만 국가를 부강하게 하고 경제를 개발하고 무에서 유를 창조할 수 있는, 새 시대에 걸맞은 인재가 나올 것입니다.

앞으로 지혜 교육 시대를 맞이해서 부처님 시봉 더욱 잘해서 유능한 인재가 되시기를 발원합니다.

2020.06.27.

일시적 재앙과 구조적 재앙

❁

　제가 매번 법회 시작할 때나 공양할 때 "모든 재앙은 소멸하고 소원은 성취해서 부처님 전에 복 많이 짓기를 발원."하는데, 물론 제가 만들어서 한 것은 아닙니다.
　"재앙 소멸은 밝아지는 데 꼭 필요한 조건이다. 더 정확히 말하자면 필요충분조건이다. 재앙이 있어서는 밝아질 수 없다. 소원을 이루는 것 또한 밝아지는데 필요한 조건이다."
　백 선생님 말씀입니다. 재앙 소멸과 소원 성취는 밝아지기 위해서는 필수이며 당위적當爲的 요소입니다. "재앙은 소멸하고 소원은 성취해서 부처님 전에 복 많이 짓기를 발원."하는 것은 그런 조건을 갖추고 나서 밝아지는 길을 밟아라, 이렇게 해석하는 것이 좋습니다.
　재앙은 어떻게 소멸할 수 있으며 재앙의 원인은 무엇인지, 또 소원은 어떻게 이루어지는지 검토해야 합니다. 이번에는 재앙 소멸의 방법에 대해서 말씀드리겠습니다.

재앙은 내가 불러온 것이니
내가 다 해결할 수 있다

　마음속에 조금이라도 불쾌함과 불편을 느끼는 모든 사건을 재앙이라고 합니다. 흔히 우리는 파산, 이별, 화재 등을 재앙이라고 합니다. 특히 파산이나 화재는 심각한 재앙으로 알지요. 교통사고도 재앙으로 생각합니다. 하지만 그런 것만 재앙으로 생각하지, '기분이 나쁘다, 우울하다, 피로하다.' 이런 것은 재앙으로 보지 않습니다. 넓은 의미에서는 조금이라도 마음이 불쾌하거나 우울하거나 밝지 않다면 그것이 재앙이요 재앙의 씨앗으로, 더 큰 재앙으로 연결되는 것입니다. 불쾌감을 느끼는 작은 재앙이 있는가 하면 절체절명의 위기에 이르는 큰 재앙도 있습니다.
　우리에게 닥치는 모든 재앙은 우리가 다 해결할 수 있습니다. 해결할 수 없는 재앙은 우리한테 닥치지 않는다고 합니다. 왜 그럴까요? 우리 자신은 부처님과 똑같은 전지전능한 존재라는 인식만 한다면 어렵지 않게 이해할 수 있습니다. 우리는 전지전능한 조물주입니다. 축복이든 재앙이든 우리 마음이 모든 것을 다 만들었습니다. 축복도 재앙도 내가 불러왔고, 내가 불러왔기에 내가 해결할 수 있습니다. 그래서 나에게 닥친 재앙은 내가 다 해결할 수 있다는 것입니다.
　몹시 어려워 해결할 수 없는 난제가 있을 때 굉장히 막막합니다. 그럴 때 보통 마음속에서 해답을 찾지 않습니다. 우선 자기 힘으로 한번 해보려고 합니다. 안되면 자기한테 늘 도움을 주는 가족, 친척한테 손을 벌립니다. 그것도 안 되면 지인, 권력, 금력 등을 동원하려고 합니다. 그것도 안 되는 수가 많습니다. 그럴 때 우리가 기도하고 삼천 배도 합니다.

지금까지 얘기한 모든 방법은 마음 밖에서 찾는 것입니다. 마음 밖에서 찾는 것은 한계가 있어요. 그렇게 해결하려 하는 것은 바로 '내가 재앙을 불러왔다는 것을 모른다.'라는 대전제가 깔려 있습니다. 내가 불러왔다면 내가 해결할 수 있기에, 내 마음속에서 방법을 찾아야 합니다.

마음 밖에서 찾는 것, 즉 가족이나 친척에게 찾고 금력이나 권력에 의존해서 해법을 찾고 기도해서 찾는 것은 그 재앙을 내가 불러왔다는 것을 모른다는 것을 의미합니다. 내가 불러왔기에 내가 해결할 수 있고, 내 속에서 답을 찾을 수 있습니다. 일단 이것을 이해하는 것만으로도 재앙의 절반은 소멸한다고 볼 수 있습니다. 반드시 나에게 닥친 재앙은 내가 불러온 것이며 내가 해결할 수 있다는 믿음을 가져야 합니다.

억울한 재앙에 대한 백 선생님의 처방

'내가 죄를 지었다.'는 생각이 재앙을 불러옵니다. 특히 억울한 재앙은 '내가 죄를 지었다.'는 전생의 생각 때문에 나에게 닥쳤다고 봐야 합니다. 억울한 재앙이 일어나 해결할 방법이 없을 때, 백 선생님께서는 이런 처방을 종종 내리시곤 했습니다.

"나는 무시겁으로 죄지은 일이 없노라."

'이것을 자꾸 되풀이한다고 재앙이 소멸될까? 그 이치를 잘 모르겠다. 잘 안 믿어진다.'라고 하는 경우가 많습니다. 우선 한번 해보시기 바랍니다.

좀 더 구체적으로는 이런 것들이 있습니다.

"나는 무시겁으로 살생한 적이 없노라."

"나는 무시겁으로 남을 무시한 적이 없노라."

직장이나 가정에서 무시를 받거나 경천당하는 수가 있습니다.

"나는 무시겁으로 남을 무시하거나 짓밟은 적이 없노라."

밝은이들은 이것을 자꾸 되풀이하는 게 상당히 효과적인 재앙 소멸 방법이라고 말씀하십니다. 처음 한두 번 해서 실감이 안 나는 것은 당연합니다. 하루에 백 번씩이라도 마음을 담아서 진정으로 해 보시길 바랍니다. 특히 주위에서 경천과 핍박이 아주 심할 때 거기서 벗어나려는 잠재력이 더욱 커지며, 핍박이 심할수록 재앙에서 벗어날 가능성이 크다고 말씀드립니다.

불쾌한 여러 가지 재앙이 착각이고 본래 없다는 믿음으로 그 생각을 자꾸 바치는 것도 재앙을 소멸하는 하나의 방법입니다. 재앙은 내가 다 불러들인 것으로, 실제로 있는 것이 아닙니다. 꿈과 같은 것이고 허상으로, 팩트가 아닙니다. 팩트라고 착각할 뿐입니다. 꿈에서 깨는 것이 재앙에서 벗어나는 길입니다.

'내가 죄를 지었다. 나는 벌을 받을 만하다. 재앙을 당해야 마땅하다.'라는 생각이 들어도 그 생각은 팩트가 아니라 착각이고 허상입니다. 자기가 연극 대본을 써 놓고 실지로 믿고 있는 것과 다르지 않습니다. 허상이니까 벗어날 수 있습니다. 꿈과 같은 것이니 깰 수 있습니다. "나는 무시겁으로 죄지은 일이 없노라."를 자꾸 되풀이하는 것은 꿈속에서 벗어나는 방법입니다.

"나는 무시겁으로 죄지은 적이 없노라."

"나는 무시겁으로 남을 짓밟은 적이 없노라."

"나는 무시겁으로 남을 핍박한 적이 없노라."

이 말을 자꾸 되풀이하다 보면 죄지었다고 굳게 믿는 허상에서, 벌 받아야 마땅하다는 생각에서 벗어날 수 있습니다. 그 생각이 착각인 줄 알고 자꾸 바치는 연습을 하는 것도 꿈과 같은 재앙의 늪에서 벗어나는 방법이 될 수 있습니다.

저는 불쾌한 일을 상당히 많이 당했습니다. 숨 막히게 외롭고 힘든 적이 있었습니다. 그럴 때 바쳤습니다. "죄지은 일이 없노라." 한 적도 있습니다. 가행정진을 했습니다. 결국은 팩트라고 알고 있던 재앙은 정진력 앞에서 허상임이 드러나게 되었고, 재앙에서 벗어날 수 있었습니다. 제가 여러 가지 실감 나는 일을 체험했기 때문에 이렇게 말씀드릴 수 있는 것입니다.

구조적인 재앙, 잠재의식에 의한 재앙

일시적인 재앙은 비교적 간단하게 해결됩니다. 화재나 파산은 상당히 심각한 것 같지만 일시적인 재앙입니다.

일시적인 재앙 말고 또 무슨 재앙이 있을까?

구조적인 재앙이 있습니다. 재앙이 있어서 해결했는데 자꾸 반복하여 일어납니다. 예를 들어 나를 해롭게 하는 사람이 있을 때, 바치면 일시적인 재앙으로 끝나는 수가 많습니다. 내가 채무자라면 빚을 갚으면 끝납니다. 더는 요구하지 않습니다. 그런데 가족이면 일시적으로 끝나지 않습니다. 가족은 달라고 해서 주면 고마워하고 끝나지 않습니다. 더 많은 것을 요구합니다. 더 줍니다. 안 끝납니다. 생명까지 요구하는 수가 많습니다. 이것을 구조적인 재앙이라고 합니다.

남과 맺은 재앙은 일시적인 재앙으로, 앞서 말씀드린 방법을 적용하면 해결됩니다. 문제는 구조적인 재앙입니다. 구조적인 재앙도 자기가 불러들인 것입니다. 예를 들어, '돈을 달라고 해서 주고 또 달라고 해서 또 줬는데 왜 나한테 끝도 없이 달라고 할까? 왜 나에게 이런 일이 일어나는 것일까?' 자기가 주고 싶었기 때문에 그런 재앙을 불러들이는 것입니다.

이 얘기가 실감이 안 나시지요. 실제로 제 가족에 관한, 참 부끄러운 이야기를 해 봅니다.

저는 어렸을 때 아버지를 하늘같이 알고 자랐습니다. 하지만 아버지는 저보다 정신연령이 어리다는 것을 성장하면서 알게 됐습니다. 대학생 때부터 정신연령은 완전히 제가 위였던 것 같습니다. 아버지는 하늘이 아니라 저한테 매달리는 존재임을 알고 저는 실망하였습니다.

저에게만 그런 것이 아니라 우리 어머니한테도 그랬습니다. 젊었을 때는 집안을 아버지가 책임졌겠죠. 그런데 어느 때부터 집안 살림의 중심은 완전히 어머니로 바뀌었습니다. 아버지는 돈이 있으면 갖고 나갑니다. 어머니는 아버지가 서운하고 밉겠죠? 아주 나가면 끝일 텐데 돈이 떨어지면 또 집에 들어옵니다. 들어올 때는 얌전합니다. 부드럽습니다. 어머니는 그것을 불쌍하게 봐요. 측은지심이 생겨 잘해 주고 도와줍니다. 그러다가 어느 정도 배가 부르면 다시 목에 힘주고 나갑니다. 그때 어머니는 "다시는 안 봐!" 하십니다. 돈 떨어지면 또 들어옵니다. 들어와서 설치고 그러면 다시는 안 보겠지만, 쥐 죽은 듯 가만히 있으면 불쌍한 생각이 들어요.

왜 불쌍한 생각이 들지요?

불쌍한 생각이 끊임없는 재앙을 불러오는 요인입니다.

전생을 아는 도인이라면 왜 이런 재앙이 끝도 없이 생기는지 그 원인을 알 겁니다.

"거기다 대고 공부해 봐라. 공부하면 전지전능한 능력에 의해서 전생사를 알게 된다."

그때는 제가 실력이 좀 안 되었던 것 같습니다. 자꾸 해도 안 되니까 나중에 선생님이 일러 주셨습니다.

"너희 어머니는 너희 아버지의 고기를 먹었다."

알지 못하게 소는 자기 몸뚱이를 주었다는 인식이 있고 받을 권리가 있다고 생각합니다. 잠재의식은 전지전능해서 전생의 일, 자기도 모르게 한 일까지 정확히 기억한다고 합니다. 그 집에 빚 받으러 아들로 태어나고, 남편이 되고 아내가 되어서 "빚진 것 내놔라! 내 고깃값 내놔라!" 합니다. 의도적으로 그러지 않습니다. 전생에 심어 놨던 잠재의식이 요구하게 만든다고 합니다. 고기를 먹은 사람은 알지 못하게 잠재의식에 고기를 먹었다는 부담이 있습니다. 그이가 못된 짓을 해도 끝도 없이 애처롭게 생각하고 도와주게 만듭니다.

이런 재앙은 그 업보를 해탈하기 전까지 계속 반복될 수밖에 없습니다. 이것이 일시적인 재앙보다 훨씬 더 큰 심각한 재앙, 구조적인 재앙입니다.

재앙을 멈추는 첫 단계,
그 생각이 착각인 줄 알고 얼른 바친다

구조적인 재앙을 해결하는 방법은 무엇인가?

이것 또한 금강경적인 방법이 아니고는 안 됩니다.

사람들은 애처롭다는 생각이 들면 무조건 줍니다. 인지상정이라는 말로 합리화하며, 주는 것이 너무나 당연하다고 생각합니다. 재앙을 소멸하는 중요한 방법 중에 하나는 우선 생각해 보는 것입니다.

왜 불쌍하다는 마음이 들까?

왜 도와주어야 한다는 마음이 날까?

사람들은 당연하다고 생각하지만, 당연한 것은 이 세상에 하나도 없습니다. 전생의 업보가 발동해서, 재앙을 당하고 싶어서 애처롭다는 생각과 주고 싶은 마음을 내게 되었다고 보아야 합니다. 따라서 불쌍하고 애처로워 도와주고 싶은 마음이 날 때 그대로 따라서 행동하면 안 됩니다. 그 생각이 왜 일어났는지 알고, 그 생각이 착각인 줄 알고 바치는 연습이 꼭 필요합니다.

부부간에도 부인이든 남편이든 주인의 마음을 내지 못하는 객기가 있습니다. 그이는 집안 살림에 대해서 책임을 느끼지 않습니다. 무슨 일이 있으면 배우자한테 떼를 쓰는 것이 그의 특징입니다. 돈을 줘도 고마워하지 않습니다. 또 달라고 합니다. 애처로운 마음이 생겨서 또 주게 됩니다.

이런 악순환이 반복되면 영원히 재앙에서 벗어나지 못하고 죽을 때도 '부처님' 하면서 떠나지 못합니다. '세상은 참 살벌하다.'는 우울한 생각을 하며 세상을 떠나면 내생 역시 사람 몸 받기 어렵고, 사람 몸을 받아도 박복한 삶을 살게 됩니다. 이것이 도인의 말씀입니다.

이 구조적인 재앙을 어떻게 해결할 것인가?

불쌍하다는 생각이 들 때 흔히 사람들은 자비심이라고 착각합니다. 하지만 자비심이 있어서 그런 것이 아닙니다. 전생에 빚진 것이 있어 빚을 갚고 싶어서, 재앙을 당하고 싶어서, 예정된 운명의 코스를 그대로 밟고 싶어서 주고 싶은 마음이 납니다. 자신은 그렇게 자비롭지 않습니다. 잘 생각해 보면 자기가 인색하다는 것을 잘 알 것입니다.

일단 주고 싶을 때 내가 자비롭다고 생각하지 말고, 당연하다고도 생각하지 말고 일단 그 생각이 착각인 줄 알고 벗어나는 것이 구조적인 재앙을 해결하는 첫 단계입니다. 돈을 주고 싶어서 주머니로 손이 왔다 갔다 하더라도 얼른 바쳐야 합니다. 그것이 재앙을 멈추는 길입니다.

재앙의 완전한 소멸,
흔들리지 않는 마음에서 나오는 기쁨

예쁘다는 마음이 드는 재앙이 훨씬 더 무섭습니다. 자식이 큰 재앙의 원인일 수 있습니다. 우리는 자식을 재앙이라고 생각하지 않습니다. 자식을 천사라고 생각하고 끊임없이 주려고 합니다. 이것이 재앙의 첫 삽인 것을 아셔야 합니다. 처음에는 처량하던 모습이 갈수록 무서운 모습으로 바뀌고, 때에 따라서는 협박을 하거나 공갈도 치며 돌변하는 수가 있습니다.

그때도 흔들리지 말아야 합니다. 주고 싶다는 생각이 착각인 줄 알고 자꾸 바쳐야 합니다. 경우에 따라서 가행정진이 필요합니다. 흔들리지 않는다면 금강경 7독이나 자시 가행정진을 굳이 하지 않아도 됩니다. 마음이 흔들리면 그때 가서 해도 됩니다. 백 선생님께서는 큰 재앙이 없고 평화로울 때 가행정진하라고 하시지는 않습니다.

흔들리지 않는 마음이 지속되면 두렵지 않습니다. 아무리 협박을 하고 공갈을 치고 목숨을 노려도 자꾸 부처님께 바치다 보면 두렵지 않고, 때에 따라서는 즐거움이 나옵니다. 즐거움이 나오면 이미 재앙은 거의 해결되었다고 할 수 있습니다. 재앙이 해결되는 것을 자기 마음속에서 미리 감지합니다.

상대가 두렵지 않게 되었을 때 상당한 재앙이 소멸되고, 기쁜 마음이 났을 때는 거의 120% 재앙이 소멸됩니다. 재앙 소멸에서 더 나아가 그이가 좋은 마음을 내고 "내가 그동안 손님 노릇하면서 당신한테 뜯어간 것이 미안해서 참회하고 도와주겠소."라고 한다면, 이것이 120%입니다.

정리

재앙이든 축복이든 다 내가 불러왔습니다. 내가 불러왔기에 내가 해결할 수 있습니다. 이런 마음을 가지는 것만으로도 재앙이 절반은 해결됩니다.

죄지었다는 생각이 재앙을 불러옵니다. 죄가 실지로 있는 것이 아니라는 '죄무자성 종심기罪無自性 從心起'를 수없이 외웠으면서도, '나는 죄를 지었으니 벌 받아야 한다.'라고 생각합니다. 저도 그런 생각을 해서 많은 고초를 당했습니다. 죄도 허상이고 벌 받아야 한다는 생각도 허상이라는 것을 알아야 합니다. 재앙을 소멸하는 방법은 죄지었다는 생각이 착각인 줄 알고 바치는 것입니다. 마치 꿈 깨듯이 재앙이 사라질 수 있습니다. 이것은 일시적인 재앙의 소멸 방법입니다.

구조적인 재앙은 가족 간에 일어나는 경우가 많습니다. 승려가 되면 가족이 없으니까 괜찮지 않겠느냐고 생각할 수 있는데 승려의 상좌는 가족과 똑같습니다. 상좌 한 사람을 두는 것은 지옥고 아홉이라는 이야기가 있습니다. 재앙을 불러들이는 것입니다. 상좌는 스승이 끊임없이 주어도 고마워할 줄 모릅니다. 마치 자식과 같습니다. 출가의 세계에도 역시 업보는 작용합니다. 거기서도 구조적인 재앙을 벗어날 수는 없나 봅니다. 백 선생님께서는 상좌를 두면 내 코뚜레에 줄을 꿰어서 상좌한테 주는 것과 같다고 하셨습니다.

이러한 구조적인 재앙도 착각이며 허상임을 알고 바치는 방법으로 벗어날 수 있습니다. 주고 싶고 안타깝고 처량한 생각이 들 때, 그 생각이 착각임을 알고 바치는 것이 재앙에서 벗어나는 첫 단계입니다. 주고 싶을 때 억지로 주지 말아야 합니다. 그러면 태도가 돌변해서 협박으로 나오는 수가 있는데, 흔들리지 말아야 합니다. 꾸준히 바치면 흔들림도 허상임을 알게 되어 편안해집니다. 이때 구조적인 재앙이 무너지고 사라집니다. 드디어 구조적인 재앙이 완전히 없어지면서 100%가 아니라 200%까지 소멸될 수 있습니다. 철저히 소멸하면 은인으로 돌변합니다.

모든 재앙이 은인이 되고 축복이 되도록 열심히 바쳐서 모든 재앙을 소멸하시길 바랍니다.

2020.07.04.

불교는 절대성이 있는 종교, 단순한 수련이 아니다

참된 불자의 자세는 어떤 것일까?

불교가 절대성이 있는, 즉 종교적 특성이 있는 가르침인가?

오늘 이것을 꼭 말씀드리고 싶습니다. 사실 이에 대해서 분명히 규명된 것은 없습니다. 불교의 절대성, 종교성을 말씀드리기 전에 몇 가지 용어 설명을 하겠습니다. 용어에 대한 분명한 이해는 불교의 절대성을 이해하는 데 굉장히 도움이 된다고 생각합니다.

복과 축복

주위가 부드럽게 되는 것을 복이라고 합니다. 복과 축복은 조금 다릅니다. 복은 주위 사람들이 부드러워지는 것이고 하늘이 주는 은총은 아닙니다. 축복이라는 말은 하늘에서 주는 은총이라는 뜻을 포함합니다.

복은 어떻게 이루어질까요? 애써 노력하고 수련하며 자기가 하고 싶은 대로 하지 않고 해야 할 일을 하면 일이 잘 풀리고 주위가 부드러워집니다. 복 받았다고 합니다. 가난한 사람은 부자가 될 수 있고, 수명이 짧은 사람은 길어질 수 있습니다. 노력하고 수련하며 자기 하고 싶은 욕망을 절제하고 극기하면 복을 이룰 수 있습니다.

그렇지만 축복은 사람의 노력과 수련으로 이루어지는 것 같지는 않습니다. 축복이나 은총을 받는 길을 분명히 설명할 수 있는 스님들이 얼마나 계실까요? 밝은이는 금강경에 나와 있다고 하십니다. 단순한 수련으로 복을 받을 수 있으며, 부처님 시봉하기 위한 절대 공경심이 있는 수련은 축복이나 은총으로 이어진다고 말씀하실 것입니다.

재앙과 처벌

재앙은 사람에 따라 해석이 다르지만, 선생님께서는 이렇게 말씀하십니다.

"불쾌한 일이 일어나는 것은 다 재앙이다. 화재나 파산도 재앙이지만 사소하게 일어난 불쾌한 일도 재앙이다."

왜 재앙이 생기는가? 게을러서 재앙이 생긴다고 보면 됩니다. 해야 할 일을 안 해서 생기는 것을 재앙이라고 합니다. 재앙을 방지하는 방법은 어렵지 않게 이해할 수 있습니다.

재앙과 처벌은 조금 다릅니다. 처벌은 하늘이 주는 재앙으로 불가항력이며, 게으른 것과 관계가 없습니다. 처벌이라는 말의 뜻을 아는 사람은 지극히 드문 것 같습니다. 불자들, 공부했다는 스님들도 처벌의 참뜻은 알기 어려울 것으로 생각합니다. 그것은 하늘이 주는 무시무시한 형벌입니다. 죽어서 지옥에 가는 것, 급사急死는 처벌에 속합니다.

처벌이 왜 일어나는가? 단순한 게으름으로는 일어나지 않습니다. 처벌은 절대자에 대한 불경不敬이나 배신으로 일어납니다. 지극한 은혜를 입은 부모와 같은 사람을 배신한다면 스스로 자기를 짓밟는 것이요, 곧 처벌을 받게 됩니다.

언젠가 학생 때 읽었던 『논어』의 한 구절입니다.

"사람에게 지은 죄는 용서받을 수 있지만, 하늘에 지은 죄는 용서받을 수 없다."

그때는 이해할 수 없었습니다. 공자님이 너무 심하게 말씀하신 것은 아닌가 하는 생각까지도 했습니다.

용어를 분명히 이해할 때 불교의 절대성을, 참된 불자의 자세를 논할 수 있습니다. 지금까지 단순한 수련으로도 복은 받을 수 있으며, 부처님 공경하는 수련이라면 축복이나 은총을 받는다고 이야기했습니다. 또 사람에게 나쁜 짓을 하는 것은 재앙으로 끝날 수 있어도 하늘에 대한 불경은 처벌로 이어진다는 말씀도 드렸습니다. 이것이 불교의 절대성을 이야기하는데 필요한 설명입니다.

불교의 절대성을 잊고 있다

불교는 종교인가?

대부분의 불자와 스님들은 이구동성으로 불교는 종교라고 할 것입니다. 입으로는 종교라고 하지만, 기독교처럼 절대성이 있느냐고 물으면 우물쭈물 대답을 잘 못합니다. 기독교에는 하나님을 안 믿으면 지옥에 간다는 무시무시한 선언이 있어요. 불교를 안 믿으면 지옥에 간다고 생각하는 불자나 스님들은 아무도 없는 것으로 알고 있습니다.

그렇다면 과연 불교는 절대성이 뚜렷하지 않은 가르침인가?

이것을 이해하는 것은 굉장히 중요합니다.

대부분 불자는 복 지으면 복 받는다는 것을 압니다. 그래서 복을 지으라고 강조합니다. 적선, 영가천도, 기도, 삼천 배, 용맹정진, 이게 다 복 짓는 일에 속합니다. 그것에는 반드시 대가가 있다고 생각합니다.

하지만 부처님을 절대 공경해야 한다는 이야기를 다들 잊어버리고 있습니다. 공경 자체가 무주상 보시라는 것도 이해하지 못하고, 그것이 우리한테 축복과 은총을 주고 그것을 위배하면 심각한 처벌로 이어진다는 것도 아는 사람이 없기에, 우리는 불교를 믿어도 뜨뜻미지근하게 믿으며 단순한 수련 정도로 여기고 있습니다.

불교는 절대적인 능력을 얻고 큰 깨달음을 이룰 수 있는 수련인데, 게으르게 하면 수련의 혜택을 덜 받는 상대적인 가르침이라고 생각하면서 깨달음을 얻을 수 있고 절대적인 능력만 이룰 수 있다면 불교의 목적을 다하는 것이며, 공경심은 필요 없다고 느끼고 말하고 행동하는 것 같습니다.

참된 불자는 불교를 절대성이 있는 종교로 믿는다

대표적인 실례를 몇 가지 들어보겠습니다.

유명한 스님이 방송에서 하신 상담입니다.

기독교 신자인 상관을 모시는 불자가 호소합니다.

"상관이 내가 불교인 것을 알면서도 기독교로 회유하고, 압력을 가하고, 믿지 않으면 여러 가지 페널티를 주는데 어떻게 했으면 좋겠습니까?"

"기독교 믿으면 돼!"

그 스님이 즉석에서 조금도 머뭇거리지 않고 말했습니다. 그것도 불교 방송에서요.

그 스님이 나쁜 게 아니라, 불교를 수련으로 알고 있는 것입니다. 기독교 믿으면서 수련만 불교식으로 하면 된다는 것입니다. 그의 마음속에 '불교는 안 믿어도 괜찮다. 절대적인 능력을 얻을 수 있는 수련만 하면 불교의 목적을 다한다.'는 생각이 잠재적으로 깔려 있기에 그런 답변이 나오는 것입니다. 우리는 그러면 안 된다고 알면서도 '잘되기만 하면 되지 안 믿으면 어떤가? 안 믿어도 잘되는 사람이 너무나 많지 않은가?'라고 생각합니다.

또 다른 한 스님이 있습니다. 누구라도 얘기하면 다 아실 큰스님이에요. 그 스님은 자기 제자들 중에 기독교 신자도 있고 천주교 신자도 있다고 공공연하게 얘기합니다. 그 스님 마음속에도 불교는 종교가 아닌 수련이라는 생각이 깔려 있습니다. 자신은 '부처님을 절대로 믿어라. 부처님 공경해라.'하는 식의 불교를 말하는 사람이 아니라고 생각하고 있는 겁니다. 불교는 부처님을 절대로 공경하는 가르침이 아니라 수련일 뿐이라는 인식이 있기에, 천주교나 기독교 신자들에게도 설법하는 것입니다.

대부분의 불자, 그리고 스님들까지도 불교를 그저 수련, 조금 더 나아가서 절대적인 능력을 얻는 수련일 뿐이라고 생각하지 반드시 부처님을 절대 공경해야 한다는 것은 모릅니다. 불교에 종교적인 특징인 절대성이 있다는 것을 믿지 않습니다. 부처님을 비방했을 때 지옥에 가고 처벌을 받는다는 것을 인정하지 않습니다.

사람에게 지은 죄로는 처벌 받지 않는다

아주 실감 나는 요즈음의 사례를 하나 말씀드리면서 불자로서 자세를 어떻게 가져야 하는지 한번 논의해 보고자 합니다.

얼마 전에 비참하게 세상을 떠난 사람입니다. 시중에서는 그이를 좋게 이야기하는 사람은 드문 것 같습니다. 그이는 색골이며 많은 여자를 기쁨조처럼 대했으며 대단히 음란한 사람이라고 많이 비난합니다. 나는 그에 대해서 다소 애정이 있습니다. 나하고 한번 통화하며 바른법연구원에 와서 공부하겠다는 의사를 비친 적이 있습니다. 그이는 학생 때 제가 다녔던 대각사 룸비니학생회에 6년 동안 다닌 독실한 불교 신자라고 말했습니다. 따져 봤더니 14년에서 15년 후배가 되더라고요.

그이는 세상 기준에서 상당히 머리가 좋은 사람이고 복을 많이 지은 사람이라고 이야기해도 됩니다. 사법고시를 합격해서 검사가 됐습니다. 사법고시와 행정고시를 다 합격했으니까 세상 표준으로 머리가 좋다고 얘기해도 틀리지 않습니다. 머리만 좋은 게 아니라 능력도 대단합니다. 그이는 이병철 씨나 정주영 씨처럼 많은 일을 해서 돈을 버는 게 아닙니다. 다른 방법으로 돈을 만드는 뛰어난 재능이 있었습니다. 그이는 어떤 조직을 만들어서 10년 동안 약 천억

원을 모았습니다. 10년 동안 920억, 약 천억의 돈을 만든 것은 아무나 할 수 있는 일이 아닙니다. 돈을 만드는 능력은 머리 좋은 것과는 또 다른 뛰어난 재능입니다. 더 뛰어난 재능이 있었다고 합니다. 조직을 만들어서 많은 사람을 먹여 살리고 많은 사람이 자기를 따르게 했습니다. 웬만한 사람은 다 아는 사조직을 운영해 온 것입니다.

그이는 머리가 뛰어났을 뿐만 아니라 돈을 만드는 능력도 있었고, 조직을 만들어서 수많은 사람을 자기 밑에 다 둘 수 있는 무소불위無所不爲의 인물이었다고 할 수 있습니다. 그이는 이 세상에 거칠 것이 별로 없었을 것입니다. 거칠 것이 없으면 하고 싶은 게 무엇인가? 여색을 즐기는 겁니다.

우리는 유명한 용수보살의 이야기를 압니다. 화엄경을 지은 사람입니다. 아마 AD 3세기던가, 오래전 사람입니다. 그이는 머리가 뛰어나게 좋았다고 합니다. 그이와 토론하면 당해 낼 사람이 없었답니다. 이론으로 당할 사람도 없고, 능력으로도 당할 자가 없습니다. 세상이 싱겁게 느껴지며, 여색이나 즐겨야겠다고 생각했습니다. 단기간에 자기 몸을 숨기는 은신술을 배웠습니다. 궁중에 출입하며 궁녀들을 임신시켰습니다. 난리가 났습니다. 은신술을 하는 어떤 도둑놈이 궁녀들을 범하니 이를 잡는 사람은 큰 상을 주겠다고 했던가 봅니다. 아무리 은신술을 써도 지나가며 남는 발자국까지 속일 수는 없으니, 모래를 쫙 깔아 놓고 잡으려고 했습니다. 모래 위를 지나가다 발자국이 나니 무사가 즉시 칼로 내리쳤고, 용수보살은 피를 흘리며 36계 도주한 뒤에 크게 참회했습니다.

불교를 믿는다면 타 종교도 존중할 줄 알아야

그 사람을 나쁘다고 보지 않습니다. 무소불위의 권력을 가진 뒤에 여색으로 가는 것은 당연한 코스라고 볼 수도 있습니다. 나는 안 그런다는 보장이 없습니다. 그런데 왜 그이는 비참하게 죽었는가? 사람에게 지은 죄는 참회하면 용서받을 수 있습니다.

저는 그이가 하늘이 준 천벌을 받았다고 생각합니다. 자살인데 어떻게 천벌이냐고 생각할 수 있겠으나 그이는 불교를 수련으로 알았고, 수련 중에서도 무한한 능력을 얻을 수 있는 수련으로 여겼던 것입니다. 절대성 있는 종교로 생각하지 않았다고 생각합니다.

그이가 불교를 정말 좋아하고 불교를 절대적으로 믿었다면 불교 못지않게 여타 종교도 존중해 줄 줄 알았어야 한다고 생각합니다. 코로나 시국이라며 모든 기독교 집회를 다 불허했습니다. 특히 어느 교회는 그린벨트란 명목으로 철거하려고까지 했다고 합니다.

불교를 절대성 있는 종교로 존중하듯이 기독교도 존중하여 탄압하지 말아야 하는데, 불교를 수련으로 생각하는 사고방식처럼 여타 종교도 똑같이 생각하여 굉장한 탄압을 가한 것이 그 사람의 잘못이라는 게 기독교인들의 이야기입니다. 기독교인들은 그가 기독교를 탄압해서 천벌을 받았다고 이야기합니다. 저는 그 말에 어느 정도 동의합니다.

불교는 절대성이 있는 종교

사람들은 불교는 하면 좋고 안 해도 괜찮다고 생각합니다. 그것은 진짜 공경심이 없는 사람의 불교관입니다. 공경심으로 열심히 불교를 믿는다면 거짓말 한 번 해도 천벌을 받고 도둑질 한 번 해도 천벌을 받습니다. 도둑질해도 잘만 살고 거짓말해도 잘만 산다고 하는 것은 공경심이 없는 나이롱 불자입니다. 그런 사람은 은총이나 축복을 받을 수 없습니다.

한순간이라도 깨끗한 믿음을 낸 사람이 있다고 칩시다. 그런 사람은 지혜로운 사람이고 민감한 사람입니다. 밝은 태양 아래 응달은 더욱더 진합니다. 밝은 태양 아래 지렁이는 견디지 못하고 죽습니다. 마찬가지로 조금이라도 밝음을 체험해 본 사람은 조금이라도 방심하거나 거짓말하거나 음란할 때 마음을 억죕니다. 여기서도 조금이라도 지혜 있는 사람은 집에서, 업보들 속에서 공부하는 것이 너무나 괴롭다는 것을 느낍니다. 그리고 법당에 와서 공부할 때 너무나도 시원한 것을 느낍니다.

조금이라도 불경스러운 생각을 할 때 견딜 수 없이 괴로워하는 사람은 곧 밝음을 체험해 봤던 사람입니다. 그런 사람이 공부를 제대로 할 수 있고, 부처님을 절대 공경할 수 있습니다. 절대 공경심이야말로 지옥에서도 탈출할 수 있는 유일한 길이라는 것을 압니다. 이런 사람은 부처님을 떠나서는 한시도 살 수 없습니다. 돈, 명예, 그 어떤 가치보다도 부처님을 절대 공경하게 됩니다.

절대 공경심을 가진 이는 스님 중에서도 드뭅니다. 그 사람을 비롯하여 대부분의 불자가 불교를 절대성 있는 종교의 가르침으로 알지 않습니다. 단순한 수련, 무한한 능력을 얻을 수 있는 수련 정도로 생각합니다. 그러기 때문에 경우에 따라선 나쁜 짓을 해도 참회하면 된다는 안이한 생각에, 서슴지 않고 건드리지 말아야 할 성역을 건드리게 됩니다.

참선한다고 불자가 아닙니다. 부처님 공경하는 참선이 아니면 절대 불자가 아닙니다. 사람들은 참선만 하면 다 불자인 줄 알고 머리만 깎으면 다 불자라고 생각합니다. 머리를 깎아도 마음속에 '부처님 공경심'이 있느냐 없느냐에 따라서 달라집니다. 명상만 하면 불자, 출가 10회 했다고 하면 불자, 금강경 7독만 하면 다 불자라고 하는데, 그렇지 않습니다. 그 속에 진실한 부처님 공경심이 있을 때 진짜 불자입니다.

불교는 어느 가르침보다도 절대성 있는 가르침입니다. 부처님 절대 공경해서, 진정한 새 불자로 태어나 무한한 축복과 은총의 삶을 살게 되길 바랍니다.

2020.07.18.

최고의 수행법,
부처님을 절대 공경하는 것

우리는 불교라는 이름으로 공부하고 연구하고 수행합니다. 어떤 마음가짐으로 해야 하는지 검토해 보겠습니다. 또 우리 공부, 수행 또는 연구의 중요한 지침을 마련하는 것이 필요하다고 생각합니다.

사람이 어렸을 때는 지각이 좀 불분명하다가, 성장함에 따라 또 전문적인 지식을 쌓아 책임 있는 자리를 맡게 되면 자기주장이 생기고, 자기주장을 합리화시켜 가면서 더 강력해집니다. 특히 지도자가 될수록, 전문적인 훈련을 받을수록 자기주장에 대해 확신하게 됩니다. 또 이것을 여러 분야에 적용하는데, 사람을 판단하거나 어떤 가르침을 판단할 때도 자기주장을 하게 됩니다.

자기중심적으로 하는 판단은 다 옳지 않다

예를 들어 봅니다.

'나는 불교가 좋다.' 처음에 어렸을 때는 막연하게 '좋다.'입니다. 그런데 조금 지각이 생기면 여러 가지 경험, 전문적인 지식 또는 수행을 통해서 자기주장을 더욱더 세우게 됩니다. '불교는 참 옳다. 내가 경험해 봤더니 옳다. 내가 수행해 봤더니 아주 옳다.' 과연 진정으로 옳은지, 옳지 않은지 잘 모릅니다. 그저 주장할 뿐입니다.

그러다가 변하기도 해요. '이것이 옳다고 해서 해봤더니 잘 안 맞더라. 수행을 해봤더니 재앙이 생기더라. 아무리 옳다고 해도 나한테 잘 맞는 것이 더 올바른 가르침 아닌가.' 하면서 가르침을 바꾸는 수가 많습니다.

예를 들면 참선을 하다가 참선이 잘 안 맞는 것 같고 점점 골치만 아파지고 재앙도 생기는데, 금강경 공부를 해봤더니 잘 맞고 일도 잘 풀린다고 해서 바꾸는 수가 있습니다. 이것은 전문적인 연구나 수행을 해서 얻은 판단과는 다른 겁니다. 자기한테 잘 맞으니까 옳다고 생각하고 바꾸는 것입니다.

그러면 어떻게 불교를 받아들여야 하는가?
어떤 판단이 가장 합리적인 판단인가?
자신에게 잘 맞는다고 해서 옳다고 하는 것이 합리적인 판단인가?
여러 가지 판단기준이 우리를 헷갈리게 합니다.
경험이 많다고 해도, 경험에 의한 판단이 과연 옳은 것인가?
'깨쳐 보고 여러 사례에 적용해 봤더니 다 맞았다. 내 짐작이 들어맞았다. 이것이 확실히 옳다.'라고 주장하는 사람들도 봤습니다. 하지만 그건 굉장히 위험할 수도 있다고 생각합니다.

도인은 수행의 옳고 그름을 어떤 기준으로 판단하실까요?
노인은 "너희들처럼 자기중심적으로 하는 판단은 다 옳지 않다."

라고 하실 겁니다.

깨친 이가 지도하는 수행,
최고의 가르침

참선이 최고의 수행법이라고 얘기하는 사람들이 있습니다. 명상이 최고의 수행법이라고 얘기하는 사람이 있을 겁니다. 또 우리 금강경 공부하러 와서 일이 잘되면, 이게 최고의 수행법이라고 주장할지도 모릅니다.

그럼 밝은이는 어떻게 얘기하실까요?

밝은이는 어떤 것이 최고의 수행법이라고 이야기하지 않습니다.

"어떤 것이 최고의 수행법이라고 얘기하는 그 자체가 잘못된 것이다."

이렇게 얘기하시면 도대체 두루뭉술해서 알 수가 없지요.

"깨친 이, 선지식이 가르치면 그것이 가장 좋은 수행법이다."

참선을 하더라도 선지식, 즉 깨친 이가 지도를 하면 최고의 수행법입니다. 명상도 누가 지도하느냐에 따라서 다릅니다. 명상 역시 깨친 이가 지도하면 올바른 가르침입니다.

우리는 자기 생각, 자기 경험, 자기 연구대로 판단을 합니다. 또 그렇게 살아 왔습니다. 밝은이는 그런 판단은 매우 위험하다고 이야기합니다. 전문가가 얘기해도 틀리는 경우가 너무나 많습니다.

어떤 가르침이 옳다고 주장하는 것 자체가 전부 잘못된 것이고, 도인이 시키시는 것이 모두 다 옳다고 하는 것이 가장 정답입니다.

선지식의 특징

깨친 이, 도인, 선지식은 어떤 분인가?
선지식, 깨친 이, 도인의 기준을 이렇게 봅니다.

• 선지식은 자기주장이 없다

자기주장을 내세우는 사람들, 특히 정치지도자, 학자, 신문기자 등 소위 전문가라고 하는 사람은 자기주장이 강합니다. 그러나 도인은 나옹 스님의 표현처럼 물처럼 바람처럼 자기주장이 없어야 합니다. 자기주장이 없는 사람이 도인입니다. 물은 형상이 정해져 있지 않습니다. 담는 그릇에 따라서 모양이 달라집니다. 바람도 기체이기 때문에 형상이 없습니다. 물처럼 바람처럼 자기주장을 세우지 않는 사람이 선지식이요, 도인입니다.

• 선지식은 알고 있다

도인의 특징이 또 있습니다. 알아야 합니다. 알기 때문에 자기주장을 세우지 않습니다. 모르기 때문에 주장을 세우는 겁니다. 주장을 세우는 사람은 다 모르는 사람으로 봐도 됩니다.

전생이 있음을 분명히 알 때, 그 원인 결과를 알 때 자기주장을 세울 필요가 없습니다. 저 사람이 나쁜 사람이라고 할 필요 없습니다. 전생에 나쁜 짓을 할 만한 원인이 있어서 한 것인데, 그 원인을 아는 사람이 어찌 그이가 나쁘다고 판단하겠습니까? 선지식이나 깨친 이는 전생을 훤히 알아야 합니다.

도인은 다른 사람의 마음을 잘 꿰뚫어 봐야 합니다. 그런 이들은 아주 드뭅니다.

• 선지식은 수기설법을 할 뿐이다

선지식의 또 다른 특징이 있습니다. 대화할 때, 대부분 사람은 자기주장을 내세워 설득하려고 합니다. 이것은 보통 사람들의 특징입니다. 심지어는 성직자들조차도 자기주장이 옳다고 얘기합니다. 기독교 믿는 이들은 기독교가 옳다고 얘기하고 스님들도 불교가 옳다고 얘기합니다. 정말 도인은 어떻게 말씀하실까요? 불교가 옳다고 주장하면 올바른 스님이 아니라고 하실 겁니다.

상대에 알맞게 대화를 하는 것이 수기설법입니다. 수기설법을 하는 사람이야말로 선지식이요, 도인이요, 깨친 이입니다. 다른 사람의 이익에 초점을 맞춰서 이야기하는 사람은 아주 드물고, 대부분 자기주장을 하고 자기 신도를 만들고 자기 세력을 키우기 위해서 얘기를 합니다. 이런 분은 깨친 이나 선지식이 아닙니다.

선지식이 지도하는 수행이
우리를 밝게 한다

달마 대사의 말씀이 참 옳다고 생각합니다.

"선지식을 만나기 전의 가르침, 자기식대로 깨친 가르침은 다 헛것이다."

제가 깨친 이, 선지식 밑에 있으면서, 자기식대로 하는 공부는 물론 세상에서 전문가에게 배우는 공부조차도 다 헛것이라고 절실히 느꼈습니다. 선지식은 전생을 아시고 겉마음뿐 아니라 아상의 뿌리인 속마음까지도 아시기에, 아상을 없애도록 지도합니다.

저희는 매일 선지식께 제 주장, 제 경험, 제 판단을 이야기했습니다. 선지식 앞에 내놓으면, 그것이 대부분 상당히 잘못된 것임을 일깨워 주십니다. 또 그것의 원인은 알고 보면 보통 사람들이 판단하는 것과 전혀 다르다는 것을 알게 합니다. 우리가 전혀 상상할 수 없는 원인이 전생에 있다고 얘기하면서 잘못된 견해를 바로잡아 줍니다. 수행하는 데는 반드시 전생의 이치를 훤히 아는 선지식의 지도가 필요하다고 생각합니다.

선지식 앞에서 공부하다 보면 비로소 지혜가 무엇인지 알게 됩니다. 전에는 지혜라는 말은 들었어도 그 참뜻을 알지 못했던 것 같습니다.

우리는 본래 전지전능하고 부처님처럼 다 아는 지혜가 있었지만, 어느 결에 헤까닥하여 무지하고 무능하게 되었고 탕자가 되었습니다. 스스로 열등하다고 생각하면서 많이 배우고 노력해야 지혜가 난다고 생각합니다. 하지만 정말 지혜로운 이는 많이 배우고 노력해서 지혜로워진다고 하지 않습니다.

"본래 우리는 지혜를 가지고 있다. '모른다'는 생각이 착각인 줄 알고 그 생각을 내려놓기만 하면 된다. 그럼 본래 있는 전지전능한 지혜가 부분적으로 드러나는 것이다."

선지식께 지혜가 무엇인지 배웠고, 그 지혜는 1%도 틀리지 않는다는 것을 알았습니다.

사람이 노력해서 내린 판단은 아무리 전문가라 하더라도 항상 틀리게 되어 있습니다. 참선, 염불, 명상, 그 무엇을 하든지 선지식의 가르침을 통해야만 산 가르침, 도움이 되는 가르침, 밝아지는 가르침이 된다는 말을 이해하게 되었습니다. 어떤 가르침 자체가 옳은 것이 아닙니다. 누가 지도하느냐에 따라 매우 달라질 수 있습니다.

내 판단은 다 틀려요. 대개 내 이익에 의한 판단, 내 경험에 의한 판단, 관성과 타성에 의한 판단을 할 뿐입니다. 정말 지혜로운 판단은 못합니다. 지혜로운 판단은 내가 어리석고 내 생각은 착각이라고 바칠 때만 나오기 때문입니다.

올바른 수행은
부처님에 대한 절대 공경심으로

선생님께 여쭤보았을 때 가르쳐 주신 답이 있습니다.
"선지식이 안 계실 때는 어떻게 공부해야 합니까?"
"아상을 소멸하고 본래 참 모습, 지혜를 드러나게 하는 것이 수행이다. 아상이 가장 싫어하는 것, 아상을 소멸하게 하는 것이 바로 부처님 공경심이다. 선지식이 안 계실 때에는 선지식 만나기를 발원하거나, 내 생각이 다 틀린 줄 알고 '부처님에 대한 절대 공경심'을 가질 때 올바른 수행이 된다."
우리 가르침의 특색이 무엇입니까?
부처님에 대한 절대 공경심 그리고 내 생각이 다 잘못된 것임을 알고 바치는 것입니다. 이 가르침은 선지식이 안 계신 시대에도 올바른 수행을 할 수 있는 훌륭한 지침이 됩니다.
저는 가끔 많은 스님께서 불교를 공경심이 동반되지 않은 단순한 수행으로 이야기하시는 것을 보고 깜짝 놀랍니다. 요즘 소위 대한민국의 상층부로 올라갈수록 기독교인이 대단히 많고 영향력이 강합니다. 실제로 회사에서 기독교 믿는 상사가 불교 믿는 부하 직원한테 기독교를 강요하는 경우가 많습니다. 기독교 믿는 학교 선생들은 제자들한테 기독교를 강요하는 것이 한국의 현주소입니다. 이에 대해 스님들조차도 기독교를 믿고 단지 수행만 불교식으로 하라고 이야기하는 수가 있습니다.

공경심 없이 수행만 해도 된다는 것은 불교를 잘못 아는 가르침입니다. 부처님에 대한 절대 공경심만이 탕자에서 벗어나는 길입니다. 그것만이 아상을 소멸할 수 있는 길이기 때문입니다.

불교는 단순한 훈련이 아닙니다. 많은 스님조차도 불교를 공경심이 없어도 되는 단순한 수행, 훈련이라고 봅니다. 그저 마음에 평화를 얻는 정도로만 생각합니다. 그렇게 해서 부분적인 행복은 얻겠지만 진정한 밝음이나 지혜가 동반되지 않습니다. 이 점은 대단히 중요합니다.

공경심이 동반되지 않은 불교는
참된 불교가 아니다

백 선생님께서 대방광불화엄경을 하다가 금강경을 하시게 된 이유가 있다고 합니다. 대방광불화엄경이 정확한 지침을 완벽하게 갖춘 올바른 수행의 지침서인 줄 알았다는 것입니다. 그런데……

"화엄경으로 여러 생 최고 어른 노릇을 했는데, 이 화엄경을 받아 수행한 제자들이 한결같이 고생 속에서 사는 것을 봤다. 최고의 가르침이며 완벽한 수행의 지침서인 대방광불화엄경의 가르침을 받은 제자들이 왜 고생을 할까? 부처님에 대한 공경심은 전혀 없이, 뜻만 부처님처럼 커졌기 때문이다."

완벽한 수행법을 얘기해 놓은 것이 최고가 아니라 부처님과 함께 하는, 부처님을 절대 공경하는 수행만이 최고의 수행법임을 아셨다는 것입니다. 금강산에서 제자들에게 대방광불화엄경을 가르치시다가 동국대학교 총장을 하신 뒤로는 금강경을 독송하고 미륵존여래 불하게 했던 것은, 부처님이 계시지 않는 모든 수행은 참된 수행이 아님을 알았기 때문으로 이해하시면 됩니다.

우리 가르침은 단순한 수행이나 훈련이 아닙니다. 부처님에 대한 공경심이 없는 수행, 부처님과 함께하지 않는 수행은 단순한 훈련일 뿐 밝아지는 것과는 전혀 무관하며, 지옥에서 구원받는 것이나 진정한 행복, 진정한 지혜와도 더더욱 무관합니다. 공경심을 동반하지 않은 불교는 참된 불교가 아니라는 이 가르침을 명심하시길 바랍니다.

또 세세생생 선지식 만나 부처님 시봉하여 복 많이 짓길 발원하는 가르침도 잊지 말아야 할 귀중한 수행의 지침입니다.

2020.07.25.

도인은
자신을 드러내지 않는다

❈

　우리가 작년 초부터 〈불세출의 도인 백성욱 박사〉라는 다큐멘터리 제작을 시도했습니다. BTN 불교방송에서 권유한 것도 있었고, 위대한 선생님의 업적을 부분적이나마 세상에 알리고자 하는 제자들의 욕심도 있었습니다. 백 박사님의 훌륭한 점을 세상에 알리고자 했습니다. 제작 과정이 생각보다 점점 길어지기에 재촉을 했더니 며칠 전에 저한테 여러 가지를 물었습니다. 묻고 대답하는 과정에서 알려드리고 싶은 내용이 있습니다.

　그 사람들이 이런 질문을 했습니다.

**백 박사님께서 무슨 생각이든지
부처님께 바치라고 한 뜻은?**

　고민이 있으면 부처님께 바치라고 이야기하지요. 그런데 습관적으로 흉내만 내다 보니까 그 참뜻을 잃어버리기 쉽습니다. 이것을 잘 검토해 보는 것은 수행하는데 매우 도움이 됩니다.

무슨 생각이든지 부처님께 바치라는 말은 잘 풀어서 얘기할 필요가 있습니다. 바친다는 것은 부처님 마음과 바꾼다는 뜻이 들어 있습니다. 그냥 무조건 바치는 것이 아닙니다. 번뇌 망상이 올라올 때 그것을 가지고 있으면 재앙이 되고 병이 된다고 하지 않습니까? 그것을 '부처님' 하는 마음으로 바꾸면 재앙이 소멸하고 건강해집니다. 올라오는 번뇌 망상을 가지고 있으면 안 되고, 좋은 것으로 바꾸어야 하는데 그 방법이 부처님께 바치는 것입니다.

번뇌 망상이 잘못된 줄 알고 부처님께 바치는데, 부처님 앞에는 반드시 '형상이 없는'이 붙어야 합니다. 형상이 없는 부처님이라는 것은 내 마음의 부처님이기도 합니다. 형상이 있는 부처님은 마음 밖의 부처님을 의미합니다. 마음 밖의 부처님, 잘생긴 부처님, 위대한 부처님께 바치는 것이 아닙니다. 우리의 번뇌 망상, 올라오는 여러 가지 생각을 형상이 없는 부처님 마음으로 바꿉니다. 바꾼다는 것은 우리의 생각, 즉 번뇌 망상의 소멸을 의미합니다. 형상이 있는 부처님과 바꾼다고 하면 또 하나의 상을 만드는 것이고 무여열반이 아닌 유여열반이 되지만, 형상이 없는 부처님께 바침으로써 우리의 생각, 번뇌 망상을 소멸하는 효과가 있습니다.

그리고 올라오는 생각이 있을 때 바치는 것이지, 생각이 없을 때도 계속 바친다고 하는 것은 정확한 표현이 아닙니다. 올라오는 생각을 소멸하기 위해서 부처님께 바치지만, 잘 안 바쳐질 때는 미륵존여래불 합니다. 미륵존여래불을 언제까지 할까요? 그 생각이 소멸될 때까지 합니다. 소멸이 다 되어도 계속 24시간 미륵존여래불 염불정진을 하는 사람이 있는데 이것은 맞지 않습니다. 번뇌 망상이 올라올 때 바치고 미륵존여래불 하는 것이지, 착득심두 절막망著得心頭 切莫忘, 24시간 계속해서 미륵존여래불 하는 것이 아닙니다.

또 하나의 질문이 있었습니다.

불세출의 도인인 백 박사님이
왜 세상에 알려지지 않았을까?

불세출의 도인이 왜 세상에 알려지지 않았을까요? 많은 분들이 이상하게 생각할 수 있습니다. 대단한 분은 세상에 많이 알려지는 것이 일반적인 현상입니다. 알려지지 않은 것은 그만큼 실력이 없거나 대단하지 않기 때문이라고 생각하기 쉽습니다. 그래서 제가 이렇게 대답했습니다.

"백 박사님께서는 우리에게 책이나 신문을 보지 못하게 하셨고 방송도 듣지 못하게 하셨다. 책을 쓰지도 못하게 하셨고 자신을 드러내지도 못하게 하셨다. 그것은 숨어서 살라는 뜻이 아니다. 우리는 전지전능한 위대한 존재이기 때문에 드러내려고 할 필요가 없기 때문이다. 자기 자신을 드러내려 하고 책에서 많은 것을 배우려고 하는 것은 자기 자신이 부처님처럼 전지전능하다고 느끼지 않기 때문이다. 부족한 점을 보충하려는 시도가 책을 보고, 지식을 쌓고, 많은 것을 배우고, 자기 자신을 드러내는 형태로 나타나는 것이다. 자기 자신이 위대한 조물주라는 것을 안다면 배울 것은 무엇이며, 또 드러낼 것은 무엇이냐?"

백 선생님은 드러내려고 하시지 않아서 유명하지 않았다고 생각합니다. 반대로 세상에서 소위 유명하고 대단한 사람들은 자기 자신이 유명해지기를 바랐던 원의 결과라고 선생님께서는 말씀하십니다. 유명해지고 대단해지기를 바라지 않는 사람은 실제로 유명세를 얻지도 않고, 대단한 존재로 주목받지 않습니다.

생각나는 또 하나의 질문이 있습니다.

백 박사님 설법의 특징

백 박사님이 설법할 때 다른 유명한 명사와 다른 그분만의 특징이 있어요. 그것은 교과서를 놓고 하지 않는다는 것입니다. 불경 책을 놓고 하나하나 강의하지 않는다는 것이 특징입니다. 그리고 남의 말을 인용하지 않고, 오로지 당신이 깨치신 것을 말씀하십니다. 깨치신 이야기를 자랑하는 것이 아니라, 듣는 사람에게 도움이 되는 말로 그때 그 환경에 맞춰서 하는 수기설법이 특징입니다.

백 박사님은 강의하거나 자기 의도를 드러내려고 하지 않습니다. 단지 질문이 있을 때만 대답하는 것이 그분의 특색입니다. 그분은 당신을 드러내려고 하지 않고, 설법하려고도 하지 않고, 유명해지려고도 하지 않고, 나옹 스님의 시처럼 물처럼 바람처럼 살다가 가신 분입니다.

유명한 사람이 진짜 도인인가?

이것을 검토해 보아야 합니다. 저는 실지로 느낀 적이 있었습니다. 1970년의 일입니다. 그때 신문은 정치, 경제, 사회, 문화까지 4면으로 나왔는데, 대단히 유명한 스님이 세상을 떠나 기사가 사회면을 가득 채웠습니다. 스님이 그렇게까지 유명하게 주목받는 경우는 드뭅니다. 백 선생님도 그분을 잘 아셨고, 대한민국에서 그분을 모를 사람이 없을 정도로 명사였습니다. 바로 그 신문을 보던 날이었습니다.

제가 백 선생님께 "○○ 스님이 돌아가셨는데요."라고 말씀드리니 백 선생님께서 "그 사람 맞아 죽었다." 하십니다. 아주 뜻밖이었습니다. 그렇게 유명한 도인이 맞아 죽을 리가 없다는 것이 보통 사람들의 보편적인 관념입니다. 하지만 백 박사님은 이렇게 말씀하셨습니다.

"유명한 것은 실제로 도인이 되어서가 아니라 평소에 유명해지기를 원 세운 결과다. 대단한 것도 전생의 원 세운 결과이지, 진정한 도인의 증표는 아니다."

대단하게 보이는 사람이 진짜 도인인가?

이어서 유명한 중국 스님 이야기를 해 주셨습니다. 그 스님이 법문할 때 하늘에서 꽃비가 내렸고, 많은 대중이 열광했습니다. 그런데 눈 밝은 어떤 도인이 가만히 보니까 문제가 좀 있기에 물었대요.

"당신은 설법할 때 어떻게 설법을 합니까?"

"나는 설법한다는 생각이 없이 티 내지 않고 설법을 합니다."

정말 도인처럼 대답하더래요. 말씀도 도인처럼 하고, 하늘에서 꽃비가 내리니까 그이는 정말 대단한 도인으로 알려졌습니다.

하지만 밝은이가 보니 그이는 후생에 말이 되었다고 합니다. 보통 말과는 다르게 이마에 흰점이 있는 말이 되었대요. 밝은이는 말의 몸을 받은 스님을 제도하려고, 말한테 가서 말만이 알아듣는 특이한 음성으로 얘기를 했다고 합니다.

"티 없이 법문하듯이 티 없이 수레를 한번 끌어보지 않겠느냐?"

전생에 도인도 아니면서 도인인 척하고 거짓말한 것을 눈 밝은 도인한테 들켰으니 부끄럽기 짝이 없죠. 그래도 그 말에게 선근이 있어서, 그 이야기를 듣고 두 발을 추켜세우면서 그 자리에서 죽었다고 합니다. 아마 죽은 뒤에는 사람 몸을 받지 않았을까 생각합니다.

모범적인 사람이 진짜 도인인가?

더 기막힌 스토리가 있습니다. 선생님께서 해 주신 임마누엘 칸트에 관한 이야기입니다.

칸트는 대단히 모범적인 사람이었습니다. 매일 일정한 시간에 일어나고, 식사하고, 산책하고, 잠을 잤습니다. 일생을 독신으로 지냈다고 합니다. 우리 식으로 하면 계율을 잘 지키는 모범적인 스님과 똑같았습니다. 대단히 존경받을 만한 사람임에는 틀림이 없습니다.

일생을 금욕적으로 생활하고 오로지 학문 연구에만 몰두하다 보니, 어느 날 세상의 모든 이치를 훤히 알게 됐습니다. 이 세상은 나쁜 것도 아니고 좋은 것도 아니고 그대로 질서정연하다는 것입니다. 이 깨달음의 세계가 너무나 황홀하고 환희심이 나서 학자로서 이 황홀한 경지, 도통의 경지를 세상에 알리고 싶었습니다.

'어떻게 이 깨달음을 세상에 알려서, 다른 사람들을 깨달음의 길로 가게 할까?'

글로 쓰기 시작했습니다. 그런데 세상에 알리려고 하는 순간부터 휘황찬란하던 도통의 경지는 점점 희미해지면서 도통의 체험을 잃어버리게 되었다고 합니다. 겨우겨우 생각해서 도통의 체험을 쓴 책이 『순수이성비판』이라고 알려져 있습니다. 『순수이성비판』의 내용이 바로 일체유심조, 유식무경의 논리와 똑같습니다. '눈앞에 나타난 현실은 참이 아니다. 우리 마음의 표현이다.'라는 것이 책의 골자입니다.

깨친 이는 다른 사람에게 도통을 알리려고 책을 쓰지 않습니다. 깨친 이는 질문에 대해 대답만 할 뿐입니다. 자기 도통을 내놓으려고도 하지 않고 자랑하려고도 하지 않습니다. 그 사람에게 도움이 되고 상대의 정도에 맞는 낮은 수준의 얘기만 합니다. 자기 자신을 드러낼 필요 없이 오로지 상대의 이익만을 위해서 하는 도인의 설법이요, 수기설법입니다. 칸트는 자기 도통의 체험이야기를 그대로 그려내고 싶었습니다. 그 결과 도통을 잃어버리고 도통을 구경한 책만 쓴 것입니다.

우리는 칸트의 모범적인 생활, 계율을 잘 지키는 생활, 위대한 철학 서적만으로 칸트를 정말 깨친 이라고 생각하기 쉽습니다. 그러나 밝은이는 모범적인 것만으로 도인이 될 수 없다는 것을 아셨습니다. 깨친 이의 경지를 드러내려고 했다는 자체만으로도 도인의 요건을 갖추지 못했다고 보셨습니다. 잘 살펴보면 그이는 도통을 했으면 좋겠다고 바란 사람일 뿐이지 실제로 도통을 한 사람은 아니라는 것을 알 수 있습니다.

진실한 도인은 티가 없고 형상이 없다

유명한 사람, 대단한 사람, 모범적인 사람은 자기 소원의 결과일 뿐이지 실제로 대단하고 유명하고 모범적인 사람은 아니라는 것을 알아야 합니다.

"진실한 도인은 티가 없고 형상이 없다. 물처럼 바람처럼 산다. 누가 물었을 때는 그에게 도움이 되는 이야기만 할 뿐 자기가 깨친 경지를 드러내기 위해서, 더더구나 자랑하기 위해서 이야기하지 않는다. 대단하게 보이는 사람, 유명하게 보이는 사람들은 자기 자신을 과시하고 싶은 마음이 다소라도 있는 것이다."

이러한 도인의 말씀에서 귀중한 교훈을 얻고 어떤 길이 밝아지는 길인가를 알 수 있습니다.

2020.08.15.

제3장

부처님 마음을 연습하여
절체절명의 위기를 극복한다

부처님께 바칠 때
우주를 움직이는 보편적 가치가 된다

　우리는 본능적으로 재앙이 소멸하기를 바라고 소원이 성취되기를 바랍니다. 어렸을 때부터 늘 꿈이 무엇인지 또 소원이 무엇인지 자주 질문을 받으며 무엇을 바라는 마음이 싹틉니다. 성장하면서 그것을 이루고 싶습니다. 정상적인 방법으로 잘 안 될 때는 부처님, 하나님에게 의지하거나 대단히 지혜로운 사람에게 자기 소원을 이루는 방법을 묻는 경우가 많습니다.

　무슨 생각이든지 부처님께 바치라는 가르침을 듣고 질문합니다.

　"바치는 방법이 소원을 이루는 데 도움이 됩니까? 잘 바치면 소원이 이루어집니까?"

　"잘 바칠 때 진실한 것이면 다 이루어지고, 진실하지 않은 것은 이루어지지 않는다."

　될 것은 되고 안 될 것은 안 된다는 얘기와 통합니다.

꼭 해야 할 필요성이 있을 때
진실한 생각이 난다

이것을 예를 들어 말씀드리겠습니다.

제가 초등학교 때는 6·25 직후라 사람들의 삶이 매우 어려웠습니다. 초등학교 3, 4학년 때 가장이 되어 신문팔이와 구두닦이를 해서 집안을 먹여 살리는 친구가 있었습니다. 그 친구는 신문팔이를 해보니 돈도 생기고 괜찮다며, 저에게도 신문을 한번 팔아 보지 않겠냐고 했습니다. 그 아이가 신문팔이를 해서 가장이 된 것이 대단하게 느껴졌습니다. 나도 한번 신문팔이를 해서 부모님께 좀 드릴까 하는 생각으로 신문팔이를 하러 나갔습니다.

"내일 아침 서울 신문!" 외치면서 신문을 몇 장 팔다 보니까 너무 너무 지치고 기진맥진했어요. 집에서 어디 갔다 왔느냐고 해서 신문 팔았다고 했더니, 누가 너더러 신문을 팔라고 했느냐며 야단치는 거예요. 우리 집은 제가 신문팔이 할 정도로 못살지는 않았습니다. 그 뒤로 신문팔이의 뜻이 꺾였습니다. 너무나 힘들었고 내가 꼭 그것을 해야 할 필요가 있나 하는 생각도 들었어요. 진실하지 못했던 겁니다.

제가 신문을 팔아서 돈을 벌고 싶다고 한 것은 진실하지 못했습니다. 진실하지 못했기 때문에 조그마한 자극에도 무너지고 말았던 겁니다. 그저 남이 해서 돈 번다니까 들뜬 마음으로 했던 것이지 꼭 해야 할 이유가 있어서 했던 것이 아닙니다.

진실하지 못한 생각을 자꾸 바치면 '아! 이 생각은 진실하지 못하고 착각이구나.' 하고 스스로 일깨워집니다. 바침으로써 '신문팔이 하지 마라. 그런 자세로는 돈을 벌 수 없다. 진실하지 않은 생각으로는 돈을 벌 수 없다.'라는 것을 저절로 알게 됩니다.

하지만 제 친구는 신문팔이를 안 할 수가 없었습니다. 들떠서 하는 것이 아니고 진실했습니다. 어머니를 봉양해야 하고 동생을 공부시켜야 하는 필요성을 느껴서 그런지, 지치지도 않고 계속 신문을 팔면서 그 돈으로 가장 노릇을 했습니다. 그 아이가 바치는 방법을 알고 신문을 팔았다면 굉장히 효과적으로 잘 팔았을 것입니다.

『세계는 넓고 할 일은 많다』라는 김우중 씨의 책을 읽은 적이 있습니다. 김우중 씨는 저보다 5~6년 선배인데 초등학교 때부터 신문을 팔았고, 그때 신문을 효과적으로 많이 파는 방법을 알아서 이미 상당한 부를 축적할 수 있었다고 합니다.

진실한 원을 바칠 때 일이 이루어진다

백 선생님은 이렇게 말씀하십니다.

"진실한 생각을 자꾸 바치면 일이 잘되고, 또 돈을 벌고자 하면 돈이 잘 벌린다. 뜻이 진실하지 않으면, 바쳤을 때 자기 생각이 허망한 것을 알게 되면서 그 일을 하지 않게 된다."

저는 그 뒤로 진실한 생각을 낸 적도 있었고 진실하지 않은 생각도 낸 적이 있었습니다. 진실하지 않은 생각으로 소원이 이루어지기를 바라면서 자꾸 바쳤던 결과, 얼마 안 가서 진실하지 않은 생각은 사라지고 제가 그 일에 참여하지 않게 되었습니다. 이것이 바치는 효과 중 하나라고 생각합니다.

그런데 제가 안 할 수 없는, 꼭 해야 하는 문제가 있었습니다. 예를 들어서 박사 논문을 쓰지 않으면 안 됩니다. 내가 하기 싫어도 꼭 해야 합니다. 꾸중을 들어도 해야 합니다. 그때 그냥 한 게 아니라 바치면서 했습니다. 그냥 하는 것보다 바치면서 했을 때 훨씬 더 훌륭한 논문을 쓸 수 있었다고 감히 말씀드립니다. 뜻이 진실할 때 바치면서 하면 빨리 될 뿐만 아니라 아주 효과적으로 된다는 진리를 깨쳤습니다.

바치는 것은 소원을 효과적으로 이룩할 때 매우 필요한 방법입니다. 진실한 원이라면 부처님께 바칠 때 반드시 이루어집니다. 그리고 다른 사람보다 더 지혜로운 방법으로 놀랄 만한 업적까지 낼 수 있습니다. 이것이 바치는 것에 대한 필요성과 당위성입니다.

바치는 것은 그 외에도 두루두루 여러 분야에서 매우 도움이 되고, 꼭 필요한 길잡이가 되고, 나아가서는 절체절명의 위기에서도 우리를 도와주고 올바른 길로 인도합니다.

세상의 보편적 관념을 따르는 것은 진실한 것인가?

어느 정도 재앙도 소멸하고 소원이 성취되면서 바라는 것이 적어질 때, 우리는 자기 철학을 세상에 펴고 싶어 합니다. 국가를 위해서 충성하고자 합니다. 돈을 많이 벌어서 사회에 기여하고자 합니다. 또는 올바른 진리를 발견해서 세상 사람들에게 알리고자 합니다. 재앙을 소멸하고 소원은 성취한 후에 더 높은 차원의 삶을 살기 위한 자기 나름의 철학이 생기게 되고 그 철학을 구현시키고 싶어

합니다. 자기 철학을 갖고, 철학을 다른 사람들한테 일깨워 주고, 같은 동지를 만들고 싶을 때 바치는 것이 꼭 필요합니다.

우리는 어렸을 때 훌륭한 열사, 위인 이야기를 많이 듣고 자랐습니다. ○○ 장군은 대단한 사람이라고 들었습니다. 또 사육신은 나라를 구하기 위해서 목숨을 바친 대단한 사람으로 알았습니다. 사육신을 배신하고 세조의 편에 선 정인지, 신숙주를 배신자로 알고 자랐습니다. 이○용을 매국노로, ○충정공을 애국자로 알고 존경하며 자랐습니다.

그런데 부처님 공부를 하면서 다시 생각해 봅니다.

'○○ 장군, 사육신은 과연 옳은가? 우리는 그들의 행동을 칭찬하지만 부처님이 보시기에도 올바른 행동이었을까? 다른 사람들은 이○용을 천하의 매국노라고 하지만 정말 매국노일까? 매국노라고 하는 군중심리에 편승하여 그대로 들떠서 그이를 몹쓸 사람, 상종 못할 사람이라고 하고 멀리해야 할 것인가? 그이에게 어째서 매국노라는 이름이 붙고 천하의 악인이라는 이름이 붙었을까?'

사람들은 이런 것을 생각하지 않고 사회의 보편적인 관념에 들떠서 흥분하고 데모하고 반대하고 있습니다. 바로 이럴 때 금강경을 공부하는 우리는 그렇게 하지 말고 바치라고 합니다. 사람들의 말에 들뜰 필요가 없습니다. 사람들이 올바르다고 하는 철학에 편승할 필요가 없습니다. 그것도 바쳐야 합니다. 정부에서 뭐라고 한다고 거기에 들떠서 앞장서야 할까요? 그것도 바쳐야 합니다.

나라를 일본에 뺏기는 것이 분해서 국가를 위해 ○충정공은 자결했습니다. 우리는 그를 충성심이 대단한 사람으로 높게 평가합니다. 지조가 있고 올바른 ○충정공은 천당에 갔을 것으로 생각합니다. 국가가 일본으로 넘어갔을 때 ○충정공이 자결한 것이 과연 옳은 일인가? 여기에도 바치는 것이 꼭 필요합니다.

또 안중근 의사도 이토 히로부미를 죽여야 나라가 산다고 생각해 본인이 사형장의 이슬로 사라지는 것을 각오하고 이토 히로부미를 죽였습니다. 우리나라의 많은 사람은 보편적인 관념으로 안중근 의사는 죽어서 천당에 갔을 것으로 생각합니다. 이○용은 악인이기 때문에 지옥에 갔을 것으로 생각합니다.

'과연 이○용은 지옥에 갔을까? 또 ○충정공은 천당에 갔을까? 덕도 있고 무예도 출중한 최고의 무장인 관운장(관우)이 과연 천당에 갔을까? 그의 행동이 과연 올바른 행동일까?' 생각해 봅니다. 자기 나름대로 올바른 일을 했고, 다른 사람들이나 역사가들이 올바른 사람이라고 한다고 해서 천당에 간다는 보장이 있을까요?

부처님 시봉하기를 발원해야
진실한 가치를 이룬다

밝은이는 그렇게 보지 않습니다. 백 선생님께서는 ○충정공의 후생을 봤다고 합니다. 그이는 사람이 되지 않고 대나무가 되었다고 합니다. ○충정공이 자결한 그 자리에 대나무가 솟아났다는 얘기는 우리도 잘 알고 있습니다. 그런데 그이가 대나무가 되었다는 사실은 밝은이 밖에 모릅니다. 올바른 충성, 올바른 절개를 위해 세상을 떠난 결과 대나무가 되었다면 세상 사람들이 생각하는 가치와 현실적인 가치가 얼마나 다릅니까?

○○ 장군은 국가에 충성하고 이성계에게 목숨이 다할 때까지 여

여부동如如不動했다고 합니다. 용감하게 목숨을 잃으면서까지 고려에 대한 은혜를 잊지 않았다고 합니다. 그러니 당연히 천당으로 갔다고 얘기할 사람이 많을 것입니다. 극락이 있다면 극락으로 갔다고 얘기할 겁니다. 국가에 충성한 그 사람은 불교식으로 얘기하면 사람 몸을 받아서 복 많이 받을 것으로 생각하기 쉽습니다.

관운장도 역시 그렇게 생각하기 쉽습니다. 함부로 얘기하시는 법이 없는 백 선생님이 무슨 얘기 끝에 말씀해 주셨습니다. 관운장은 아직 사람 몸을 못 받고 그대로 거기에 있다고 합니다. 하나의 절개를 지키는 것입니다. 그렇다면 관운장이 과연 존경받을 사람인가? 세상 사람들한테 존경받는 것은 진실한 가치와는 일치하지 않는다고 봅니다. 사람 몸을 받지 못하는 상태라면 그것이 어찌 사람들이 따라야 할 진실한 가치겠습니까?

저는 이런 생각을 합니다. 관운장이 도원결의하여 의리를 지키는 것까지는 좋은데, 만일 의리를 잘 지켜서 부처님 시봉 잘하기를 발원했더라면 어떠했을까? 만약 그랬다면 그이는 사람 몸도 받고 세세생생 뛰어난 장군이 되어서 국가에 큰 기여도 할 텐데, 그저 의리를 지키기만 했을 뿐 의리를 지켜서 시봉 잘하기를 발원하지 않았던 겁니다.

국가에 충성해서 부처님 시봉 잘하기를 발원했더라면 ○충정공도 절대로 대나무 몸을 받지 않았을 겁니다. ○충정공이 국가에 충성심이 깊은 사람이고 행동이 상당히 대쪽 같았으며 올바른 인품으로 존경받는 관리였다고 합니다. 그러나 충성심만으로는 보편적 가치가 될 수 없습니다. 충성심을 부처님께 바쳐 시봉 잘하기를 발원했다면 그이는 보편적 가치를 창출하면서 사람 몸을 받고 세세생생 충신으로 행복한 삶을 살 수 있었을 것입니다. 여기에 바치는 것의 필요성이 있습니다.

목숨 걸고 정면 돌파하는 것이 보편적 가치인가?

관운장, 사육신, ○○ 장군, ○충정공 등은 조금도 물러서지 않고 정면 돌파했습니다. 피하지 않았습니다. 후세에서는 그것을 칭찬합니다.

정면 돌파하는 것이 과연 보편적인 가치인가?

보편적인 가치라는 것은 영원한 진리라는 말과 통합니다. 우리는 정면 돌파를 보편적인 가치라고 알고 있습니다. 학교에서는 도덕 시간에 그것을 따르라고 가르쳤습니다. 지금도 안중근 의사를 대단하게 알고 동상에 예배하는 사람들이 있습니다.

그런데 밝은이는 목숨을 걸고 정면 돌파하는 것은 보편적인 가치가 되지 못한다고 합니다. 정말 지혜로운 사람은 어떻게 할까요? 지혜로운 사람의 예가 있습니다. 달마 대사는 불법을 널리 펴기 위해 중국으로 온 인도 왕자 출신 스님입니다. 양무제가 달마 대사를 죽이려고 했습니다. 만약 대쪽 같은 충신이었다면 어떻게 했을까요? 불법을 전하러 온 사람을 임금이 도와주지는 못할망정 올바른 소리 했다고 죽이려고 한다며, 용감하게 죽어서 후세의 추앙을 받을지도 모르지요. 정면 돌파 방법입니다. 그러나 달마 대사는 상당히 지혜로웠기 때문에 양무제가 자기를 죽일 것을 알았고 자기가 살아야 할 길도 알았습니다. 그래서 피했고 결국은 탈출했다고 합니다.

정면 돌파하는 방법은 절대로 좋지 않습니다. 정면 돌파하여 후세에 추앙을 받을 수 있어도 그것이 보편적인 가치가 되지 못했기 때문에 결국은 사람 몸을 받지 못했다고 생각합니다.

달마 대사 말고도 또 보편적인 가치를 이룬 사람이 있습니다. 유방을 도와서 천하를 통일한 중국의 장양입니다. 유방은 천하를 통일한 뒤에 한신, 팽월 등의 개국공신을 여러 가지 이유를 들어 하나하나 죽였습니다. 장양은 지혜로워서 유방이 자신을 죽일 것을 알고, 유방을 피해서 산(지금은 유명한 관광지가 된 장가계)으로 갔다는 이야기가 있습니다.

자신의 철학을 구현하기 전에
부처님께 먼저 바쳐야 한다

아무리 자기 철학이 올바르고 그것을 구현하고 싶어도 부처님께 바치는 것을 먼저 해야 합니다.

'나는 자부심, 자존심 하나로 산다. 나의 실력과 철학은 반드시 옳다. 내가 생각하는 것이 영원한 진리다. 나는 깨쳤다.'라고 하는 사람이 있습니다. 정말 깨쳤을까요? 그렇게 얘기하는 사람은 깨치지 못했습니다. 그이는 '나는 내가 깨친 진리가 확실히 옳다고 믿는다. 내 지혜는 튼튼하기가 반석과 같다.' 이렇게 믿고 자기의 가르침을 다른 사람에게 전달하려고 했습니다. 사람들은 그를 그 시대의 성자, 의인, 철인이라고 했습니다. 밝은이가 그의 후생을 보았더니, 그는 죽어서 반석이 되었습니다.

여기에 우리가 모든 일을 부처님께 바쳐야 하는 당위성이 있습니다. 내 지혜가 반석 같다 하더라도 이 지혜를 바쳐 부처님 시봉 잘하기를 발원했더라면 반석이 되지 않았을 것입니다. 나는 충성심이 오직 최고라고 생각한 사람은 대나무가 됩니다. 충성심도 바쳐 부처님 시봉 잘하기를 발원한다면 대나무가 되지 않음은 물론 세세생생 사람 몸 받아가면서 많은 사람의 존경을 받았을 겁니다. 관운장도 만약 의리를 지켜 부처님 전에 시봉 잘하기를 발원했다면, 바로 사람 몸 받아서 훌륭한 무장으로 존경받을 수 있었을 것입니다. 그런데 그이는 바치는 것을 모르고 의리 하나에만 집착했습니다. 결과적으로 몇 천 년이 지나도 사람 몸을 못 받게 되었다고 한다면, 바친다는 것의 가치가 얼마나 중요한가를 알 수 있습니다.

돈 벌어서 부처님 드리기를 발원하면 무에서 유를 창조한다

한 가지 더 말씀드리겠습니다. 우리는 돈을 벌고 싶지만 돈 벌기가 쉽지 않습니다. 열심히 해도 잘 벌리지 않아요. 밝은이라면 그 이유를 설명할 것입니다.

"돈을 버는 뜻이 우선 진실해야 하고 노력도 해야 한다. 노력만으로는 안 된다. 반드시 부처님께 바쳐라. 부처님 시봉하기 위해서 돈을 벌어라. 그러면 돈을 벌되 재앙이 일어나지 않고, 근심 걱정도 없고, 돈 잘 벌어서 좋은 일 하다가 아무 재앙 없이 편안히 세상을 떠날 것이다."

'돈 벌겠다.'는 사람은 아주 많습니다. 돈을 벌기 위해 이전투구하고 노력을 많이 합니다. 노력에 비해서 돈 벌기도 쉽지 않지만, 돈을 벌어도 항상 근심 걱정이 뒤따르게 됩니다. 그냥 '돈 벌겠다.'보다 '돈 벌어서 부처님 드리겠다.'고 해보세요. 그렇게 할 필요가 있습니다.

 돈 벌어서 부처님 드리겠다고 하면 돈이 부처님한테로 가지 나한테 올까? 돈 벌겠다는 생각을 자꾸 부처님 전에 바친다면 어렵지 않게 알 수 있습니다. 내 마음의 평화가 옵니다. 더 바치면 기쁨이 옵니다. 이 기쁨이 지혜와 능력을 불러오고, 이 지혜와 능력이 돈을 저절로 끌어 옵니다. 완전히 무에서 유를 창조하는 것입니다.

 '돈을 벌겠다.'하면 벌 수 있습니다. 그렇게 해서 돈을 벌면 근심 걱정이 항상 뒤따르는 부자, 일시적인 부자가 됩니다. 반면 '돈 벌어서 부처님 드리기를 발원.'하면 우선 마음이 편안해지며 근심 걱정이 소멸하고 기쁨이 넘칩니다. 지혜와 능력이 생겨서 돈이 저절로 따르게 만듭니다. 그렇게 부자가 되었을 때 그이한테는 근심 걱정도 없고 재앙도 사라진 상태가 됩니다.

정리

 바치는 것의 의의와 필요성을 말씀드렸습니다. 바치는 것은 소원을 성취하는 데, 가난한 사람이 부자가 되는 데, 무에서 유를 창조하는 데 꼭 필요한 가르침입니다. 또 자기 철학을 다른 사람한테 올바르게 일깨워 주고 그것을 전달할 때도 그냥 노력만 하는 것과 부처님께 바쳐서 하는 것은 상당히 다릅니다. 아무리 세상에서 위인이라고 칭찬받는 고상한 사람이라 하더라도 부처님께 바치는 것이 동반되지 않는 한, 보편적 가치나 우주를 움직이는 진실한 뜻을 이룰 수 없습니다.

부처님께 바침으로써만 보편적인 가치가 되고 우주의 명령이 된다는 것을 잘 알고, 항상 무슨 생각이든지 부처님께 바치고, 자기 철학을 이루고 싶어도 먼저 부처님께 바치는 마음을 가져 주기 바랍니다.

2020.08.22.

불교 수행의 목적,
몸과 마음을 건강하게 하는 것

"불교 수행의 목적이 무엇입니까?"

스님이나 불교 학자에게 질문하면 대개 이런 이야기를 합니다.

"깨치기 위해서, 생사 해탈을 위해서 불교 수행을 한다."

이처럼 상당히 거창하고 추상적인 대답을 하는 수가 많습니다. 깨친다는 것은 상당히 추상적입니다. 또 생사 해탈은 무척이나 거창합니다.

선생님께 불교 수행의 목적이 무엇이냐고 여쭤보면 거창하게 추상적으로 대답하시질 않으십니다. 그 사람이 알아들을 수 있게끔 아주 쉽게 말씀하세요. 저는 그런 답변을 두고 새로운 패러다임의 불법이라고 이야기합니다.

건강한 사회인이 되는 것이
불교 수행의 목적

백 선생님께서는 불교 수행의 목적이 무엇이냐고 질문하는 이들이 있으면 그 사람에게 맞는 대답을 하시는데, 대개 이렇게 대답하십니다.
"몸과 마음을 건강하게 하는 것이 불교 수행의 목적이다."
"건강한 사회인이 되는 것이 불교 수행의 목적이다."
몸과 마음이 건강하다는 것은 추상적이지 않아서 잘 알아들을 수 있어요. 건강한 사회인이 된다는 것은 유능한 사회인이 된다는 뜻이기 때문에 역시 추상적이지 않고 쉽게 알아들을 수 있습니다.
기존의 불교 학자나 스님은 이렇게 이야기하는 경우가 많습니다.
"불교에서는 마음의 건강을 이야기할지 몰라도 몸의 건강은 이야기하지 않는다. 몸은 무상한 것이고 아무리 잘 먹고 잘 키워도 결국은 죽는 것이다. 몸의 건강은 불교 수행과는 관계없다."
또 건강한 사회인이 된다는 것은 우리가 보기에는 굉장히 바람직하고 실감나는 구호이며 매력적인 표현인데, 스님들께 백 박사님께서 건강한 사회인이 되는 것이 불교의 목적이라고 하셨다고 얘기하면, 고개만 갸우뚱하고 동의하지 않으세요. "제행이 무상하고 타력이라는 게 다 물거품과 같은 것. 건강한 사회인이 된다는 것도 역시 물거품과 같은 것이다. 그런 것에 집착하지 않는 것이 불교인데, 건강한 사회인이 된다는 것은 불교의 전통적인 뜻과는 다르지 않으냐."라고 하십니다.

몸과 마음이 건강해지는 것은
깨치는 것과 다르지 않다

백 박사님의 불교적인 해석은 스님들의 해석과는 상당히 다릅니다. 그러나 스님들의 해석으로는 불교가 살아남을 수 없어요. 지혜 있는 이들이 보니, 깨친다거나 생사 해탈하는 것은 몸과 마음이 건강해지는 것과 다르지 않다는 것을 알게 되었습니다. 밝아지는 것이 건강한 사회인이 되는 것과도 다르지 않은 것 같아요. 그걸 다르게 보니까 백 박사님의 가르침이 제대로 된 게 아니라고 이야기하게 되지요.

기존 불교에서는 거창한 것, 가장 높은 것을 생각하고 중간 단계를 아예 무시해 버리는 경향 때문에 비현실적으로 되는 경우가 많습니다. 현실과 이상을 다르게 보게끔 만듭니다.

불교 수행을 함으로써 몸과 마음이 건강해지는가?

수행으로 깨치기만 하는지, 이에 더하여 병도 고치고 마음도 행복해지고 지혜가 나는지 실제로 검토해 봐야 합니다.

저는 굉장히 골골하고 병약했던 사람인데, 출가해서 불교 수행을 하고 달라졌습니다. 꽤 나이가 많은 편입니다마는 지금까지 병원 신세 별로 안 졌어요. 물론 몇 가지 약을 먹기는 하지만 병원에 별로 가 본 적이 없어요. 그리고 정신도 상당히 건강해졌어요. 현실에서도 변화해야 불교 믿는 맛도 납니다. 깨치는 것과 건강해지는 것이 관계가 있더라고요. 이렇게 몸과 마음의 병의 원인을 하나하나 분석하면, 몸과 마음이 건강해지는 것과 생사 해탈이 다르지 않다는 것을 알 수 있습니다. 지금 그것을 말씀드리고자 합니다.

세상에서 말하는
병의 원인과 치유 방법

우선 몸의 병에 대해서 생각해 봅니다.

흔히 의사들에게 병의 원인이 무엇인지 물어보면, 과학적으로 입증된 것은 아니라고 하면서도 한의사나 양의사들이 공통으로 이야기하는 몇 가지가 있습니다. 과학적으로 확실히 증명된 건 아니지만 많은 의사가 스트레스는 각종 병의 원인이 된다고 이야기합니다. 스트레스가 많았을 때 질병이 발생했던 통계적인 결과만 보고 이야기하는 것 같습니다. 두 번째로 과식하는 것을 많이 꼽습니다. 그리고 과로도 꼽습니다. 여기에는 이론이 없는 것 같습니다. 그다음 모두가 동의하지는 않겠지만 물을 덜 먹으면 병에 걸린다는 논리도 있어요. 의사들이 병의 원인으로 생각하는 것에는 세균, 건강하지 않은 식습관, 약물 과다복용, 술 담배 등등 여러 가지가 있습니다.

치유 방법은 의사를 만나서 약을 먹는 것이라고 합니다. 약에는 예방약도 있고 치료제도 있습니다. 또 의사들이 하는 수술이 있지요. 그 외에 민간요법이기도 한데, 많이 걷는 것이 질병의 90%를 치료한다는 말이 있습니다. 그다음으로는 옛날 우리나라 전통 건강법입니다마는 하나는 적게 하고 다섯 가지는 많이 한다는 일소오다一少五多라는 게 있습니다. 음식을 적게 먹으라는 것, 옳은 것 같아요. 많이 걷고 운동하는 것, 또 스트레스 해소를 위해서인지 조용히 산속에 있기보다는 사람들을 많이 만나는 다접多接, 물을 많이 마시라는 이야기도 그럴듯합니다.

설명할 수 없는 병의 원인

제 친구 중에 술 담배 일절 안 하고 자기 관리를 잘하는 친구가 있습니다. 자식들도 속 썩이는 자식 하나 없고, 스트레스도 전혀 없으며, 매일 이만 보씩 걷고 소식합니다. 불교 신자는 아닙니다만 오후 불식합니다. 그 친구는 또래보다 젊어 보여요. 백 세까지 장수할 것으로 생각했습니다. 그렇게 좋다는 것 다 지켰는데, 갑자기 대장암에 걸렸고 전이까지 되어서 항암치료를 받게 됐습니다. 딸이 의사입니다. 고대병원에 있는 딸더러 설명하라고 했더니 설명을 못해요. 겨우 설명한다는 게 '최근 학설에 의하면 유전에 의한 병'이라고 합니다.

유전하니까 또 말씀드려야 할 게 있습니다. 몇 년 됐을 겁니다. 미국 하버드 대학에서도 공부한, 생명과학의 권위자라고 할 만한 사람이 〈명견만리〉라는 TV 프로그램에 나와서 생명과학이 21세기에 가장 촉망받는 직업이라는 내용의 강의를 한 적이 있습니다. 그 사람 이야기가 굉장히 재미있습니다. 사람의 피 한 방울을 채취해서 DNA 속의 유전자를 분석하면 과학적인 사주팔자가 다 나온다는 거예요. 이건 거의 확실합니다. 예를 든다면 이 사람은 몇 살쯤 돼서 무슨 병에 걸릴 확률이 몇 퍼센트다, 언제쯤 죽을 것이다, 이런 것도 나옵니다. 외모는 어떻게 생겼는지, 흑인인지 백인인지 등등도 다 예측된대요. 취미나 식성까지 나옵니다. 앞으로 분석기술이 발달하면 모든 사주팔자, 미래를 예측합니다. 미국에서는 유전자 검사를 하면 피 한 방울 뽑는데 천 달러, 백만 원이면 한다는 거예요. 우리나라에서는 금지되어 있어서 못한다고 합니다.

그걸 활용하는 방법이 다양합니다. 한 예를 듭니다. 스티브 잡스라는 유명한 CEO가 있습니다. 그는 자신의 유전자 염기서열을 분석하여 그에 맞는 항암제 치료를 시도하기도 하였습니다. 안젤리나 졸리라는 배우는 유전자 검사를 했더니 유방암이나 난소암에 걸릴 확률이 80~90%라는 겁니다. 그게 유전자 검사에 그대로 나와요. 사주팔자 그대로 나오는 거죠. 그래서 미리 수술했대요. 병을 예방하는 겁니다.

말을 달리합니다. 유전자 검사로 병을 예방할 수 있다는 걸 믿는다고 치면 안젤리나 졸리는 용케 수술했으니 유방암에 안 걸리겠지만, 수술을 안 했을 때 아무리 건강관리를 잘 해도 병에 걸리게 되는 겁니다.

제 친구는 건강의 모든 조건을 다 갖췄어요. 그런데도 대장암에 걸렸고 그 이유를 알 수가 없는데, 유전적 소인이 있으면 그럴 수가 있다고 하는 데서 깨치는 게 있습니다.

전생에 병이 생길 원인이 있다면 아무리 건강 수칙을 잘 지켜도 병들게 되어 있다. 어떻게 보면 운명론 같지마는 운명론이 아니에요. 전생이 분명히 있다는 것을 믿는다면, 전생에 병 걸릴 원인을 지어서 병이라는 과보, 벌을 반드시 받는 것으로 설명할 수 있습니다.

밝은이가 보시는 병의 원인과 치유법, 업보와 업보해탈

추상적으로 이야기하는 것 같지만 저는 확실히 믿습니다. 병의 원인으로 의사가 이야기하는 스트레스, 과식, 과로, 세균, 술, 담배 등은 겉만 보는 지엽적인 원인이라고 말씀드립니다. 치료 방법으로 이야기하는 약물, 수술, 걷기, 사람들 많이 만나는 것 등등도 치료 방법임이 틀림없지마는 정확한 치료 방법이 아니고 다 지엽적인 치료 방법입니다. 그래서 돌연변이라는 현상이 언제든지 나타날 수 있고 설명하지 못하는 것이 충분히 나타날 수 있습니다.

반면 부처님, 즉 밝은이께서는 정확한 병의 원인과 치료 방법을 말씀하셨기 때문에 설명하지 못하는 것이 없어요. 돌연변이가 없어요. 원인을 정확히 분석하여 정확히 치료할 수 있습니다.

그러면 밝은이가 이야기하는 병의 원인이 무엇일까요?

백 선생님은 이렇게 이야기하십니다. 대부분의 의사는 부정할지 모르지만, 상당히 지혜로운 일부 의사는 동의할 수 있습니다.

"궁리窮理가 병의 원인이다."

우리는 생각을 많이 합니다. 그 안에는 탐진치가 들어 있습니다. 궁리 밑바탕에는 탐진치, 달리 말해서 업보가 있습니다. 가족 간의 업보가 특히 병의 원인이 됩니다. 업보라는 것은 전생에 맺은 겁니다. 생명과학에서 유전자 검사를 해서 몇 살에 무슨 병이 걸린다고 예측하면 아무리 건강관리를 잘해도 병에 걸릴 수 있다는 것은 전생의 업보라는 개념과 딱 맞아떨어집니다.

말기 암에 걸렸던 사람이 기적적으로 낫는 수가 있어요. 어떤 식으로 나을까요? 의사의 치료로는 안 됩니다. 업보를 해탈하는 방법으로 기적적으로 낫습니다. 소위 자연치유법이라는 게 있습니다. 〈나는 자연인이다〉이라는 TV 프로그램 등에 많이 나옵니다. 말기 암에 걸려 다 죽게 된 사람이 산속에서 맑은 물, 맑은 공기 마셔서 나았다는 사례는 너무나도 많습니다. 부처님 논리로 보면 이것은 가족이라는 업보에서 벗어난 것입니다. 그리고 삶에 대한 모든 욕심을 포기했다고 하는 것도 업보에서 벗어난 겁니다. 그이는 자연으로 돌아갔다고 추상적으로 이야기하지만, 밝은이는 가족이 병의 원인이었다고 할 것입니다.

업보로 인한 죽음

한 예를 들겠습니다. 어떤 처녀가 시집을 갔는데 몇 년 내로 남편이 죽어 청상과부가 됩니다. 옛사람들은 남편 잡아먹은 여자라며 수군대고 손가락질합니다. 억울하죠. 과부된 것도 서러운데 남편까지 잡아먹었다고 하면 말이 됩니까. 근데 밝은이가 보면 틀린 이야기가 아니래요.

백 선생님이 해 주신 이야기입니다.

어떤 사람이 장가를 갔어요. 부인이 죽었어요. 또 장가를 갔는데 또 죽었어요. 아홉이 죽었어요. 아홉을 잡아먹었다고 하면 억울하기 짝이 없겠죠. '저 녀석은 왜 이렇게 장가만 가면 부인이 죽나. 게다가 한 번 가고 말지 왜 아홉 번이나 가는지…….' 원인을 봤대요. 도인만이 압니다.

수도하면서 제일 끊기 어려운 것이 애욕이라고 봅니다. 여자 생각이 나면 수도하고는 멀어지는 거예요. 전생에 수도하다가 이렇게 저렇게 아무리 노력해도 여자 생각을 끊을 수가 없어서 여자를 저주하기 시작했답니다. 세상의 모든 여자가 다 없어지면 애욕이 사라질 것으로 생각했나 봅니다. 여자가 다 없어져야 한다는 생각은 독한 마음입니다. 살인의 마음이나 마찬가지입니다. 그 마음을 가지고 금생에 사람이 되었는데 장가를 가면 그 독소가 여자한테 전달이 돼요. 여자가 다 없어져야 한다는 저주의 마음이 있으니, 여자는 그 기운을 간접적으로 느낍니다.

밝은이가 보는 정확한 죽음의 원인은 남자가 여자더러 죽으라고 하는 악심입니다. 악심도 일종의 업보거든요. 의사들이 보기에는 미신 같을지라도 업보 때문이라는 것이 가장 정확한 진단이라고 생각합니다. 업보에서 탐진치가 나오고, 탐진치에서 궁리가 나오고 결국 스트레스가 됩니다. 업보에 의해 많은 병이 생깁니다. 이렇게 병을 분석하는 것이 가장 정확합니다.

금강경 수행으로
몸과 마음이 건강해질 수 있다

병의 원인을 설명했고, 병의 치유 방법은 구체적으로 말씀드리지 않았습니다만 이야기할 수 있습니다.

내생에 직업이 뭐가 좋은가 묻는다면, 저는 생명과학자가 될까 하는 생각을 합니다. 피 한 방울로 미래를 정확하게 예측해서 재앙은 소멸하고 소원은 성취하게 할 수 있는 생명과학자가 됐으면 하는 생각을 한 적이 있습니다. 앞으로 그런 시대가 올 겁니다. 생명과학의 논리에 의하면 병의 원인과 확률을 알고 수술 등을 통해서 병을 예방할 수 있다고 합니다.

밝은이의 방법은 업보 해탈의 방법입니다. 제 친구처럼 다 잘해도 병에 걸리는 것은 운명입니다. 그것을 예방하려면 어떻게 할까요? 물론 생명과학적인 방법에 따라서 유전자 검사로 미리 알고 원인을 제거하는 방법도 있겠지만, 그 친구가 금강경을 읽었더라면 어땠을까 합니다.

금강경 독송은 번뇌를 소멸하고 업보를 해탈하게 합니다. 금강경 읽으면 장수한다는 이야기가 있습니다. 저는 금강경 영험록을 여러 번 봤습니다. 당나라 때 이야기입니다. 열 살밖에 살지 못할 사람이 금강경을 읽어서 90까지 살았다는 기록이 있습니다. 금강경 읽어서 장수한다는 것을 대개는 미신으로 보고 스님들도 잘 안 믿지만 저는 믿게끔 되었습니다.

금강경을 읽음으로써 번뇌가 소멸합니다. 마음이 편해지는 게 번뇌가 소멸하는 겁니다. 조금 더 바치면 부부 사이도 좋아진다고 해요. 부부 사이의 업보를 해탈한다는 뜻입니다. 업보에 의해 병이 생긴다면, 금강경 읽어서 업보를 해탈하여 장수까지 할 수 있다는 것은 너무나 자명합니다. 매일 같이 골골대고 아팠던 제가 지금까지 이렇게 견디는 걸 보면 금강경 덕이에요.

번뇌는 육체적인 병의 원인도 되지만 정신적인 병의 원인도 됩니다. 육체가 건강해지면 정신도 동시에 건강하게 됩니다. 번뇌 소멸해서 밝아지는 것이 불교 수행의 목적 아닙니까? 밝아지는 과정에 몸과 마음이 동시에 건강해지는 과정이 반드시 포함됩니다.

보통 스님들은 불교를 믿어서 깨치고 생사 해탈한다는 것만 알지 그 중간 과정에서 몸과 마음이 건강해지고 건강한 사회인이 된다는 것은 잘 몰라요. 모르는 정도가 아니라 무시하기 때문에 불교가 비현실적이고 비과학적인 종교가 됩니다. 불교의 위대한 실용성을 전혀 모르니 활용하지 못하게 되는 것이지요.

그런데 밝은 선지식이 나타나셔서 불교를 추상적으로 설명하지 않고 일상생활에 꼭 필요한 가르침이라고 설명하시고, 그 무한한 실용성을 활용해서 몸과 마음을 건강하게 하라고 하십니다.

생명과학에서 수명 유전자가 있대요. 잘하면 수명을 길게 할 수도 있다고 합니다. 그러나 대개 사람이 가져온 복의 총량이 있으므로 인위적으로 수명을 늘리는 대신 명예는 줄어들 수 있어서 수명을 늘리는 생명과학이 과연 옳은지…… 저는 동의하지 못합니다.

수명과 명예를 모두 늘리는 방법은 생명과학적인 방법이 아니라 금강경 수행 방법입니다. 건강한 사회인이 되셔서 부처님 시봉 잘하시기를 발원드립니다.

2020.08.29.

금강경 정신으로
돌아가자

❉

요즘 코로나바이러스, 부동산 문제 등 다방면에서 전쟁터를 방불케 할 정도로 나라가 어렵습니다. 개인이 어려우니까 나라까지 어려워지겠지요.

난제 극복을 부처님 가르침에서 찾을 수 있을까?

우리가 바라는 인재를 어떻게 성공적으로 양성할까?

이 두 가지 과제에 대한 답을 금강경의 가르침에서 찾을 수 있다고 생각합니다. 오늘은 난제 해결을 위해서, 우리가 바라는 인재 양성을 위해서 금강경 정신으로 되돌아가자는 주제로 생각해 보겠습니다.

지혜로운 사람은
난제를 두려워하지 않는다

무한 경쟁 시대에 사는 우리에게 자기 뜻대로 안 되는 것은 한둘이 아닙니다. 부처님께서는 생로병사를 얘기하고 네 가지 고통, 여덟 가지 고통을 말하면서 인생은 고해라고 하셨지요. 우리는 그 말을 사실로 믿으며 주위에 난제가 너무나 많다고 생각합니다. 우리는 주위로부터 영향을 받는 존재이며 우리 능력으로 좌지우지할 수 있는 부분은 지극히 제한적이라는 생각 즉, 열등감으로 세상을 살아갑니다.

대부분의 사람은 세상에는 수많은 난제가 있고, 인간이 해결할 수 있는 것은 지극히 제한적이라는 사고방식을 가지고 있습니다. 그런데 소수의 지혜로운 사람, 소위 영웅호걸은 세상의 고난과 난제 해결의 어려움을 참이 아니라고 믿습니다. 참이라고 믿으면 도전 정신이나 모험 정신, 용기가 나올 수 없으므로 세상의 지배를 받게 되며 영웅호걸이 될 수 없습니다.

'난제 해결은 별것 아니다. 고통도 잘하면 변해서 복이 된다.'는 믿음이 있는 지혜로운 사람은 용기와 도전 정신을 가지고 세상을 지배하며 CEO도 될 수 있습니다.

신라 살별 이야기, 이름 짓기에 따라 상황은 달라진다

역사적으로도 수많은 난제가 있었고, 우리는 그것을 해결한 지혜로운 사람의 이야기를 많이 들었습니다. 그중 살별 이야기를 살펴봅니다.

옛날 신라에서 꼬리가 긴 별(살별, 혜성)이 하늘에 나타났고, 살별은 원래 불길한 별이라는 믿음이 있었습니다. 전염병이 돌고, 흉년이 들고, 왜구가 쳐들어오고, 나라가 굉장히 어수선했던 것이 요새 우리나라 정국과 비슷했나 봅니다. 임금은 지혜로운 사람들을 불러 이 난제를 어떻게 극복하겠느냐고 물었는데, 그때 도인들이 부처님의 가르침을 그대로 전달했습니다.

"꼬리가 긴 별이 나타나 백성을 공포로 몰아가니 이 난국을 어떻게 해결할 수 있겠소?"

"고난이라고 이름을 지으면 고난에서 벗어날 수 없지만, 고난이 착각이고 본래 없다고 믿으면 해결 방법도 분명히 있습니다. 불길한 별이라는 것은 착각이고 본래 없습니다. 길한 별이라고 이름 지어서 사람들한테 믿게 만들면 나라는 다시 평온해지고 부국강병을 이룰 것입니다."

지금 같으면 TV나 라디오로 저 별은 길한 별이라고 전국에 퍼뜨릴 수 있습니다. 그 시대에는 아이들한테 동요를 지어서 부르게 하는 것이 가장 빠른 방법이었고, 그 노래가 신라 향가로 전해 오고 있습니다.

그 향가를 만든 이는 바로 깨친 이였습니다. 부처님의 가르침, 즉 금강경의 가르침을 통해서 '난제는 참이 아니다. 난제가 변해서 좋은 일이 될 수 있다.'라는 믿음을 사람들한테 심어주었습니다.

향가를 통해 혜성이 길한 별이라고 전국에 퍼지게 되니 전염병도 사라지고, 흉년도 사라지고, 왜구의 아우성도 사라졌습니다.

코로나바이러스는
내 죄업을 일깨워 주는 좋은 균

올해 2월부터 코로나바이러스가 창궐했습니다. 정점으로 올라갔을 때 두려움에 떨었습니다. 불교계에서도 무슨 이야기를 해야 할 것 같은데 아무도 시원한 얘기를 해 주지 않았습니다. 그래서 제가 선생님께 들었던 혜성 이야기를 바탕으로 용감하게 불교방송에서 말했습니다.

"우리는 코로나바이러스를 치사율이 상당히 높은 무서운 전염병으로 알고 있습니다. 그런데 그것을 정말 무서운 전염병이라고 믿고 해결할 길이 없다고 믿는 한, 코로나바이러스의 파괴력은 전국 또는 전 세계에 퍼져서 사람들을 공포에 떨게 하고 경제를 마비시킬 수 있습니다.

하지만 부처님 가르침, 즉 금강경 가르침에 의하면 코로나바이러스가 무서운 전염병이라는 것은 사실이 아닌 착각이고 그것 때문에 나라가 위태롭게 된다는 것도 역시 착각입니다.

더 나아가 예전에 신라에서 혜성을 좋은 별이라고 이름 지어서 국난을 극복했듯이 코로나바이러스를 좋은 균이라고 이름 지어 봅시다. 그러면 코로나바이러스는 그 위세가 꺾이고 나라가 평온해질 것입니다."

코로나바이러스 발원

그 이야기를 하면서 몇 가지 원을 써서 카페에 올렸고 그것을 우리 도반들이 읽었습니다. 그래서 그랬는지는 모르지만, 그때를 기점으로 코로나바이러스의 위세가 차츰차츰 꺾이고 확진자 수도 점점 줄어드는 것 같았습니다. '코로나바이러스에 우리의 기도가 통하나 보다.' 했습니다. 그런데 확진자 수가 점점 줄게 되니까 우리는 '별거 아니로구나. 좀 있으면 다 물러가겠구나!' 하며 좀 방심했고 원 세우는 것도 소홀하지 않았나 생각합니다.

외부에서는 상당히 겁을 줬지만 우리 마음은 씩씩했습니다. 그 결과 확진자 수도 줄어드는 것 같았습니다. 자영업자, 중소기업자, 상공업자들이 다 죽는다고 아우성을 치는 중에도 우리 법당은 주말 출가 열기로 꽉 찼습니다. 지방 법회도 코로나바이러스의 공포에 조금도 아랑곳 않는 많은 사람으로 꽉 찼습니다. 창립 법회 때 입추의 여지도 없이 가득 차 심지어는 자리를 찾지 못하고 되돌아가는 촌극까지 벌어졌습니다.

우리는 마음속으로 '코로나바이러스도 별것 아니구나. 한마음만 세우고 본래 없다는 뜻만 가지면 사라지는 것이구나.'하며 약간 자만하고 방심하지 않았나 생각합니다. 7월 중순 창립 법회를 기점으로 코로나바이러스가 다시 기승을 부리기 시작했습니다. 그와 동시에 법당에 여러 가지 어려운 일들이 많이 생겼습니다. 주말 출가를 하지 못하게 시청에서 단속하고, 같은 건물 입주자들이 사이비 종교라고 매도하면서 탄원서를 내어 출입구에서부터 들어가지 못하게 제한했습니다. 재앙이 생긴 것입니다.

지금 다시 확진자가 늘어나는 것을 보니 우리 도반들도 금강경의 가르침, 즉 난제는 착각이고 본래 없다는 믿음에 대한 불신이 서서히 싹트는 것 같습니다. 저한테도 '법사님, 지금은 코로나바이러스의 시대입니다. 본래 없다는 믿음을 갖고 지방 법회를 용감하게 강행하는 것은 굉장히 어리석은 일입니다.'라는 등 여러 문자가 올라왔습니다.

지방에서 법회를 하려고 하니 처음에는 좋다고 하다가, 이 코로나바이러스에 대해 정부에서 최면 걸듯 주입하니 도반들이 겁을 먹고 거절합니다. 금강경 가르침은 어느덧 뒷전으로 사라지고 다시 옛날로 돌아간 것 같습니다. 심지어는 나한테 애원하다시피 "법사님, 여러 사람의 건강을 위해서라도 경거망동하지 마십시오." 뭐 그 비슷한 충고를 했습니다.

여기서 물러선다면 우리는 금강경 정신을 잃어버리는 것입니다. 그러면 인재 양성이고 뭐고 다 사라지고 맙니다.

소록도를 방문한 육영수 여사

저는 전염병을 극복한 한 사례를 기억해 냈습니다.

1973년으로 기억합니다. 야당 사람들도 굉장히 존경했던 육영수 여사가 한센병 환자들이 모여 사는 소록도에 방문한 적이 있습니다. 제가 어렸을 때는 한센병(문둥병) 환자를 많이 봤습니다. 사람들은 그 근처에만 가도 병이 옮는다고 했고, 한센병 환자들은 사람들에게 기피의 대상이 되었습니다. 천형, 즉 하늘이 준 벌이라 하여 접촉을 꺼렸습니다. 나라에서는 전라도 소록도라는 작은 섬에 한센병 환자들을 수용소처럼 모아서 보호하고 치료하게 하였습니다. 그런데 그것이 무서운 병이 아니고 기피할 병도 아니라는 인식을 심어준 분이 바로 육영수 여사입니다.

육영수 여사는 요즈음의 용감한 CEO들처럼 모험 정신과 도전 정신을 가졌는지, 도저히 종교적인 신념 없이는 들어갈 수 없는 소록도에 용감하게 들어갔습니다. 소록도에서 음식을 맛있게 같이 먹고, 한센병 환자들의 눈물을 닦아 주고서 일일이 다 악수를 했습니다. 그래도 육영수 여사는 전혀 전염되지 않고 건강했고, 그 악수했던 손으로 박정희 대통령에게 악수를 청했더니 대통령이 쾌히 악수했다는 장면이 신문에 보도가 되었습니다.

그걸로 한센병은 본래 두려워할 병이 아니며 우리의 착각이 만들어 낸 공포라는 인식을 전 국민한테 심어 주었습니다. 전염병이지만 두려워할 정도가 아니고, 본래 병이 없다는 믿음으로 접근하면 아무것도 아니라는 인식이 퍼지게 되면서 사람들이 한센병을 두려워하는 생각이 사라졌습니다.

육 여사라고 하는 용감한 사람, 지혜로운 사람, 좀 더 거창하게 말하면 깨친 이가 본래 없다는 믿음을 통해 전염병을 극복한 실감 나는 사례입니다.

지금 코로나바이러스가 다시 창궐하고 정부에서는 거리 두기를 시행하면서 모두가 무시무시한 공포에 떨고 있습니다. 육 여사의 정신을 다시 상기할 필요가 있습니다. 그것은 무서운 전염병은 분명 아닐 것입니다. 옛사람들이 주위에서 하도 그렇게 말하니 혜성이 불길한 별이라는 최면에 사로잡혔듯 우리도 그렇게 사로잡혀서 두렵게 생각할 뿐입니다.

금강경 정신으로
되돌아가자

금강경의 가르침이야말로 영원한 진리라고 생각합니다. 금강경 가르침을 이렇게 정리할 수 있습니다.

세상의 보통 사람들은 자신이 수많은 난제의 영향을 받는 왜소한 존재이며, 능력을 발휘할 수 있는 범위가 지극히 제한적이라 생각합니다. 그런데 부처님의 가르침 중에서도 금강경에 의하면 난제는 실지로 존재하는 것이 아니고 난제라고 보는 우리의 선입견, 분별이 만든 허상이라고 합니다. 또 우리는 주위의 난제에 의해서 영향을 받는 왜소한 존재가 아니라 주위에 영향을 미칠 수 있고 한층 더 나아가서는 세상을 좌지우지할 수 있는 위대한 능력자라고 합니다.

결론적으로 금강경에서는 신심 발심해서 모든 난제와 고난이 착각인 줄 알고 두려움까지 부처님께 바치고 나아간다면, 난제는 흔적도 없이 사라질 뿐만 아니라 모든 고통이 축복으로 변할 것이라고 이야기하고 있습니다.

옛날에 혜성을 길한 별이라고 이름 붙여서 나라가 평온해졌듯이, 다시 이 정신으로 돌아가야 개인의 평안은 물론, 코로나바이러스라는 난제가 사라지고 평화를 되찾으며 경제도 부흥할 것으로 생각합니다.

난제를 두려워하지 않는
금강경 정신

요새 지도력 있는 인재 이야기를 많이 듣습니다.

홍○○님의 이야기를 유튜브를 통해서 두 번 정도 들었습니다. 그이는 어려운 일을 어려운 일이라고 이름 짓지 않았다고 합니다. 어려운 일도 사실은 알고 보면 별것 아니라는 생각을 했고, 고난도 잘하면 축복으로 바뀔 수 있다는 믿음을 가졌습니다. 고난을 두려워하지 않고 난제에 대한 공포가 별것 아니라는 믿음을 가졌습니다.

모험 정신, 도전 정신을 가지고 완전히 적자투성이의 ○○○헤럴드라는 대기업을 인수했습니다. 열흘 후면 파산하고 부도가 날 상황을 극복하여 가장 빠른 성장, 초고속성장을 한 기업으로 만들었습니다. 이러한 그의 능력은 하버드대에서 배운 것이라고 할 수 없습니다. 금강경 정신에서 나왔다고 생각합니다.

난제를 난제로 보고 두려워한다면 그런 위대한 일을 할 수 없습니다. 무에서 유를 창조할 수 없습니다. 빈곤에서 부를 창조할 수 없습니다. 공포가 본래 착각이며 난제는 축복으로 변할 수 있다는 보이지 않는 믿음이 완전히 무에서 유를 창조할 수 있게 했습니다. 그이는 착각이라는 용어를 쓰지 않았지만, 제가 보기에 그는 공포를 두려워하지 않았습니다.

이런 정신은 위대한 CEO를 만들 뿐만 아니라, 코로나바이러스와 같은 전염병과 그로 인한 경제적인 어려움, 즉 국난까지 해결할 수 있는 길입니다.

정리

다시 금강경 정신으로 되돌아가야 합니다. 모든 공포는 착각이고 본래 없다고 믿어야 합니다. 그리고 부처님의 가르침을 잘 따르기만 하면 모든 고난은 축복으로 변한다는 믿음을 가져야 합니다.

물론 거리 두기를 지키고 마스크를 착용하는 원칙을 따르기는 하지만, 그것이 코로나바이러스에서 벗어나는 참된 길은 아님을 알아야 합니다. 진짜 벗어나는 길은 공포를 착각으로 알고 난제를 난제로 알지 않는 마음 씀씀이로부터 이루어집니다.

금강경의 가르침을 따를 때 진정으로 코로나바이러스의 공포에서 벗어나게 됨을 불자들은 확실히 믿어야 합니다. 그러한 믿음이 있을 때 이 세상은 밝게 변할 수 있습니다. 희망을 품고 즐겁게 나아갈 수 있습니다.

2020.09.05.

난제가 착각인 줄 알고 바칠 때
전지전능한 능력이 드러난다

저는 가끔 가톨릭 방송이나 기독교 방송을 듣곤 합니다. 종교에서 추구하는 가치관도 시대에 따라, 현실 상황에 따라 많이 달라지는 것 같습니다. 기독교에서도 마찬가지지만 특히 가톨릭에서는 구원을 최고의 가치로 알았습니다. 지상의 가치를 인정하지 않고 하늘의 가치를 많이 인정했습니다. 근래에는 평화, 행복, 구원의 세 가지 가치 중에서 구원의 가치가 상당히 뒤로 밀리는 추세라고 합니다.

특히 가톨릭에서 금생의 평화나 행복을 최고의 가치로 여기는 경향으로 변했다고 합니다. 기독교에서도 내생에 천당 가는 것보다 금생에 천당 가는 것을 목표로 합니다. 금생에 천당에 가야 내생에 천당에 갈 수 있다고 얘기하면서 금생의 행복에 더 가치를 두는 것 같습니다.

왜 불교를 믿을까요?

불교 수행의 목적이 무엇이냐고 물으면 예전에는 한결같이 깨치기 위해서, 생사 해탈을 위해서 신행한다고 얘기했습니다. 스님들도 "공부하다 죽어라. 깨쳐라. 생사 해탈해라. 세상의 부귀영화는 뜬구름 같다."하며 깨달음을 최고의 가치로 여겼고 세상의 부귀영화라는 현실적인 가치는 뒷전에 두었습니다. 그런데 근래에 와서는 깨치라고 하는 분은 드문 것 같습니다. 불교에서 추구하는 가치도 행복에 있다고 얘기합니다.

종교에서도 난제 해결 방법을 마음 밖에서 찾는다

많은 사람이 종교 지도자에게 난제를 호소합니다.

"병들어서, 가난 때문에, 부부간의 불화 때문에 굉장히 괴롭습니다. 우울증 때문에 힘듭니다. 어떻게 코로나의 공포에서 벗어날 수 있겠습니까?"

예전에 각종 난제를 호소하는 사람들에게 기독교나 가톨릭에서는 기도하라는 이야기를 했을 것이고, 불교에서도 역시 오로지 절대자에 의존하는 방법을 택해왔습니다. 불교에서 관세음보살, 지장보살, 아미타불을 부르는 것은 절대자에게 의지하는 방법입니다. 참선이 추상적인 방법이라고 생각해서인지 스님들조차도 난제를 해결하러 오는 사람한테 기도나 수련을 하라고 하지는 않는 것 같습니다.

요새 난제에 대한 해답을 찾기 위한 방송 프로그램이 유행하고 있습니다. 요즘에 기도하라는 것은 통하지 않습니다. 그래서인지 방송에서도 전문가를 찾아서 상담하라는 식으로 얘기합니다. 불교에서도 각종 난제에 대해 스님에게 묻지 말라고 합니다. 예를 들어 병이 들면 의사를 찾아가야 한다고 얘기합니다. 의사는 병을 고친 사례가 많으니, 의사를 찾아가라는 얘기는 굉장히 합리적이고 과학적이라고 생각합니다.

기도하라는 대답은 매력이 없어졌습니다. 가톨릭, 기독교, 불교 다 마찬가지인 것 같습니다. 이것저것 해보고 안 될 때 그때 가서 마지막 방법으로 기도하라고 하지, 처음에는 그것을 해결할 수 있는 능력 있는 사람을 찾아가서 상담하라고 권합니다. 마음에 갈등이 있을 때는 심리치료사, 심리상담사를 찾아가라고 합니다. 법률적인 어려움이 있을 때는 변호사, 그중에서도 유명한 능력 있는 변호사를 찾아가서 해결하라고 합니다. 또 학자들이 연구해서 풀리지 않는 여러 가지 난제가 있을 때, 지성이면 감천이라고 하면서 부단히 노력하라고 합니다.

공통적인 것은 난제 해법을 다 마음 밖에서 찾는다는 것입니다. 질의응답을 하는 성직자들과 전문가들은 말할 것도 없이 마음 밖에서 찾지만, 심지어는 기도의 힘을 느낄 수 있는 스님들조차도 난제의 해법을 제 속에서 찾으라고 얘기하지 않고 마음 밖의 어떤 대상, 즉 전문가를 찾든지 명약을 찾든지 CEO를 찾으라고 합니다.

코로나바이러스 때문에 사람들이 고통받고 있습니다. 성직자들한테 코로나바이러스의 공포로부터 어떻게 벗어나느냐고 물으면 "집에 가만히 있고, 거리두기하고 꼭 마스크를 착용해라."하며, 의사가 얘기하는 것에서 한 치도 벗어나지 않는 얘기만 할 것입니다.

백 선생님의 난제 해결,
착각인 줄 알고 바쳐라

각종 난제-병, 가난, 외로움, 여러 가지 갈등, 불화 같은 것을 어떻게 해결할까요?

부처님께 여쭈었다면 어떻게 말씀하실까?

선생님께 여쭈었다면 어떨까?

선생님 또는 부처님께 여쭐 때는 마음 밖에서 어떤 전문가를 찾아서 해결하라는 말씀은 하지 않을 것 같습니다. 마음 밖의 어떤 전문가를 찾는다는 것은 쉽지 않습니다. 돈, 노력, 정성이 들고 또 전문가를 만나도 반드시 난제를 해결한다는 보장이 없습니다. 가난을 해결해 줄 수 있는 전문가는 아무도 없습니다.

백 선생님께서는 절대로 마음 밖에서 무엇을 구하거나 누구를 찾으라고 하지 않습니다. 우리 마음속에 해답이 있고 우리는 그것을 해결할 수 있는 전지전능한 존재라는 것을 일깨워 주십니다.

"난제가 착각인 줄 알고 바쳐라."

바치면 분명히 해결된다고 하실 것입니다. 이 말씀 속에는 '너희들은 모든 것을 다 해결할 수 있는 전지전능한 위대한 존재이기 때문에 다른 사람에게 구할 필요가 없다. 네 속에서 다 찾을 수 있다.'는 뜻이 포함되어 있습니다. 이런 뜻을 요약하여, 도저히 해결할 수 없을 것 같은 난제를 들고 찾아오는 사람들에게도 그 생각을 바치라고 합니다.

사실 '바친다고 의사가 해결하지 못하는 병이 해결되겠는가?' 하는 의문이 생기고 잘 믿어지지 않습니다. 하지만 백 선생님께서는 바치면 해결이 된다고 믿으시니까 그렇게 말씀하셨던 것입니다. 본인이 체험하고 깨치셨기 때문에 이것을 일깨워 주는 것이 본인의 사명이라고 생각하셨던 것 같습니다. 그래서 마음 밖에서 찾지 말고 그 생각을 바치라고 하셨고, 그냥 막연하게 말씀하신 것이 아니라 자신의 체험과 깨침을 근거로 말씀하셨습니다.

자신이 전지전능한 존재이기에
난제라는 것은 본래 없다

제게도 난제를 호소하는 사람들이 많이 있습니다. 저는 그분들한테 어떤 전문가를 찾아 가라고 하지 않습니다. 전문가를 찾을 바에는 나를 만날 필요가 없습니다. 전문가를 찾아서 일을 어렵게 하기보다 좀 더 쉬운 방법을 얻기 위해서 나를 찾아왔을 것입니다.

저는 밝은 선생님께 배운 방법으로 합니다.

"내 속에서 다 찾을 수 있다. 나는 전지전능한 존재이기 때문이다."

무조건 '바쳐라' 가지고는 되지 않습니다. 일체유심조의 진리를 설명하고, 마음먹은 대로 된다는 사례를 이야기하며 설명합니다.

"난제를 어떻게 해결할 수 있는가? 병이라고 믿기 때문에 병이 되는 것이다. 안 된다고 믿기 때문에 안 되는 것이다. 모른다고 생각하기 때문에 모르는 것이다. 못한다고 스스로 인정하기 때문에 못하는 것이다. 못한다는 생각, 안 된다는 생각, 우울하다는 생각이 착각이며 본래 없는 것인 줄 알고 부처님께 바쳤을 때 난제가 사라지며 나아진 경험이 있다."라고 하며 제 경험을 이야기합니다.

저의 경험 얘기를 듣다 보면 질문한 분들이 '본래 우리는 다 해결할 수 있다.'라는 믿음을 가지게 됩니다. '난제라고 이름 지었지만 그 난제라는 것이 본래 없으며 착각인 줄 알고 부처님께 바치면 해결될 수 있다.'는 믿음에 도달하게 됩니다. 그렇게 말씀드리고 실천하게 해서 실지로 좋아진 사례를 많이 알고 있습니다.

모든 난제는 자기 자신이 전지전능하지 않은 피조물이고 거대한 우주의 시스템에 의해서 조종을 당하는 열등한 존재라고 믿는 데서 발생합니다. 자신이 전지전능해서 우주를 쥐락펴락할 수 있다는 믿음을 갖게 되면 난제라는 것은 본래 없다는 믿음에 도달할 것입니다.

이름 짓는 순간
전지전능한 능력이 없어진다

저 멀리 어딘가에서 개 짖는 소리가 들립니다. 우리는 개 짖는 소리가 무슨 뜻일지 아예 생각하지 못합니다. 무슨 뜻일까를 참구해서 알게 되는 경험을 하지 못했기 때문에 감히 생각하지 못하는 것입니다. 그런데 도인은 자신이 전지전능하다는 것을 알기에, 개 짖는 소리 또는 새 소리가 들리면 그것이 무슨 뜻인가를 일단 한번 생각해 봅니다. 생각하면 개 짖는 소리가 무엇을 의미하는지 알게 됩니다. 우리는 본래 아는 능력이 있기 때문입니다. 새가 지저귈 때 무슨 뜻인지 생각하고 '모른다'는 생각을 바치기만 하면 도인은 그 새소리가 무엇을 의미하는지 알게 됩니다.

한 살 먹은 어린애가 잉잉대고 웁니다. '왜 울까? 배고파서, 골치가 아파서, 병이 들어서……, 아니면 어린애지만 혹시 외로워서 우는 건가?' 아이가 왜 우는지 우리는 모릅니다. 그런데 도인은 무엇 때문에 우는지 말을 하지 않아도 다 안다고 합니다.

어떻게 알까?

우리는 다 알고 다 할 수 있는 전지전능한 능력을 갖췄기 때문입니다.

왜 우리는 모를까?

이름 짓는 순간 모르게 됩니다.

개 짖는 소리가 들릴 때 '언젠가 내가 사랑하던 그 개 짖는 소리와 똑같다.'고 이름을 짓는 순간 그 소리의 참 의미를 잃어버리게 됩니다. 이름 짓지 말아야 합니다. 무슨 뜻일까를 자꾸 참구하면 알게 됩니다. 어린애가 울 때 '왜 울까?' 자꾸 참구하면 그 뜻을 알게 됩니다. '사랑하는 내 아들'이라고 이름 지으면 그 뜻을 전혀 모르게 됩니다.

우리는 자기 몸에서 태어난 자식을 끔찍하게 귀여워하면서 아들이라고 이름 짓습니다. 세상에서 가장 친한 것은 내 몸에서 나온 내 아들밖에 없다고 이름 짓습니다. 이름을 짓는 순간 자식인지, 심지어는 원수가 원한을 갚으려고 우리 집에 태어났는지, 자식의 정체에 대해서 완전히 모르게 됩니다. 아는 능력이 본래 있었지만 '사랑하는 자식'이라고 이름을 짓는 순간 아는 능력이 사라지면서 정체를 모르게 된다고 밝은이는 말씀하십니다.

정체를 모르기 때문에 여러 가지 재앙이 생깁니다. 많은 정치인이 가장 사랑하는 자식으로부터 도움을 받기보다는 치명상을 입는 것을 자주 보았습니다. 십 년 전쯤 모 시장 후보가 당선 가능성이 상당히 컸는데 아들의 잘못된 발언으로 참패했던 것을 기억합니다. 또 최근에는 모 장관이 자녀 때문에 여러 가지 곤욕을 치르고 있습니다. 그들은 세상에서 존경을 받을 정도로 학식과 명성이 높지만, 지혜는 없었던 것 같습니다.

왜 지혜가 없을까?

'내 사랑하는 자식'이라고 이름을 짓는 순간 자식의 정체를 모르게 되었습니다. '사랑하는 내 자식'이라고 이름 지은 것이 결정적인 원인이 됩니다. 이름을 짓는 순간 우리는 전지전능한 능력이 마비되고 지혜가 없어지는 것입니다.

부처님께서 금강경에 "불응주색생심 불응주성향미촉법생심不應住色生心 不應住聲香味觸法生心"이라고 하셨습니다.

"이름을 지으며 따라가지 마라. 너희들은 전지전능하고 모든 것이 너희들이 만든 피조물이기 때문에 이름 지을 필요가 없다. 이름 짓는 것은 허상에 집착하는 것이다. 네가 만든 피조물이라고 생각하고 이름 짓지 않으면 그 정체를 알 수 있을 것이다. 안 된다고 이름 지을 때 안 되는 것이다. 모른다고 이름 지을 때 모르는 것이다. 너의 무한한 능력을 살려라."

무슨 생각이든지 바치는 것을 정성껏 실천하자

우리가 사람에 의해, 사건에 의해, 세상의 여러 가지 힘에 의해 좌지우지되는 열등한 존재라고 생각하는 한, 각종 난제에서 거의 한 치도 벗어날 수 없습니다. 난제에 의해서 운명적으로 조종을 당하면서 이끌려 가는 한심한 존재로 살아갈 수밖에 없는지도 모릅니다.

각종 난제를 해결하고 우뚝 딛고 일어나 세상을 좌지우지할 수 있는 삶을 사는 길이 무엇인가? 코로나바이러스로 위축된 제한적인 삶에서 벗어나는 길이 무엇인가? 여러 가지 난제나 갈등에서 벗어나는 길이 무엇인가?

부처님께서는 금강경에서 이렇게 말씀하십니다.

"우선 자신이 부처님처럼 위대한 존재라는 것을 깨달아라. 너희들은 그럴 힘이 있고 그렇게 할 수 있느니라. 그리고 모든 난제는 실지로 있는 것이 아니다. 난제라고 이름을 지었기 때문에 난제가 되는 것이라면, 이름 짓는 데서 벗어나 그것을 착각인 줄 알고 바칠 때 본래 가지고 있던 전지전능한 능력이 드러나 각종 난제에서 해방되는 것이 아니겠느냐?"

백 선생님은 말씀하십니다.

"마음 밖에서 전문가를 찾아서 해결하려고 하지 마라. 돈 들이고 노력한다고 되는 것이 아니다. 네 마음속에 다 해답이 있느니라."

각종 난제가 있을 때 희망과 용기를 주고, 실천해서 거기에 도달하게 하십니다.

이런 가르침을 만난 것을 무척 고맙게 생각해야 합니다. 열등한 삶, 허덕거리는 삶, 고달픈 삶에서 벗어나서 세상을 좌지우지할 수 있는 본연의 모습으로 돌아간다는 희망을 품을 수 있습니다.

"무슨 생각이든 바쳐라."

이 간단한 한 말씀을 정성껏 실천하시라고 말씀드립니다.

2020.09.12.

도인은 말이 없다

　백 선생님께서는 종종 탐내는 마음, 성내는 마음, 자기 잘난 척하는 마음을 해탈해서 밝아지는 것이 불교의 근본 대의이기도 하지만 불교 수행의 목표라고 이야기하셨습니다. 탐심, 진심은 눈에 잘 띄어요. 그런데 '이만하면 되었다'는 회심의 미소를 짓는 것은 죄라고도 생각하지 않고 눈에 잘 띄지도 않습니다. 그래서 수도하는 이들에게 특히 치심, 자기 잘난 생각, 회심의 미소를 짓는 마음을 경계하라고 하셨습니다.

치심을 경계하는
백 선생님의 말씀

"책 쓰지 마라. 남을 가르치려고 하지 마라. 훈계하려고도 하지 마라."

백 선생님의 말씀입니다. 이건 세상에서 보면 전혀 죄가 아닙니다. 책 쓰는 것, 가르치려고 하는 것, 어른이 제자들한테 훈계하는 것은 세상의 표준으로 보면 하나도 나쁘지 않습니다. 하지만 많은 사람이 책을 쓰는 과정에서 자만심과 아상을 드러냅니다. 남을 가르치려고 하면서 자신의 업장과 오만함이 드러나고, 업장 연습을 하게 됩니다. 훈계하는 것은 더더욱 말할 것도 없이 치심의 표현입니다. 백 선생님께서는 저희에게 일체 그런 것을 하지 말도록 강조하셨습니다.

백 선생님께서는 세상 사람들과 전혀 다른 말씀을 하세요. 승려나 목사 같은 성직자가 되지 말라고 하십니다. 이것은 세상 사람들의 일반적인 사고방식과는 전혀 다릅니다. 스님이나 목사님은 사람들을 제도할 대상, 가르칠 대상, 설득하고 교화할 대상으로 보기 때문에 오만한 생각, 즉 치심을 많이 내게 된다고 보셨습니다. 따라서 목사나 승려와 같은 성직자들은 밝아지기 어려운 직업이며, 그들의 후생이 그렇게 좋지 않다고 말씀하셨습니다. 이 말씀을 잘 알아들어야 하겠습니다.

단체를 만들지 말라고도 하셨습니다. 단체를 만들면 상하가 있고 회비가 있습니다. 회비를 징수하는 과정에서 탐심이 나오기 쉽고, 상하가 있으면 설득하고 훈계하려 하고 업장을 드러내기 쉬우니, 단체를 만들지 말고 책도 쓰지 말라는 것을 우리에게 신신당부하셨습니다. 저는 그 가르침을 잘 따르기 위해 책도 쓰지 않으려고 했고, 물론 단체 만들 힘이 없기도 하지만 단체도 만들지 않으려고 해 왔습니다.

책을 쓰고 단체를 만들다

그런데 선생님께서 열반하신 뒤 선생님의 말씀이 전혀 남아 있지 않아요. 누구라도 이 가르침을 꼭 남겨야만 한다고 생각했습니다. 그래서 제가 1990년에 처음으로 백 선생님의 뜻과는 반대로 책을 쓰는 시도를 했습니다. 그것이 『마음을 어디로 향하고 있는가』입니다. 조금도 저 자신을 드러내지 않으려고 선생님의 가르침을 받아서 엮었다고 했습니다. 주위 사람들의 권유로 부득이하게 제 이름으로 책을 내게 되었습니다. 그렇게 조심했는데도 불구하고 사람들이 칭찬하고 격려하기는커녕, 특히 가까운 도반들이 시샘하고 질투하고 모함하고 심지어는 소송까지 하려고 했습니다. '다시는 책을 쓰지 않겠다. 역시 백 선생님의 말씀이 옳았다.'라고 생각했습니다.

그런 뒤에도 제가 책을 또 쓰긴 했습니다. 안 쓸 수가 없었어요. 그 뒤에 나온 책이 『성자와 범부가 함께 읽는 금강경』입니다. 법당 초기에는 저를 드러내지 않으려고 다른 분을 모셔서 법문을 들었는데, 차츰 법문을 할 사람이 없어졌어요. 그래서 제가 할 수 없이 금강경 법문을 했고, 사람들이 그걸 받아써서 저절로 된 것이 『성자와 범부가 함께 읽는 금강경』입니다. 그 책도 나를 드러내지 않기 위해서 다른 사람 이름으로 출판을 했습니다. 결국은 그분이 돌아가시고 난 뒤에 그분의 가족들이 판권을 내놓으라고 하는 겁니다. 또 한 번 실망했습니다. 그 뒤로는 정말 다시는 책을 쓰지 않겠다고 생각했습니다.

그 뒤 마음먹고 제대로 쓴 책이 『우리는 늘 바라는 대로 이루고 있다』입니다. 이것을 쓰며 다짐했습니다. '이 책은 나를 드러내기 위한 것이 아니다. 부처님 시봉하기 위해서 꼭 필요한 것이다. 이것 때문에 내가 어떤 비난을 듣고 욕을 먹더라도, 부처님 시봉하기 위해서 책을 쓰지 않을 수 없다.' 그런 수도의 정신으로 책을 썼습니다.

또 단체를 만들지 않을 수가 없었습니다. 티내지 않는 단체, 회비 징수하지 않는 단체, 상하가 없는 단체로 만들어 가려고 제가 무척 노력을 해 왔습니다. 그래서 그런지 비교적 재앙이 적었어요. 그런데 근래 회원들이 많이 모이고 열기가 뜨거워지며, 알지 못하게 들뜨고 오만한 면도 없지 않았을 겁니다. 이런 것이 요새 여러 가지 재앙의 형태로 나타나지 않았나 생각합니다.

대화로는 풀 수 없으며, 예정된 운명으로 결론이 난다

오늘은 제가 꼭 드리고 싶은 말씀이 있습니다. 사람들이 대화로 풀자는 얘기를 많이 합니다. 대화의 참뜻이 무엇인지 말씀드리고자 합니다.

사람 사이에는 늘 분쟁이 있습니다. 부부간의 분쟁이 있고, 부자지간의 분쟁이 있고, 형제지간에도 분쟁이 있습니다. 국가 간에도 분쟁이 있습니다. 분쟁이 있을 때 우리는 대화로 풀자고 합니다. 부부, 형제, 심지어는 사제지간에도 의견이 충돌될 때 대화로 풀자고 합니다.

풀자고 하는 대화 속에는 설득도 포함되고 힘도 포함됩니다. 국가 간의 외교 문제도 힘을 동반한 외교라는 말이 생길 정도로, 단순한 대화란 있을 수 없습니다. 대화 속에는 무서운 협박도 있고 힘의 배경도 있습니다.

그런데 부부, 부자, 심지어는 국가 간의 대화, 다 잘되지 않습니다. 밝은이가 보면 예정된 운명으로 결론이 난다고 합니다. 남북대화는 안 되게끔 되어 있다고 밝은이들은 벌써 압니다. 결국은 안 됩니다. 아무리 잘해 줘도 아무리 퍼주어도 이혼할 사람은 이혼하게 됩니다. 미래가 정해져 있기 때문입니다.

원천강과 그의 9대손 이야기를 아시지요? 원천강이 어떤 나무를 보니 두 사람이 죽겠더래요. '어떻게 하면 살릴까?' 원천강은 대단히 밝은 사람이었다고 합니다. 그래서 자기 자손에게 "구여압량사 활아구대손 救汝壓梁死 活我九代孫"을 써주며 절대 풀어 보지 말고 9대 손에게 전해 주라고 했답니다. 결국 그 덕분에 두 사람은 살았다는 이야기입니다. 한 대가 30년이라고 하면 270년 후 미래를 내다보는 선견지명이 원천강에게 있었던 것입니다. 아마 운명은 거의 다 정해져 있지 않나 생각합니다.

요새 생명과학에서도 한 방울의 피를 뽑으면 이 사람은 몇 살 때 무슨 병에 걸리리라는 것을 예측합니다. 그래서 생명과학을 과학적인 사주팔자라고 하고 과학자들조차도 운명에 대해서 어느 정도 공감을 합니다. 앞으로는 정확히 몇 살에 죽고 몇 살에 결혼하고 몇 살에 이혼하고, 그런 것까지도 다 알 수 있을 것 같습니다.

변명하지 않고 닦아야
예정된 운명에서 벗어날 수 있다

운명이 정해져 있는데 대화로 뭐가 풀리겠습니까? 될 것은 되고 안 될 것은 안 되게끔 정해져 있습니다. 부질없는 대화, 꼬드기는 대화, 아부하는 대화는 일시적인 효과가 있을지 몰라도 근본적으로는 예정된 운명으로 갑니다.

따라서 도인, 깨친 이는 말이 없습니다. 말로 설득하거나 교화하려고 하지 않습니다. 왜냐하면 이미 예정된 운명으로 모든 것이 정해져 있기 때문입니다. 단지 묻는 말에 성실하게 대답할 뿐입니다.

달마 대사의 9년 면벽은 유명합니다. 9년 동안 벽만 쳐다보고 수도하셨지, 제자들을 가르치고 설득하고 훈계하려고 하지 않았습니다. 백은 대사는 어떤 처녀로 인해 망신을 당하면서도 본인을 변명하지 않았습니다. 변명해도 나아지지 않는다는 것을 알기 때문입니다. 결국은 자기가 당할 전생의 죄업은 받을 수밖에 없다고 미리 내다봤기 때문에 아무런 변명을 하지 않고 묵묵히 견뎠습니다. 그러다 보니 결국 진실이 밝혀졌습니다.

백 선생님께서 하신 말씀을 기억합니다.

백 선생님은 동국대학교를 창립하신 것이나 마찬가지입니다. 허허벌판에서 시작해 이승만 대통령의 도움으로 필동이라는 요지, 6만 평 큰 땅에 동국대학을 세웠습니다. 보결생 제도로 돈을 마련해서 명진관을 짓고 동국대학교를 부흥시켰습니다. 그런데 나오실 때는 부정축재자라는 누명을 쓰고 대법원까지 가는 재판을 오랫동안 하면서 시달림을 받으셨다고 합니다.

백 선생님께서 회고하시면서 그러세요.

"대법원에서 무죄가 되었어도 도둑놈 소리를 들었는데, 내가 여기 소사에서 6년을 닦았기 때문에 이제는 그 소리를 듣지 않는다."

여기서 무엇을 알 수 있을까요?

이미 운명은 정해져 있습니다. 백 선생님은 동국대학교를 위해서 헌신하셨지만, 도둑놈 소리를 들을 운명이었을지도 모릅니다. 까딱

방심하다가는 일생 도둑놈으로 끝났을지 모릅니다. 백 선생님의 표현에 의하면 닦았기 때문에 도둑의 누명을 벗을 수 있었다고 합니다.

닦는다는 것은 운명을 바꾸는 행위입니다. 금강경 수행은 예정된 운명을 바꾸는 수도 행위입니다. 백 선생님은 수도하셨기 때문에 6년 만에 도둑의 누명을 벗을 수 있었다고 하십니다. 그 말씀 끝에 석가여래라면 바로 누명을 벗으실 수 있대요. 당신께서는 석가여래만 못하기 때문에 6년이라는 세월이 걸렸다고 하셨습니다.

모 대통령은 지금도 많은 사람으로부터 도둑이라는 소리를 듣습니다. 본인은 아니라고 해도 다른 사람은 도둑이라고 하고, 천하의 살인마라고 합니다. 그이가 불교 신자임을 표방하고 수도를 열심히 잘했다면 운명을 바꾸고 일찍 그 죄를 탕감받았을지도 모르는데, '나는 그까짓 불교 신자가 아니다.'라고 하며 수도를 하지 않았던 것이 예정된 운명에서 한 치도 벗어나지 못하게 했다고 생각합니다.

우리 불자들, 누가 물으면 대답은 해야죠? 해명할 기회가 있으면 해명해야 합니다. 필요하면 상황에 따라서는 변호사를 선임해 재판도 할 수 있습니다. 그런데 그것은 되는 대로 해야지 억지로 해서는 안 된다고 생각합니다. 이미 이기고 지는 것은 운명대로 결정되어 있기 때문입니다.

아는 사람은 말이 없다

미래를 아는 사람은 말할 필요가 없습니다. 운명이 정해져 있는데 무엇 때문에 말을 합니까? 운수를 점쳐 주며 아는 척을 하고 기적을 나타내며 발심시키려 해도, 발심하지 않으려는 사람은 믿지 않습니다. 그때만 반짝할 뿐입니다. 그래서 '진실로 아는 사람은 말이 없다.'라는 노자의 말이 있습니다.

저는 여기서 제 주장을 펴려고 하지 않습니다. 설득하려고 하지 않습니다. 더군다나 꼬드긴다는 것은 말이 안 됩니다. 저 잘난 것도 없고 항상 못났다고 반성하는 사람이 무슨 저를 과시하는 얘기를 하겠습니까? 과시할 것도 없고 그런 점에서는 아무 할 말도 없습니다.

'도인이라면, 백 선생님이라면 이때 어떤 말씀을 하셔서 금강경을 공부하는 사람들한테 힘과 용기를 주실 수 있을까?' 이것을 늘 생각합니다. 생각하다 보면 저한테 아이디어가 떠오르고, 그것을 말씀드립니다. 이것은 제가 잘난 것을 과시하는 것이 아님은 물론, 그렇게 해서도 안 됩니다. 도인의 뜻, 부처님의 뜻을 밝히고 알리는 것을 저의 마지막 사명으로 생각하여, 하지 않을 수 없는 당위성을 느끼기 때문에 말씀드린다는 것을 알아주시기 바랍니다.

공부하는 우리의 자세

우리의 삶은 거의 다 운명적으로 이미 정해져 있기에 특수한 경우 외에 가능한 한 변명해서는 안 됩니다. 변명하는 것은 공부하는 사람의 자세가 아닙니다. 누가 나더러 도둑이라고 해도 변명하지 않는 게 좋습니다. 도둑이라는 누명을 쓸 운명으로 정해져 있어서 변명한다고 해결되지 않는다는 것을 알아야 합니다. 더군다나 남을 설득하려고 해서도 안 됩니다.

남에게 명령해서도 안 됩니다. 특히 도반들에게 명령해서는 더더욱 안 됩니다. 얼마 전에 우리 법당 내에서도 누가 누구한테 보직을 바꾸라고 명령을 했다는 얘기를 들었습니다. 제가 그 사람들을 야단쳤습니다. 앞으로는 우리 도반끼리 명령하고 지시하는 일이 있어서는 안 됩니다. 우리 법당은 상하가 없고 어디까지나 자발적으로 하는 법당이기 때문입니다. 회비를 징수하고, 명령하고, 잘난 척하고, 사람들을 부리려 하고, 자기 세력을 키우려는 과정에서 탐진치는 성행하고 부처님의 가르침에 역행합니다.

우리는 억지로 단체라는 것을 만들었지만 적어도 티 없는 단체, 부처님 시봉하는 단체, 갈등이나 탐진치가 없는 단체가 되어야 합니다.

'이럴 때 밝은이는 어떻게 하셨을까?'

이런 마음으로 늘 생각하고 행동한다면 바른법연구원은 세계 유례가 없는 아주 아름다운 단체, 정말 마음을 닦을 수 있는 극락세계와 같은 단체, 티 없는 단체가 될 것입니다. 정말 우리가 원하는 정토의 세계, 극락세계를 이룰 수 있음은 물론 우리가 원하는 인재 교육 양성소, 금강경 연수원도 동시에 이루어질 것으로 압니다.

제가 잘난 척하려고 하는 것이 아닙니다. 백 선생님께서 늘 말씀하셨듯이 제가 말씀드린 것 또한 부처님께 잘 바치셔야 합니다.

2020.09.19.

미래를 예견하시는 도인의 수기설법과 대승불교

도인의 수기설법은 어떤 것이며 대승불교란 어떤 것인가?

상당히 거창한 제목으로 말씀드리고자 합니다. 굉장히 거창한 것 같지만, 들으면 우리 실생활과도 직결되는 내용임을 아시게 될 것입니다.

우선 수기설법은 오직 깨친 이, 도인만이 할 수 있는 설법입니다. 세상에 깨친 이, 더구나 백 선생님처럼 투철하게 깨친 이는 아주 적기 때문에 수기설법을 글자로는 알아도 과연 그것이 어떤 것인지 실감하기 어렵고, 또 대승불교도 실감하기 몹시 어려울 것 같습니다. 제가 수도의 일생을 회고하며, 불자들이 당연히 가야할 길, 대승불교에 대하여 말씀드려야겠다고 생각했습니다.

남에게 명령해서도 안 됩니다. 특히 도반들에게 명령해서는 더더욱 안 됩니다. 얼마 전에 우리 법당 내에서도 누가 누구한테 보직을 바꾸라고 명령을 했다는 얘기를 들었습니다. 제가 그 사람들을 야단쳤습니다. 앞으로는 우리 도반끼리 명령하고 지시하는 일이 있어서는 안 됩니다. 우리 법당은 상하가 없고 어디까지나 자발적으로 하는 법당이기 때문입니다. 회비를 징수하고, 명령하고, 잘난 척하고, 사람들을 부리려 하고, 자기 세력을 키우려는 과정에서 탐진치는 성행하고 부처님의 가르침에 역행합니다.

우리는 억지로 단체라는 것을 만들었지만 적어도 티 없는 단체, 부처님 시봉하는 단체, 갈등이나 탐진치가 없는 단체가 되어야 합니다.

'이럴 때 밝은이는 어떻게 하셨을까?'

이런 마음으로 늘 생각하고 행동한다면 바른법연구원은 세계 유례가 없는 아주 아름다운 단체, 정말 마음을 닦을 수 있는 극락세계와 같은 단체, 티 없는 단체가 될 것입니다. 정말 우리가 원하는 정토의 세계, 극락세계를 이룰 수 있음은 물론 우리가 원하는 인재교육 양성소, 금강경 연수원도 동시에 이루어질 것으로 압니다.

제가 잘난 척하려고 하는 것이 아닙니다. 백 선생님께서 늘 말씀하셨듯이 제가 말씀드린 것 또한 부처님께 잘 바치셔야 합니다.

2020.09.19.

미래를 예견하시는
도인의 수기설법과 대승불교

도인의 수기설법은 어떤 것이며 대승불교란 어떤 것인가?

상당히 거창한 제목으로 말씀드리고자 합니다. 굉장히 거창한 것 같지만, 들으면 우리 실생활과도 직결되는 내용임을 아시게 될 것입니다.

우선 수기설법은 오직 깨친 이, 도인만이 할 수 있는 설법입니다. 세상에 깨친 이, 더구나 백 선생님처럼 투철하게 깨친 이는 아주 적기 때문에 수기설법을 글자로는 알아도 과연 그것이 어떤 것인지 실감하기 어렵고, 또 대승불교도 실감하기 몹시 어려울 것 같습니다. 제가 수도의 일생을 회고하며, 불자들이 당연히 가야할 길, 대승불교에 대하여 말씀드려야겠다고 생각했습니다.

사람에 따라서 가르침의 방법이 다른
도인의 수기설법

1967년 제대하던 해, 저는 친구들과 다른 길을 선택하여 훌륭한 선생님 밑에서 금강경을 공부하기 위해 출가했습니다. 매일 아침 선생님과 대화하고 법문을 들으러 갔습니다. 안 들어가도 될 것 같은데 꼭 들어오라고 하십니다. 공부하는 사람이 세 명 정도 있었습니다. 들어오라고 하시지만 법을 설하시지는 않습니다. 질문에 대해 법문하시고, 질문하지 않으면 일절 말씀을 하지 않으시는 것이 특징이기도 했습니다.

나중에는 질문할 것이 없어요. 꿈 얘기도 하고 공부하다가 느낀 소감도 얘기하고 저 나름대로 깨친 얘기도 하곤 합니다. 거기서는 계율을 대개 잘 지켰기 때문에 나쁜 짓이 끼어들 틈이 없습니다. 잘하려고 했다고 스스로 생각합니다. 나쁜 일은 일절 하지 않고 좋은 일만 하려고 합니다. 그런데 선생님께서는 꿈속에서의 일도 호되게 꾸중을 하시고 나무라십니다. '나쁜 짓도 안 했는데 칭찬은 못해 주실지언정 도대체 왜 이렇게 꾸중을 하실까? 왜 나무라시는 걸까?' 다른 도반의 경우 따귀도 때리시고 빗자루로 몽둥이찜질을 하시기도 했습니다. 선생님께서 호령하실 때 저는 기가 팍 죽었습니다. 내게도 저렇게 호령하시고 야단치시면 보따리 싸서 떠날 수밖에 없다고 생각할 정도로 저는 마음이 여렸습니다.

그런데 이상하게도 선생님은 제 마음을 아시는지 제게는 4년 내내 거친 말씀, 큰소리를 거의 안 하셨습니다. 큰소리를 한 번도 들어본 적이 없었습니다. '왜 나한테는 안 그러실까? 나는 세 사람들보다 신심도 약하고 충성심도 약한데, 오히려 나한테는 '너 공부 잘했다. 애썼다.' 이런 얘기만 하시고 왜 꾸중은 하지 않으실까? 언제 꾸중을 하실까?' 오히려 이게 걱정이었습니다. 이상하게 끝까지 꾸중하시지 않았어요. 나보다 옆 사람이 더 잘하는데도 그 사람은 야단치고 저는 야단치지 않으셨습니다. 아마 그때 옆에 있던 사람들처럼 야단을 맞았다면 저는 견디지 못하고 그 길로 보따리 싸서 나갔을 겁니다.

금강산에서 공부했던 아버지뻘 되는 대선배에게 여쭤 보았습니다.
"금강산에 계실 때의 백 선생님 인상을 좀 얘기해 주십시오."
"히틀러보다 더 무서운 호랑이 선생님이었지."

하여튼 매일 볼기를 맞고 꾸중을 들었다고 합니다. 금강산에서 분위기가 아주 엄했다고 합니다. 백 선생님께서 많은 대중을 고양이 앞에 쥐처럼 꼼짝 못하게 하셨다는 얘기를 듣고 난 뒤, '왜 선생님은 나한테 그렇게 하지 않으셨을까?' 이것이 의문이었습니다.

절대로 피하지 말고
그 자리에서 극복해라

저에게 선생님은 참 부드러웠고 아주 자비로웠습니다. 심지어는 잘 하시지 않는 스킨십까지 하셨습니다. '선생님은 부드러우신데 주위는 왜 이렇게 거칠까?' 저는 이 사람들을 버리고 도망가고 싶었습니다. 거기는 신성한 도인을 모신 도량 같지 않아요. 머리 굴리는 사람, 두 겹 인생, 세 겹 인생, 때때로 육두문자도 등장합니다. 사회와 전혀 다르지 않은 것 같았습니다. 점잖고 인격적인 사람은 아주 드물었습니다. 지금 생각해도 그것은 틀린 판단은 아니었던 것 같습니다.

저는 어렸을 때부터 상당히 모범적인 사람으로, 다른 사람한테 실례하는 일을 잘하지 않는다고 생각했습니다. 그런데 주위 사람들은 말을 막 하고 실례되는 일도 하며, 마치 자기들이 선생님인 것처럼 일을 시킵니다. 보따리 싸고 도망가고 싶을 때가 많았습니다. 힘든 일을 잘하는 사람은 부처님 공부도 잘한다는 무언의 과시를 했습니다. 힘도 약한 네가 무엇을 하겠느냐고 하면서 저를 압박했습니다.

저는 '여기서는 힘이 없으면 공부도 못하는 것인가? 닦는다고 하면서 비인격적인 사람이 왜 이렇게 많은가?' 하며 그들을 비난했고, 힘들고 어려울 때마다 도망가고 싶은 생각이 한두 번이 아니었습니다. '내가 뭐가 부족해서 여기 들어왔나? 난 밖에 나가서도 잘살 수 있는데.' 이런 생각까지 했습니다.

그럴 때마다 가끔 하시는 얘기가 있었습니다.

"절대로 피하지 마라, 그 자리에서 극복해라."

그리고 선생님께서 전생에 피했다가 다음 생에 무척 힘드셨던 일을 얘기해 주시기도 했습니다. 전생에 나옹 스님이라는 큰스님의 역할을 하셨는데, 공민왕의 국사였다는 것은 역사적인 사실입니다. 그때 사약을 받고 돌아가셨는데, 어려운 일이니 도인도 피하고 싶었겠죠? 피한 것 때문에(정확한 사건은 잘 기억을 못합니다만) 그다음 조선 시대에 보ㅇ 스님으로 태어나셔서 결국은 제주도로 귀양을 가시게 되었습니다. 역사적으로 보ㅇ 대사는 이율곡 선생보다 훨씬 뛰어난, 미래를 아는 탁월한 큰스님이었습니다. 보ㅇ 대사께서 조선 시대 문정왕후의 국사 노릇 비슷하게 하면서 불교를 부활시키려고 했었습니다. 그러나 문정왕후가 돌아가시자 제주도에 귀양을 가게 되고 몽둥이로 맞아 세상을 떠나신 것입니다.

왜 그런가? 전생에 피했던 마음이 그런 결과를 불러온다고 합니다. 당신의 전생 체험담까지 얘기하셨습니다.

"귀찮다고 보따리 싸서 법당에서 도망가지 마라. 극복해라. 체력으로 밀어붙이면 체력으로 맞서라."

제가 원을 세우니 점차 체력이 생기고, 체력으로 압박하는 사람들에 대해서도 견딜 수 있게 되었습니다.

도망치지 말고 적극적으로
사회생활을 해야 한다

그리고 저희에게 심어 주셨던 것이 이것입니다.

"푸른 산, 맑은 물을 좋아하지 마라."

저는 오탁악세五濁惡世가 싫었습니다. 조용히 선비처럼 살고 싶었습니다. 거친 사람들은 만나고 싶지 않고 피하고 싶었습니다. 그런데 백 선생님께서는 그때마다 피하지 못 하게 하셨고 불평도 못 하게 하셨습니다. 저한테 꾸중은 안 하셨지만, 제가 피하고 도망가고 불평하려고 하면 이렇게 말씀하셨습니다.

"네가 한 것 그대로 받는 것이니까 불평하지 마라."

그런 점에서는 저한테 따뜻하지만은 않았던 것 같습니다. 그것만 빼면 아주 부드러우셨어요.

선생님은 사람마다 대하는 스타일이 다릅니다. 다른 사람한테는 거칠게 하시다가도 나한테는 부드럽게 대해 주셨습니다. 법문도 제가 여쭈어보면 굉장히 자세하게 말씀해 주십니다. 그것을 제가 기억해서 책도 만들었습니다만, 다른 사람들은 똑같이 여쭈어도 아주 무뚝뚝하십니다. 설명도 하지 않고 바치라고 하세요. 그 사람들은 '왜 선생님은 쟤만 귀여워하시고 우리한테는 이렇게 하실까?'라며 불평했던 것 같고 저 자신도 미안했습니다.

저는 지금도 푸른 산, 맑은 물을 참 좋아하고 오탁악세를 싫어합니다. '이 세상은 사바세계라는 말 그대로 살기 힘든 세상이다. 고고한 선비처럼 지내는 것이 나한테는 맞는 것이다.' 이런 생각을 늘 했습니다. 그때마다 힘써서 말씀하셨습니다.

"이게 복 밭이다."

제가 4년 공부를 무난히 마치고 밖에 나가서 취직한다 했더니 이번에는 하라고 하십니다. 그전에는 제가 밖에 나가서 뭘 하려고 하면 "취직 절대로 하려 하지 마라. 너는 조용히 살아라. 그저 마음만 닦고 살아라." 하시며 말리셨습니다.

그런데 4년이나 뒤늦게 취직하려니 취직이 안 됩니다. 그동안 해외에 나가서 박사를 따온 것도 아니고, 전공하고 정반대되는 일만 했지요. 산속에 가서 있었다고 하면 정신병자로 취급하고 사회에서 아주 냉대했습니다. 한참 동안 취직이 안 되었습니다. 시원찮은 직장도 안 되고, 충분히 될 것 같은 데도 되지 않았습니다. 세상이 싫어서 도망가고 싶었습니다. 그래서 백 선생님을 자주 찾아뵈어 말씀드리면 예전하고는 달라지셨어요.

"허름한 데라도 취직해라. 도망가면 안 된다."

예전에는 거친 말씀도 안 하시고 험한 일도 안 시키고 귀찮은 일은 다른 사람한테 시켰어요. 나는 그런 일을 하면 안 되는, 누가 보기에도 특별 대우받는 사람으로 스스로 착각했는데, 막상 사회로 나가니까 불도저처럼 밀어붙이시는 것을 느낍니다.

"도망가서는 안 된다. 적극적으로 해야 한다."

'아! 선생님한테 이런 양면성이 있었나. 그전에는 부드럽게 대하시더니 왜 이러실까?' 자꾸 도망가고 싶었습니다. 스님들이 들으면 기분 나빠 하실지 모르지만, 제가 승려가 되려고 몇 번 결심했는데 선생님께서는 승려가 되는 것을 힘써 말리셨습니다.

"스님은 밝아지는 길이 아니다. 단지 밝아지는 것을 준비하는 과정이 될지언정 꼭 밝아지는 길이 아니다. 사회생활을 피하지 마라."

사회생활을 적극적으로 하고 싶은 마음도 없었고 오히려 피해서 승려가 되고 싶었는데, 절대 승려는 되지 말고 사회생활을 해야 한다고 밀어붙이셨습니다.

"취직이 안 되면 바닥부터, 견습공부터 해라."

별걸 다 시키셨어요. 허름한 직장, 임시직이라도 즐겁게 하라는 식이었어요. 그런데 임시직도 되지 않았어요. 뒤로 넘어져도 코가 깨진다는 속담처럼 참 힘들었습니다.

식당을 끝까지 해라

그러다가 할 게 없어 시작한 것이 식당입니다. 백 선생님께 여쭈었더니 식당은 해도 좋다고 하십니다. 식당을 하는데 그 전에 일찍이 경험해 보지 못한 새 세상을 만난 것 같았습니다. 극락세계에서 선생님께 편안하게 대접받고 잘살다가, 식당을 하니까 별천지입니다. 모든 고생, 가난, 거친 사람을 만나는 것입니다. 종업원들은 인간말종인 것 같았어요. 제 눈에는 어린애들인데 성적인 쾌락을 탐하고 술 담배를 합니다. 그런 애들을 거느리고 식당을 하려니 아주 힘들었고, 더구나 식당도 잘되지 않았어요. 식당을 하면서도 수시로 도망가고 싶었습니다.

식당을 하고 한 2년 정도 되니까 시골 중학교 선생, 중소기업 등 취직자리가 들어왔습니다. 그전 같으면 백 선생님께서는 그런 데 가라고 하셨을 텐데 식당을 하고 난 뒤에는 달라지셨습니다. 물론 제가 대학교 다닐 때는 건방진 마음으로 중학교 선생님을 우습게 봤지만, 이제는 시골에서 중학교 선생을 즐겁게 할 수 있을 것 같았습니다. 중학교 선생님 하겠다고 했더니 가지 못하게 하셨습니다. 그 뒤에 중소기업의 직원으로 오라고 한 것도 못 가게 하셨습니다. 꼭 식당만 하라고 하세요.

그때 숨이 턱턱 막히는 것 같았어요. '선생님이 나를 괴롭히는 방법도 여러 가지가 있구나. 선생님은 나를 도와주시는 분인가, 나를 괴롭히시는 분인가? 왜 이렇게 퇴로를 차단하고 숨 막히게 나를 몰아세우는가?'

그때 스스로 깨쳐서 '나처럼 고생하는 모든 사람이 이 고통을 해탈해서 부처님 전에 환희심 내어 복 많이 짓기를 발원.'해야 했는데 그런 생각을 못 했어요. 선생님께서 시키시는 대로 하면 언제가 빛이 보일 것으로 생각했습니다.

식당을 하면서도 자주 찾아가서 뵈면 늘 같습니다.

"바쳐라, 도망가지 마라."

저는 견딜 수가 없었습니다. 늙은 어머니를 모시고 식당을 하니 집에서도 매일 불평불만입니다. 선생님 말씀을 따르다가는 아무것도 안 될 것 같았습니다. 대학원에 가고 싶었습니다. 스스로 생각하기에 학문에 소질이 있다고 생각했습니다. 하지만 대학원에 가겠다는 말만 해도 안 된다고 하세요. 왜 안 된다고 하시는지 이해할 수 없었습니다.

저는 드디어 처음으로 선생님 말씀을 거역하였습니다. 정말 숨이 막히는 것 같았습니다. 식당 하는 것을 가족이 반대하고 장사도 안 된다는 등 여러 가지 핑계를 대면서 집 앞에 있는 고려대학교에 입학원서를 넣고, 합격하면 선생님이 뭐라 하셔도 가기로 정했습니다. 뒤늦게 공부를 했는데 합격했습니다. 이제 살 것 같았고, 묵은 체증이 가라앉는 것 같았습니다.

선생님께 대학원에 합격하여 가야 할 것 같다고 말씀드리니 많이 나무라셨습니다. 저는 나무라시는 뜻을 잘 몰랐습니다. 그때부터 태도가 엄숙해지시고 그 뒤로는 법문도 잘 해 주시지 않았습니다. 전에는 그렇게 친절하게 잘해 주시고, 식당을 할 때도 매일 찾아가면 특별대우 받는 것처럼 잘해 주시더니, 대학원에 간다고 했더니 태도가 싹 바뀌고 냉정하게 대하시는 것을 느꼈습니다.

식당을 끝까지 했다면
항복기심이 되었을 것이다

대학원에 가니 물고기가 물 만난 것처럼 살 것 같았습니다. 너무나 적성에 잘 맞았고, 교수님들을 부처님처럼 보면서 열심히 했더니 교수님들도 귀여워하셨고, 따라서 학문이 너무나 즐거웠습니다. 대학 졸업하고 뒤늦게 10여 년 만에 대학원에 갔지만 좋은 원리도 발견했고 드디어 대학교수가 되었습니다.

아마 이때부터 고생이 시작된 것 같습니다. 대학교수가 되었으니 결혼도 해야 하는 것 아닌가 하는 생각에, 뒤늦게 40이 넘어서 결혼을 했습니다. 이것이 재앙의 씨라는 것을 꿈에도 몰랐습니다. 결혼하지 않았어야 했습니다. 결혼이 좋은 것이 아니었습니다. 늘 베풀 생각, 줄 생각을 하고 결혼하면 괜찮은데, 누가 베풀 생각을 하고 결혼을 합니까? 다 자기가 편해지려고 합니다. 저는 고생도 했고 40이 넘어서 결혼을 했으니까 그 뒤로는 탄탄대로라고 생각했습니다. 나만한 조건을 갖춘 총각도 드물다고 스스로 착각했습니다. 한데 그 고생은 오히려 식당 할 때보다 약하지는 않았던 것 같습니다. 식당을 할 때는 선생님의 보호가 있었기 때문에 믿는 빽이 있었지만, 결혼했을 때는 선생님은 이미 세상에 안 계셨습니다.

가족이 저를 아주 힘들게 했습니다. 특히 아버지로 인한 고생은 제가 여기서 많이 말씀드렸습니다. 또 어머니로 인한 고생은 인간의 한계를 테스트하는 것처럼 숨 막히게 힘들었습니다.

"식당을 끝까지 해라. 이것이 네가 살 길이다. 이것을 그만두면 더 어려워진다."하신 선생님의 뜻을 비로소 알게 되었습니다.

도인의 선견지명이 이렇게 훌륭하십니다.

그때 식당을 즐거운 마음으로 뜻을 세워서 했다면 모든 고생은 거기서 끝났을 겁니다. 그리고 선생님의 위대성을 그때 알았을 겁니다. 결혼도 하지 않았을 겁니다. 아주 숨 막히게 괴로웠던 식당이었지만, 그 고비를 넘길 수만 있었으면 금강경 가르침 그대로 항복기심 降伏其心이 되어서 아마 큰 깨달음을 얻지 않았을까요? 산속으로 피해 다니는 조촐한 선비의 깨달음이 아니라, 세상살이와 출세간을 다 아우르는 진정한 보살의 깨달음을 얻으면서 큰돈도 벌지 않았을까요? 왜 식당을 끝까지 하라고 하셨는지 뒤늦게 알았지만 이미 때는 늦었습니다.

무료 급식으로 새 출발

저는 60이 넘어서 무료 급식을 하면서 새로 출발했다고 이 자리에서 말씀드린 적이 있습니다. 예전에 선생님께서 나에게 식당만 하라고 하셔서 불만이었고 의심도 많이 했지만 이제 비로소 이해하면서, 선생님의 뜻을 받들기 위해서 무료급식을 했고 식당을 다시 시작했습니다. 그때 식당을 그만둔 것은 지혜롭지 않은 판단이라고 생각하고 60이 넘어서 새 인생을 시작했습니다.

이미 부모님도 세상을 떠났고 가정도 정리되었습니다. 60이 넘어서 돈도 없이 빈털터리로 무료급식을 시작하고 얼마 뒤 식당을 하면서 저에게는 새 삶이 찾아왔습니다. 저는 70까지는 외부에서 불러주지도 않았고 감히 밖에 나가서 법문한다는 생각도 하지 않았는데, 70이 넘어서 서서히 밖에서 불러 주기 시작했습니다. 74~5세부터는 방송에서도 불러 주면서 무명의 존재였던 저는 완전히 세상에 드러나기 시작한 것 같습니다.

우리는 알다시피 회비가 없고, 보시하라는 말도 안 하고, 그저 백선생님의 가르침대로 도와주고자 하는 마음이었습니다. 그리고 어떤 단체도 하지 말라는 뜻을 받들어 그대로 하려고 했습니다. 그런 점을 더욱 좋게 보셨는지 여기저기서 자발적으로 성금이 들어옵니다. 제가 언제 재촉을 합니까? 그래도 오히려 다른 절보다 더 잘되는 것 같습니다. 법당까지 사게 되지 않았습니까? 그리고 중간에 울산 법회, 대구 법회, 부산 법회, 창원 법회를 하면서 상상을 초월하는 많은 인파가 몰려와 저 자신도 얼떨떨했습니다. 아마 약간은 들 떴을 것이고, 오만했을 것입니다.

수기설법,
십자가에 못 박힌 예수님 이야기

제 머릿속에서 떠나지 않는 백 선생님의 법문이 있습니다. 백 선생님은 예수님에 관한 얘기를 종종 하셨습니다. 그것으로 『예수는 법 받은 미륵존여래불』이라는 책을 쓴 적도 있지만, 특히 몇 번 강조하셨던 것이 있었습니다. 백 선생님의 표현 그대로 옮깁니다.

"예수가 십자가에서 사지에 못 박힐 때는 견딜만했다. 마지막에 가슴에 못을 박을 때는 예수로서도 아마 견디기 힘들었을 것이다. 막상 가슴에 못을 박을 때, 정신을 잃어버릴 것 같은 순간에 깨쳤다. 깨치고 보니까 그것은 누가 내 가슴에 못을 박는 것이 아니라, 예수라는 한 사람과 못을 박는 다른 한 사람의 전생 업보로 한풀이하는 것이지……. 본인은 제삼자, 객관적인 입장이 되어 남의 일처럼 보게 되면서 마음이 편안해졌다."

이 얘기를 몇 번 하셨습니다.

저는 그때마다 '왜 이런 이야기를 하실까? 예수님은 이천 년 전의 사람이고, 달마 대사나 혜능 대사라면 참고나 되겠지만 불교 이야기도 아닌데, 왜 예수 이야기를 하셨을까?' 생각했습니다. 백 선생님은 예수 이야기를 하셨지만, 그것은 저의 얘기라는 것을 절실하게 느낍니다.

백 선생님은 가끔 도반들 아무개는 이러이러하다고 흉을 보시는 때가 있었습니다. 그러면 저는 '나는 모범생이고 저이는 못된 놈'이라 생각하고는 속으로 회심의 미소를 짓습니다. 그런데 누구누구 못됐다고 한참 얘기를 하시다가 이렇게 물으세요.

"이게 내 소리냐? 너한테 하는 소리냐?"

회심의 미소를 짓던 저는 실망합니다.

'아! 수기설법이란 이런 것인가!'

도인의 설법은 체험을 안 해보고는 모릅니다. 도인은 대단한 분입니다. 아상我相이 없어요. 말 한마디 한마디가 자기주장을 펴는 것이 아닙니다. 항상 그 사람을 어떻게 밝게 할까, 그 사람을 어떻게 밝은 데로 인도할까 하는 뜻으로 말씀하시는 것입니다.

예수가 가슴에 못 박힐 때 정신이 해롱해롱했다고 표현한 것은 예수를 평가 절하하는 이야기입니다. 예수는 대단한 분으로 알고 있잖아요? 가슴에 못 박힐 때도 남을 위해서 기도했다는 얘기를 우리는 성경을 통해 알고 있습니다. 왜 예수가 가슴에 못 박힐 때 정신이 아득아득했다는 범부凡夫식으로 표현을 하셨을까? 이것은 예수 얘기가 아니라 나 들으라고 하신 얘기였습니다. 저는 그것을 깨칠 정도는 되었습니다.

'그럼 나도 언젠가 가슴에 못 박힐 때가 온다는 말인가?'

선생님 말씀은 한 번도 틀린 적이 없었습니다. 그리고 그때 수기설법이 몇십 년 후를 내다보면서 제 일생을 그대로 비췄던 것을 압니다. 저는 얼마 전부터 예수 이야기는 예수님을 말씀하신 것이 아니라 나 자신의 운명을 이야기한 것이라 알게 되었고, 나한테도 언제 못 박히는 시련이 올 것인가 미리 겁내기 시작했습니다. 백 선생님 수기설법의 특징을 너무나 잘 알기 때문입니다. 결국은 그것이

온 것으로 생각합니다.

특히 근래에 우리가 승승장구하고 법당을 사면서 저도 아마 들뜨고 오만해졌을 것이고 제 행동이 저도 모르게 부처님 가르침에서 좀 멀어지지 않았나 싶습니다. 내가 그러니까 주위 사람들도 같이 들떴겠지요. 얼마 전에 「참회와 깨침」이라는 글 속에서도 썼지만, 지금 매우 어려운 시기입니다.

수기설법을 하신
선지식의 크신 사랑

성경에 그런 말이 있다고 합니다. '인자(깨친 이)는 머리를 둘 데가 없다.' 제 답답한 심정을 누구한테 얘기할 수 없습니다. 얘기해도 알아줄 사람이 아무도 없습니다. 오로지 부처님 전에 바칠 수밖에 없었습니다. 모든 것을 던지고 어디로 도망가고 싶었고 어느 때보다도 힘들었습니다. 근래에 극단적인 선택을 할 마음까지도 냈습니다.

가슴에 못 박힌다더니 바로 나를 두고 하신 말씀이었습니다.

가슴에 못 박는 두 사람의 업보, '아! 내가 전생에 죄를 지었기 때문에 내 가슴에 못 박는다.' 내 죄에 대한 과보果報라고 생각하면 그 사람을 용서할 수 있습니다. 그런데 증오하고 분노하고 새 판을 벌여야겠다고 생각하고 괴로워한 것이 근래에 저를 힘들게 했습니다.

'전생에 내가 그들한테 했던 것을 그대로 받는다고 생각하면, 이때 감사해야 할 것이 아닌가?' 그렇게 생각하면서 요즘 거의 쉴 새 없이 두 가지 원을 세웠습니다.

요새 난투극을 벌이는 것처럼 서로 싸우는 것 같습니다. 서로 물고 뜯고 싸우면서 결국은 바른법연구원이라는 욱일승천旭日昇天의 큰 배가 침몰하는 것 같은 불안함을 많이 느꼈습니다. 까딱하면 약간의 명예까지도 다 날려 버리고 무참한 신세가 되지 않나 하는 생각까지도 했었습니다. 그것은 저만이 느끼는 겁니다.

"천상천하 세계 중생이 서로 싸워 죄짓지 말고, 바라는 그 한마음을 바쳐 부처님 전에 환희심 내어 복 많이 짓기를 발원."

눈뜨면 계속합니다.

저는 참 우울했습니다. 옛날에 정신적 고통이 심해서 소사에 들어가서 공부했던 그때로 다시 돌아간 것 같았습니다. 몇 십 년 수도한 것은 아무런 보람이 없는 것 같았습니다.

백 선생님께서 예수가 사지에 못 박혔을 때는 견딜만하다가 가슴에 못 박혔을 때 견딜 수가 없어서 정신이 아득해졌다고 하신 것은, 예수를 두고 한 소리가 아니라 바로 나를 두고 하신 말씀이라는 것을 새삼스럽게 생각했습니다.

'아, 우리 선생님 정말 위대하시다. 어떻게 미래를 내다보면서 미래 위기에 대한 지침을 미리 주셨나! 예수를 위한 말씀이 아니라 바로 나를 위한 수기설법이다.'

사지에 못 박힐 때는 견딜 만했다는 것은 그동안 수많은 사회생활을 의미하는 것 같았습니다. 저는 가난의 역경, 가정불화의 역경, 업보의 지중함을 체험하면서 그때도 도망가고 싶었지만 도망갈 데도 없어서 바쳤습니다. 비록 큰스님들처럼 조용하게 앉아서 깨치지는 못했어도 사회생활에서 크게 얻은 것은 역경 앞에서 도망가지 말고 자꾸 바치면 된다는 것이었습니다. 조금 있으면 축복으로 변하는 것을 저는 많이 체험했습니다.

역경은 나쁜 것이 아닙니다. 고통이 나쁜 것이 아닙니다. 고통을 불평하지 않기를 바랍니다. 잘 바치면 반드시 축복으로 변합니다. 내가 우주의 주인이 되어서 내가 베푸는 불교, 내가 극복하는 불교를 하는 겁니다. 이것이 진정한 대승불교라는 것을 알게 되었습니다.

대승불교란
내가 베푸는, 내가 극복하는 불교

최근에 제 살길을 찾아 도망가고 싶었습니다. 하지만 도망갔다가는 더 안 될 것 같아서 "이 고통을 해탈해서 복 많이 짓기를 발원."을 계속했습니다. 아무런 희망도 보이지 않는 것 같았지만, 계속 바치니 바친 결과가 있었습니다.

사실 이 얘기는 하고 싶지는 않습니다만, 근래에는 상당히 거액을 내시는 분이 있습니다. 우리는 전혀 돈을 달라고 하지 않고 권선문도 쓰지 않습니다. 또 보시를 일일이 이야기하지 않습니다. 그런데 오늘 아침에 통장을 열어보니 이름도 모르는 분이 아주 큰돈을 내셨어요. 처음엔 '착각해서 보냈나, 잘못 왔나?' 그랬어요. 나중에 보니 착각은 아닌 것 같아요. 어제도 같은 일이 일어났습니다. 가끔 성금 봉투를 주시는 어떤 분이 또 그만큼 내셨습니다. 하루 사이에 이렇게 일이 생기니 얼떨떨합니다.

왜 이런 일이 생겼을까? 백 선생님의 말씀이 생각났습니다.

"예수가 가슴에 못 박힐 때 정신이 아득했지만, 그것을 깨치고 난 뒤에는 다시 평화로워졌다."

어려웠을 때 제가 불평하지 않고 묵묵히 바치니까 죽은 목숨을 살릴 수 있는 거액의 돈이 하루 사이에 두 건이나 생기는 것이 이상하지 않습니까? 바쳐서 돈이 생기니 바치는 것이 고맙다고 하면 장삿속 같지요? 그게 아니라, 또 한 번 역경이 곧 축복이 되는 체험을 한 것입니다.

'바치고 보니까 결국 끝이 있더라. 역경은 역경이 아니라 죄업의 소멸 과정이요, 그것을 불평하지 않고 바친다면 결국은 반드시 좋은 일이 생긴다.'

이 수행발표는 여기서 이야기하고 끝입니다. 이런 말씀 드리지 않고 조용히 있고 싶었습니다만 제가 요즘 슬퍼하다가 싹 웃으면 참 변덕도 심하다고 하실 것 같아서 경위를 설명해 드린 것입니다. 그동안 우울했던 마음이 한꺼번에 사라지는 것을 느낍니다.

'우리 선생님 참 훌륭하시다. 그때 미래를 내다보시고 이 위기를 극복하라고 수기설법을 하셨구나. 푸른 산 맑은 물 찾아가 승려가 되지 않고 겪은 세상일이 비록 고생스럽고 험난했지만, 그 고생으로 말미암아 죄업이 소멸하고 밝아지는 토대가 마련되는 것이다. 그렇게 해서 드디어 본인도 밝아지고 사회도 정화시킬 수 있는 거로구나.'

대승불교의 참뜻, 불교의 참뜻을 일깨워주신 훌륭한 선생님의 은혜를 생각하면서 감동했습니다. 이것을 저 혼자만 알 것이 아니라 부분적이나마 일러드려서, 우리 공부의 위대성을 다 같이 함께 공유하고자 말씀드립니다.

2020.09.26.

부처님께 의지하는 불고에서
부처님 시봉하는 불교로

여기에 모이신 분 중에는 제가 금강경을 읽고 공부한 기간이 가장 많은 편일 것입니다. 제 과거의 삶을 되돌아보면서 공부하는 과정에서 어떻게 변화했나를 말씀드리는 것은 앞으로 수도하는 데 참고가 될 것 같습니다. 제 수도하기 전의 삶이 수도 과정에서 어떤 영향을 미쳤는가를 회고하고 정리해서 앞으로 공부하는 데 참고가 되는 말씀을 드리려 합니다.

아가 마음과 성숙한 마음

아주 어렸을 때의 이야기입니다. 아마 사람은 기질을 갖고 태어나나 봅니다. 천성이 있고 본능이라는 것도 있지요. 저는 굉장히 감수성이 예민했고 상당히 정을 그리워했어요. 그런 성격인 탓에 어렸을 때 칭찬받는 것을 꽤 좋아했던 것 같습니다. 칭찬받는 것을 좋아하지 않을 사람이 어디 있겠느냐고 할지 모르지만, 저는 어렸을 때 칭찬받는 것을 최고의 가치로 알고 지냈습니다. 귀여움 받는 것도 좋아했고요. 감수성이 예민하고 뭔가 모르게 늘 외로워서, 그리운 게 너무나 많았어요. 그리워하고 또 그리워하고 한번 좋아하면 자꾸 되풀이해서 생각하는 기질이 있었습니다. 그것은 아가와 같은 마음입니다. 사랑받는 것 좋아하고 귀여움 받는 것 좋아하고 눈물이 많은 것은 아가의 특징이지요. 누구나 어렸을 때는 그랬으리라 하겠지만 저의 경우는 유독 심했던 것 같아요. 아가와 같은 마음은 다른 말로 하면 이기적인 마음입니다. 자기 몸만 생각하고 남을 생각할 줄 모르는 특성을 지녔는지도 모릅니다.

　어렸을 때부터 저는 감수성이 강한 것이 원인이 되었는지 책 읽기를 참 좋아했어요. 처음에는 동화 같은 것을 읽었지만 이미 초등학교 때 저는 연애소설을 읽으며 정신적으로는 어른의 느낌이 되곤 했습니다. 눈물겹게 아름다운 선행을 하는 것을 보면 '나도 저렇게 천사의 마음이 되어야겠다.'고 했고, 나라를 위해서 살신성인해서 죽는 이차돈의 이야기를 읽으면 '내 목숨을 바쳐서라도 그런 좋은 일을 하겠다.'하며 이차돈 같이 훌륭한 사람이 되고 싶어 했습니다. 생각뿐만 아니라 마음속의 결의를 다지는 것을 보면 저는 전생에 좀 닦았던 소질도 있었다는 생각이 듭니다.

　제 마음속의 두 가지 양면성을 말씀드렸습니다. 하나는 사랑받고 귀여움 받고 정을 그리워하는 아가와 같은 이기적인 마음입니다. 또 하나는 남을 도와주는 일을 하려고 하고, 올바른 일을 위해 목숨을 바치는 사람을 보면 깊이 감동하면서 그대로 실행하겠다고 하는 마음입니다.

중학교 때까지는 전자가 훨씬 강했어요. 그래서 중학교 때까지 저를 봤던 사람은 지금까지도, 너 아직도 마음이 아가 같으냐고 합니다. 이상하게 고등학교에 와서부터는 정신이 어지러워지기 시작했고 성적도 좀 떨어지는 것 같았어요. 발심을 하려고 그랬다는 게 백 선생님의 해석입니다. 그러니까 칭찬받을 기회도 적어지고 귀여움 받을 기회도 적어지고 누구를 그리워한다고 해결되지도 않는 사회적인 어려움을 처음으로 느낍니다. 고생이란 게 무엇인가를 고등학교 때 처음으로 실감했습니다.

물론 그때는 좀 더 성숙했습니다. 올바른 일을 하면서 살겠다며 올바른 사람들의 책, 문학작품을 읽어도 통속적인 소설이 아닌 깊이 있는 책을 읽기를 원했습니다. 고등학교 때 이후로는 이기적인 삶에서 벗어나서 좀 더 올바른 삶, 어른스러운 삶을 살게 되지 않았나 싶습니다. 그래서 고등학교 이후에 저를 봤던 사람은 그때 꽤 어른스러웠다고 회고하는 사람들이 있어요. 저는 양면성을 가지고 성장했습니다.

불교를 믿는 두 가지 마음

대학에 와서 불교를 믿었습니다. 처음에는 이기적이 아닌, 마음을 닦는 불교를 열심히 했습니다. 그런데 사회생활이라고 할지 학교생활이 고달프고 힘들 때는 부처님께 매달리는 일종의 기복 불교를 했습니다. 저는 돈이나 성공을 바라서 부처님께 매달렸던 적은 없습니다. 그렇지만 대학 후반부에는 생활은 어렵고 성공도 해야겠는데 뜻대로 안 되니까 삶이 고달파지면서 매달리는 불교를 했습니다. 제 마음속에는 부처님 시봉하려는 소질, 즉 전생에 닦던 소질도 있었고 죄짓고 이기적인 삶을 사는 특성도 있었습니다. 두 마음으로 항상 갈등하면서, 불교를 믿어도 양쪽으로 왔다 갔다 했습니다.

그러다가 백 선생님을 만났습니다.

처음 만나자마자 하신 말씀이 지금도 기억이 남습니다.

"부처님께 나를 좋게 해 달라고 하는 마음이면 그 마음이 넓으냐, 좁으냐?"

우리는 대개 부처님께 나를 좋게 해 달라고 하는 불교를 믿지 않나 싶습니다. 그런 불교는 이기적인 불교이고 마음이 좁아 보입니다.

"좁습니다."

"부처님 잘 모시기를 발원하는 마음이면 그 마음은 넓으냐, 좁으냐?"

넓어 보이지요? 이기적이 아닌 것 같아요.

"넓습니다."

"이제는 '부처님, 나를 좋게 해 주십시오.' 하는 불교에서 벗어나서 부처님 시봉하는 불교로 바꾸어라."

"무슨 생각이든지 부처님께 바쳐라."하는 것도 그런 뜻에서 말씀하시지 않았나 싶습니다.

처음에는 그 얘기가 그럴듯하기는 했지만 '부처님, 나를 좋게 해 주십시오.'하는 불교가 어떤 것인지 실감할 수 없었습니다. '부처님 시봉 잘하기를 발원.'하는 불교는 어떤 것인지 더더욱 알 수가 없었습니다.

부처님께 의지하는 불교

'부처님, 나를 좋게 해 주십시오.'하는 불교는 어떤 삶인가를 이제는 이해하게 되었습니다. 생활의 두려움을 느끼고 위기를 만났을 때 '이 두려움을 헤쳐 나가기 위해서 나는 노력해야 한다. 이 위기에서 벗어나 내가 살아야 한다.' 하는 마음을 내는 삶은 무엇에 의지하려 하고 난제의 해법을 마음 밖에서 찾으려 합니다. 여차하면 절대자에게 전부 다 의지합니다. 죽을 때 의지하고, 선거에서 당락이 발표되기 전날 의지하면서 기도하고, 입시에서 당락이 결정되기 전날 초조한 마음으로 안절부절못하며 의지하는 삶을 살게 됩니다. '부처님, 나를 좋게 해 주십시오.'하는 불교를 믿게 됩니다.

그런 사람들은 대개 30대에 요절한 러시아의 천재작가 푸시킨의 시를 좋아합니다.

삶이 그대를 속일지라도 슬퍼하거나 노하지 마라.
슬픔의 날을 참고 견디면 기쁨의 날이 돌아오리니
삶은 언제나 슬픈 것.

시가 아름답죠. 그런데 그 사고방식을 닮으면 목표를 위해서 급하게 설치는 마음을 가지게 됩니다. 잘 안 되면 불평하고, 사회를 비난하고 개혁하려 하고, 남을 지배하려고 합니다. 한층 더 나가서 자기 업적을 과시하면서 오만해지기 쉽습니다. 즉 탐진치의 삶을 살게 됩니다. 이러한 삶은 결국 위기가 있을 때 절대자한테 매달리게 될 수밖에 없고, '부처님, 나를 좋게 해 주십시오.'하는 불교를 믿을 수밖에 없습니다.

부처님 시봉하는 불교

그럼 부처님 시봉하는 불교는 어떤 것인가?

부처님 시봉하는 불교를 믿으려는 사람에게는 몇 가지 전제조건이 있습니다.

위기나 공포를 진짜로 알면 부처님 시봉하는 마음이 날 수 없습니다. 당연히 이기적이 될 수밖에 없어요. 나보다 모든 사람을 생각할 수 없습니다. 위기나 공포가 착각이고 본래 없음을 아는 금강경 정신을 따라야 합니다. 그래야만 부처님 시봉할 수 있는 바탕이 마련됩니다.

우리는 모든 난제의 해법을 밖에서 찾습니다. '돈이 필요하다. 권력이 필요하다. 명의, 명약이 필요하다.' 이것은 모든 난제의 해법을 마음 밖에서 구하는 것입니다. 마음 밖에서 구하면 반드시 절대자에게 의지할 수밖에 없습니다. 부처님께 매달릴 수밖에 없고, 나를 살려 달라는 애절한 마음을 갖게 될 수밖에 없어요.

그러나 우리 금강경 공부하는 사람은 위기가 착각이고 공포가 본래 없음을 알기 때문에 모든 난제의 해법을 자기 마음속에서 찾습니다. 마음 밖에서 찾지 않고 마음속에서 찾는 사람은 부처님 시봉하는 마음을 낼 수 있습니다. 위기의 해답을 밖에서 찾는 사고방식으로는 절대로 부처님 시봉하는 마음을 낼 수 없습니다.

또 한 가지 조건이 있습니다. '궁하다. 열등하다. 피조물이다. 내 능력에는 한계가 있다.'라고 느끼면 부처님 잘 모시겠다는 마음이 날 수 없습니다. 이것은 공부의 결과 제가 체험하고 알게 된 것입니다. 자신이 전지전능하다는 깨달음은 부처님의 가르침 속에만 있습니다. 이것을 깨쳐야 합니다.

내가 전지전능한 조물주이고 상대는 내가 만든 피조물이라고 알면 됩니다. 상대도 역시 전지전능한 부처와 같은 내가 만든 부처님의 작품입니다. 나만 대단한 것이 아니라 상대도 부처님의 작품이기 때문에 소중합니다. 그런 마음을 가질 때라야만 부처님 시봉하는 마음을 낼 수 있습니다. 내가 대단하다고 해야지, 내가 열등하다고 하면 부처님께 나를 좋게 해 달라고 매달릴 수밖에 없습니다. 나는 모든 것을 구족한 전지전능한 존재이고 상대는 내가 만든 작품이라고 생각한다면 상대를 대할 때 잘 모시고 섬기려 할 수밖에 없습니다.

수도는 부처님 시봉하는 사고방식으로의 변화 과정

알고 봤더니 수도라는 것은 '부처님, 나를 좋게 해 주십시오.'하는 사고방식에서 벗어나서 '부처님 잘 모시기를 발원.'하는 사고방식으로의 변화 과정이라고 나름대로 정의합니다.

세상이 왜 고통스러울까요?

나를 좋게 해 달라고 매달리는 사고방식으로는 고통이 착각인 줄 모르기 때문에 항상 고통이 따르게 되어있습니다.

고통을 어떻게 근본적으로 해소할까요?

고통이 착각인 줄 아는 사고방식에서 출발한 불교, 즉 부처님 잘 모시기를 발원하는 불교를 믿을 때 모든 고난에서 벗어나 영원한 행복의 세계, 열반의 세계로 간다고 생각합니다.

저는 1967년 제대하자마자 바로 수도생활을 시작했습니다. 제 마음속에 양면성이 있었습니다. 칭찬받고 사랑받기 좋아하고 정을 그리워하는, 아가와 같고 이기적인 마음을 가진 나. 올바른 일을 하고 싶어 하고, 좋은 일을 하고 싶어 하고, 때에 따라서 목숨을 바쳐서라도 남을 돕는 마음을 가진 나. 두 마음으로 도인 밑에서 수도를 시작했습니다.

처음에는 무척 힘들고 어려웠기 때문에 '부처님, 나를 좋게 해 주십시오.' 하는 불교가 대부분을 차지했습니다. 원망하는 생각을 바치라고 하니까 남 원망은 잘 안 해요. 그렇지만 툭하면 백 선생님한테 들어가서 하소연하는 것이 일이었습니다. 조금 깨쳐진 것이 있거나 잘된 것이 있으면, 그것을 과시하고 자랑했습니다. 거의 3년이 다 될 때까지 부처님 시봉하는 불교를 하지 못하고 '부처님, 나를 좋게 해 주십시오.' 하는 불교를 연습하지 않았나 싶습니다.

그래도 제 속에 선근이 있었고, 도인 밑에서 그 선근을 키워 주는 법문을 자꾸 들었기 때문에 3년이 지나며 바뀌기 시작했습니다. 내가 어려울 때는 내 몸뚱이만 생각하고 나만이라도 살아야겠다고 했었지만, 점차 그럴 때도 여러 사람을 생각하는 어른스러운 마음으로 바뀌기 시작했습니다. 선생님께 "무엇을 해 주십시오. 이런 위기가 오면 어떻게 해야 됩니까?" 이런 것만 여쭈어보다가 나중에는 좀 부끄럽더라고요. '선생님께서는 그것을 강조하시는 것이 아니었는데 내가 왜 이렇게 매달리는 불교를 했나.' 생각하며 "선생님! 어떻게 하면 제가 잘 모시겠습니까?" 이런 말을 했어요. 스스로 대견스럽게 변했고, 그런 말을 할 때마다 선생님은 진정한 칭찬을 다소 해 주셨습니다. 그때가 공부가 성장했을 때이며 깨쳐진 것이 있었습니다.

반드시 업보를
해탈하여야 한다

그런데 그때 어려운 일이 동시에 생겼습니다. '참 수도란 것은 끝도 없구나. 그래도 바쳐야지.' 이렇게 갈등하는 과정에서 집에서 부르러 왔어요. 그래서 결국은 공부를 완성하지 못하고 수도장에서 뛰쳐나왔습니다. 어머니의 업보에 이끌려서 나온 것입니다. 어머니가 부르러 왔을 때 제가 과감하게 뿌리치고 공부를 더 해서 수도장에서 여러 가지 역경을 극복하고 편안해졌을 때 세상에 나갔더라면 어땠을까 생각해 봅니다.

늘 법문 시간에 말씀드립니다. "편안해졌을 때 헤어져라." 직장이 지겨워서 때려치우고 사람하고도 지겨워서 이별하는데, 지겨워서 이별하고 지겨워서 직장 때려치우고 지겨워서 사람을 바꾸는 이런 삶은 또다시 사회에 나가서도 지겨운 업보를 만나게 되어 있다는 말씀을 자주 드렸습니다. 제 경험이기도 합니다.

저는 수도장에서 꽤 보람도 느꼈습니다만 지겨운 것도 있었습니다. '이제는 고생도 하고 수도도 잘 했으니까 밖에 나가면 행복한 삶을 살겠지.' 하는 기대로 밖에 뛰어나갔습니다. 완전히 만족할 만한 행복한 이별을 못 했기 때문에 밖에 나가서도 수도장에서의 지겨웠던 업보를 또 만나고 고생을 되풀이하게 되었습니다.

학생 때 이기적인 삶과 헌신적인 삶의 갈등처럼 수도장에서도 이기적인 삶과 부처님 시봉하는 삶 사이에 갈등하다가 마지막에는 부처님 시봉하는 쪽으로 기울어졌는데 최후의 하나를 깨치지 못하고 밖으로 나갔습니다. 그 뒤로 금강경을 공부한 50여 년의 삶은 '완전히 깨치지 못한 그것'을 깨치는 과정의 수도였습니다. 밖에 나가서도 법당을 짓는 것, 사람과의 갈등, 가족의 업보 등 여러 가지로 시달렸습니다.

왜 소사에서의 삶을 행복하고 감사한 삶으로 여기지 못하고 지겹고 힘든 삶으로 알고, 또 밖에 나가면 행복이 기다리고 있을 줄 알고 뛰쳐나왔을까?

선생님은 늘 이런 얘기를 하십니다. 세상 사람들은 이해 못 합니다.

"네 공부를 가장 방해하는 것은 네가 좋아하는 어머니와의 업보이다. 네 어머니와 같이 너의 공부를 방해하는 업보는 과거에도 없었고 미래에도 없을 것이다. 네 어머니와의 업보를 해탈한다면 너는 반드시 도통을 한다."

이런 얘기까지 하셨습니다. 저는 그 말의 뜻을 몰랐습니다. 지금 와서 생각해 봅니다. 저는 남한테 사랑받는 것 좋아했고, 칭찬받는 것 좋아했고, 정을 그리워했습니다. 어머니와의 업보를 다소 벗어날 때 어른스러워졌고 성인군자를 지향하는 진실한 불제자가 되었습니다.

'돈이 없어서 고생한다. 집안이 어려워서 고생한다.' 이런 핑계를 대지만 백 선생님의 가르침에 의하면 모든 고생은 알고 보면 업보 때문이라고 합니다. 사회생활과 수도생활이 다르지 않습니다. 업보가 있으면 수도생활도 고달프고 사회생활도 고달픕니다. 업보를 해탈하면 수도생활도 쉽고 사회생활도 쉽게 합니다.

저에게는 어머니와 전생에 맺었던 여러 가지 업보 때문에 아가와 같은 마음이 있었고, 수도했던 인연으로 어른스러운 마음도 동시에 있었습니다. 수도하는 과정에서 둘 사이를 왔다 갔다 했지만 시봉하는 마음으로 많이 기울어졌습니다. 그러다가 마지막에 하나를 깨치지 못했을 때 백 선생님은 이렇게 보셨던 것 같아요.

"밖에 나가서 고생하면서 닦아라. 그러면 깨칠 수 있을 것이다. 절대로 승려는 하지 마라. 승려가 되어서는 엄마와의 업보를 해탈할 수 없기 때문이다. 밖에 나가서 하는 고생이 엄마와의 업보를 해탈하게 한다."

누구나 다 사회생활을 하라는 것이 아닙니다. 저의 경우에는 이런 뜻이 포함되어 있었던 것 같습니다.

"너는 여러 생 승려 생활을 했기 때문에 툭하면 승려가 되려고 한다. 이렇게 해서는 엄마와의 업보를 해탈하지 못한다. 세상에 나가서 성공하고 사회의 유능한 사람이 되어라. 업보 해탈하기에는 그것이 좋다."

저는 많이 편안해졌습니다. 그 근본 원인은 엄마와의 업보 해탈입니다. 이제는 세상 떠나신 지 오래되었지만, 엄마와의 업보 해탈 과정에 아직 머물러 있다고 생각합니다.

사고방식이 바뀌면 삶이 바뀐다

저는 귀여움 받고 칭찬받는 것을 좋아하는 사람, 정을 그리워했던 사람에서 이제는 칭찬해 주고 도와주는 사람으로 바뀌었습니다. '부처님, 나를 좋게 해 주십시오.'하는 사고방식에서 많이 벗어났습니다. 어려운 일이 있어도 내 몸만 살겠다는 사고방식에서 벗어나서 모든 사람을 생각하게 되었습니다. 부처님께 바치는 삶으로 바뀌었습니다.

그전에는 날 도와주는 사람이 별로 없었어요. 항상 나는 외로웠어요. '나는 왜 이렇게 외로울까? 나는 칭찬을 바라고 선물을 바라고 보시를 바라는데 왜 그런 것이 없을까?' 그런데 이제는 그런 마음이 없어져서 그런지 어째서 그런지 칭찬도 더 많이 듣고 보시도 더 많이 들어오고, 아주 삶이 바뀌었어요. 백 선생님의 은혜를 느끼면서 '선생님은 참으로 대단하시고 참 고마우신 분이구나. 선지식은 반드시 필요한 분이구나.'라고 생각하게 되었습니다.

그전에 저한테 편지가 오더라도 "해 주시옵소서. 점을 쳐 주시옵소서. 어떻게 하면 위기에서 극복하는지 비법을 일러 주시옵소서." 이렇게 매달리는 편지가 굉장히 많았습니다. 그 뒤로는 편지의 스타일도 바뀌는 것 같습니다. "내가 이렇게 바뀌었으니 고맙습니다."라고, 고마워는 하는데 조건이 붙어요. 그런데 가끔은 조건 없이 "고맙습니다." 하는 편지가 들어옵니다.

내가 바뀌었기 때문에 그런 편지를 받게 되었다고 생각합니다. 나에게 매달리는 편지가 많이 오는 것은 내 마음이 아직 그렇기 때문이고 내 업의 결과라고 생각합니다. 근래에 와서는 매달리는 편지는 적어요. 오히려 고맙다는 편지가 훨씬 더 많습니다. 나를 바꿔 주셔서 고맙다는 전제가 붙지 않은 편지가 왔어요. 그 글이 하도 아름다워서 오늘 한번 읽어드리고 싶어요. 이 사람은 나보다 훨씬 나은 것 같습니다.

조건 없이 고맙다고 하는
도반의 편지

「법사님! 안녕하세요!

법사님을 공경하고 그리워하는 수많은 사람 중 한 사람입니다.

그동안 지방에서 법회하실 때 편지로만 제 마음을 이따금 전해 드렸습니다만, 바른법연구원 카페를 통해 법사님 이메일 주소를 알게 되어 직접 소통할 기회가 생긴 것 같아 기뻤습니다. 몇 번 용기가 나질 않았고, 법사님을 가까이서 뵙고 싶었지만, 마음만 간절했지 제가 근접할 수 없는 분이라…… 많은 부분 행동의 제약을 느꼈습니다.

하지만, 요즘 영상으로 법사님 법문을 접할 때 힘들어하시는 것 같아서(전혀 흔들림 없으시고, 티 내지 않으셨지만 제 느낌상 힘드신 것 같아 보였습니다.) 이렇게 용기 내서 조금이나마 제 마음을 전해 봅니다.

한 가정의 살림을 꾸려나가기도 만만치 않은데, 바른법연구원이라는 부처님의 큰살림을 꾸려나가시려면 여러 난제에 마음 편히 쉴 시간이 많지 않으시리라 감히 짐작해 봅니다.

저에게 부처님처럼 큰 힘이 있다면 지금 법사님께서 느끼시는 모든 난제를 한 번에 해결해 드리고, 법사님의 마음에 평온과 행복이 자리 잡을 수 있도록 해 드리고 싶은 마음입니다. 하루빨리 모든 것이 법사님 바라시는 대로 해결되기를 바랍니다.

법사님의 명예는 그 누구에 의해 실추되지 않을뿐더러 그 누구도 법사님의 명예를 훼손할 수도 없으며, 그 누구에 의해 좌지우지될 수 없는 존귀한 존재이시니 언제나 힘내시기를 응원합니다.

법사님께서 웃으시면 저도 웃습니다. 법사님께서 우시면 저도 웁니다.

법사님께서 백성욱 박사님을 생각하시듯, 저도 그리 법사님을 공경하고 닮으려 하고, 가르침을 믿고 따라 부처님 전에 복 많이 짓길 발원드립니다.

제 서툰 글이 법사님께 힘이 되길 바라봅니다.

법사님~ 부처님~ 감사드립니다! 항상 건강하세요!」

2020.10.03.

부처님 마음을 신구의 身口意 로
실천하여 재앙을 소멸한다

❋

상담을 원하는 분에게 제 이메일 주소를 공개했더니, 대부분 난제 해결을 질문합니다. 불교를 만나고 난 뒤에 불교에는 두 가지 종류가 있다는 것을 알았습니다. 하나는 마음 닦아서 밝아지는 수도 불교, 다른 하나는 재앙을 소멸하고 소원을 성취하는 기복 불교입니다. 저는 난제가 적은 학생 때 불교를 만났기에 마음 닦는 불교를 선호했고, 재앙을 소멸하고 소원을 성취하는 기복 불교를 조금 무시했습니다. 불교의 정통은 어디까지나 마음 닦아서 밝아지는 불교라고 생각했습니다.

저는 백 선생님께서 가르쳐 주신 마음 닦아서 밝아지는 불교를 다른 사람보다 조금 더 안다고 생각해서 마음 닦아서 밝아지는 불교에 대해서 말씀을 많이 드렸습니다. 나한테 재앙을 소멸하고 소원을 성취하는 기복 불교에 대한 질문을 하면 대답을 잘 못하지만, 마음 닦아서 밝아지는 수도 불교에 대해서는 누구보다도 대답을 잘하리라 생각해 왔습니다. 그런데 제가 세상에 나와서 난제를 해결하는 과정에서, 소위 재앙을 소멸하고 소원을 성취하려는 기복 불교도 결국은 마음을 닦아야 이루어질 수 있다는 것을 발견하였습니다.

저는 마음만 잘 닦으면 밝아질 뿐만 아니라 재앙을 소멸하고 소원도 성취한다는 것을 강조했습니다. 그런데도 이메일로 질문하시는 분들은 마음 닦아서 밝아지는 것에 대해서는 거의 질문하지 않습니다. '못 살겠습니다, 힘들어 죽겠습니다, 어떻게 해결할 방법이 없겠습니까?' 제가 학생 때 무시했던 소위 기복 불교식 질문을 많이 합니다.

오늘은 난제 해결, 즉 재앙을 소멸하고 소원을 성취하는 방법을 제가 들은 대로, 체험한 대로 정리해서 말씀드립니다. 이렇게 배워서 본인의 난제를 해결하시고, 더 나아가 다른 사람에게도 잘 알려주었으면 합니다.

난제의 종류

난제를 크게 세 가지로 분류해 보았습니다.

돈이면 해결된다는 빈곤의 문제입니다. 본래 가난한 사람은 그것을 재앙이라고 생각하지 않습니다. 잘살다가 못살게 된 경우에 돈만 있으면 난제가 해결된다고 생각합니다. 돈이 없는 것이 난제입니다. 저한테 가난을 호소하는 사람들은 '돈만 있으면 해결이 되는데.' 하는 안타까움을 호소합니다. 빈곤 문제가 재앙의 원인입니다.

그리고 정신적, 육체적 질병을 호소하는 분들이 있습니다. 그분들은 이미 답을 알고 있습니다. 명의, 명약을 만나면 다 해결된다고 생각하고 있습니다. 그래도 잘 안되니까 '이 병을 어떻게 하면 해결할까?' 하는 질문을 합니다. 건강문제가 난제의 중요한 한 부분입니다.

또 가정불화를 비롯하여 남한테 경천을 당하는 고통을 호소하는 사람이 많습니다. 가정불화에는 부자지간, 부부지간이 포함되며 평등하지 않고 평화가 없습니다. 지배와 피지배가 있고, 경천하고 경천받는 사람이 있고, 경천의 정도는 상당히 심각합니다. 가정에서만 아니라 직장에서도 있습니다. 진급이 안 되고 퇴출당합니다. 심각한 경천입니다. 직장에서만 그런 것이 아니라 법당에서도 경천이 있습니다. 여기는 상하가 없고 직책이 없다고 말씀드려도, 갑질하고 무시하고 명령하고 시키는 것이 있습니다.

재앙의 종류를 크게 빈곤과 관련하여 돈만 있으면 해결된다는 문제, 병에 관련하여 명의와 명약만 있으면 해결된다는 문제, 그리고 경천의 문제, 이렇게 세 가지를 꼽았습니다.

반복되는 구조적인 재앙은
전생의 죄업이 원인

난제를 호소하는 분들을 보면 일회성이 아니며, 대개 반복적입니다.

돈 때문에, 돈만 있으면, 1억만 있으면 하는 사람은 10년 전에도 1억만 있으면 했고, 앞으로 10년 후에도 1억만 있으면 또는 10억만 있으면 내 모든 고난은 다 해결된다는 생각을 합니다. 상당히 반복적인 특징을 가지고 있습니다.

병도 마찬가지입니다. 일생동안 골골하는 사람이 있습니다. 호흡기, 심혈관계 질환, 신경통 등등 병의 종류도 다양하고 골골하는 것도 습관석입니다. 병도 한 번만 걸리고 깨끗이 나으면 얼마나 좋아요? 나았다가 몇 년 있으면 똑같은 방식으로 되풀이됩니다.

경천도 마찬가지입니다. 이 직장이 지겨워서 보따리 싸서 나가면 다른 직장에 가도 똑같은 사람 만나서 똑같은 경천을 당합니다. 부부 관계가 지겨워서 이혼하고 재혼해도 똑같은 업보를 만나는 수가 많습니다.

모든 고난은 반복적으로 되풀이되는 것이 특징입니다. 고난을 호소하시는 분들은 그전에도 그런 일이 있었지 않았냐고 물으면, 대개는 다 그렇다고 합니다. 뿌리를 따져 올라가면 그전이 아니라 전생부터 옵니다. 일시적인 고난이 아닌 구조적인 고난, 반복되는 고난의 뿌리를 따진다면, 밝은이들은 그 원인을 전생에 죄지은 것이라고 하실 것입니다.

죄지은 원인, 즉 '내가 죄 지었다.'라는 생각이 소멸될 때까지 여러 가지 재앙은 일회성으로 끝나지 않습니다. 돈 때문에 고생하는 것도, 병 때문에 고생하는 것도, 가정불화도 계속 반복적으로 되풀이되는 것이 특징입니다.

죄업을 소멸하거나
업보업장을 해탈하여야 해결된다

지혜로운 사람은 알 수 있습니다. 되풀이되는 재앙은 돈만 있다고 해결되지 않습니다. 어떤 사람이 복권을 타서 20억을 얻으면 내 가난은 면할 것이라고 합니다. 아닙니다. 결국 20억 다 날리고 똑같은 빈곤이 되풀이됩니다. 구조적이고 반복적이기 때문입니다. 돈 때문이 아닙니다. 병도 어떤 명의가 달려들어도 안 됩니다. 증상 치료에 끝나고 말 것입니다.

소소한 경천에는 따뜻한 사람의 위로가 약이 된다고 하는 사람이 있겠죠. 누군가의 따뜻한 말 한마디에 해결되지 않습니다. 또 큰 경천은 권력을 잡으면 된다고 보는 것 같습니다. 그러나 권력으로 눌러도 결국은 증상 치료에 끝나고 말 것입니다. 대통령 권력이 세면 뭐합니까? 미국 대통령한테, 김ㅇ은한테 경천당하면 그것은 어느 권력으로 보상을 받을까요?

잘 살펴보면 경천의 원인은 전생의 업, 구체적으로 마음 씀씀이, 자기 죄업이 불러온 것이고 해결 방법은 마음 씀씀이를 바꾸거나, 죄업을 소멸하거나, 업보업장을 해결하는 방법밖에는 없다는 결론이 나지요.

부처님 마음 연습하기

금강경에서 또는 밝은이들이 이렇게 얘기하실 것 같습니다. 저는 이렇게 들었습니다.

"중생적인 마음을 가지는 한 그 고난에서 벗어날 수 없다. 부처님 마음을 연습해라."

부처님 마음이 무엇일까요? 바로 금강경이 부처님 마음이고, 금강경 독송은 부처님 마음의 연습입니다. 금강경을 공경심으로 잘 읽는다면 각종 재앙을 다 소멸하면서 소원 성취도 자연히 이루어진다고 봅니다.

또 "나는 무시겁으로 죄지은 일이 없노라."를 진심으로 하루에 100번씩 해보라고 말씀드립니다. 우리는 죄짓지 않고 살 수 없습니다. 다 죄를 지었지요. 무시겁으로 죄지은 일이 없는 것은 부처님만이 가능합니다. "나는 무시겁으로 죄지은 일이 없노라." 할 때 순간적으로 부처님이 되고, 부처님 마음을 연습하게 됩니다. 죄를 짓지 않았다는 정직의 표시가 아닙니다. 부처님 마음을 연습하는 것에 의미가 있습니다. 이 구절을 진심으로 하루에 100번씩이라도 마음을 담아서 되풀이한다면 각종 재앙에서 확실하게 벗어날 수 있습니다. 이것은 빌어서 이루는 기복 불교하고는 다릅니다. 재앙 소멸, 소원 성취를 비는 방법이 아니라 마음 닦는 방법으로, 수도로 해결하는 것입니다.

우리는 몹시 괴로울 때 부처님께 살려 달라고 매달립니다. 중생의 특징입니다. 살려 달라고 매달리며 기도한다고 그 난제에서 벗어나지 않습니다. 이때 부처님 마음이 되어 봅니다.

부처님 마음은 나의 난제뿐만 아니라 모든 사람의 난제를 더 걱정합니다. 모든 사람을 사랑하는 마음은 부처님만이 가능합니다. "모든 사람이 다 나처럼 고통받지 않고 이 고통에서 해탈해서 부처님 전에 복 많이 짓기 발원." 하는 순간에 부처님 마음을 연습하여 결국 각종 난제에서 다 벗어나 재앙을 소멸하고 부처님 세계로 들어갈 것입니다.

또 무슨 생각이든지 바치려고 노력해야 합니다. 중생은 못 바칩니다. 우리는 뭐든지 가지려고 하지, 바치려고 하지 않습니다. 부처님은 한시도 방심하지 않고 늘 바칩니다. 무슨 생각이든지 바칠 마음을 내는 것, 바치려고 하는 것은 부처님 마음을 연습하는 것입니다.

내가 잘되려는 삶을 살지 않고 부처님 시봉하는 삶을 살아가는 것도 부처님 마음을 연습하는 것입니다.

부처님 마음을 연습할 때 부처님이 됩니다. 전지전능한 위력이 나에게 임하게 됩니다. 이때 각종 재앙은 소멸하고 소원은 성취됩니다. 이것은 재앙의 원인이 마음 밖의 돈이나 권력이나 명약에 있지 않다는 뜻입니다. 내 죄업이 불러왔고 내 마음이 불러왔다는 뜻이기도 합니다. 업보를 해탈하고 탐진치를 소멸하여 재앙을 소멸한다는 뜻이기도 합니다.

부처님 마음 신구의 身口意로 실천하기

마음으로 하루에 100번씩 하라고 해도, 마음만으로 안 되는 수가 많습니다. 죄업을 신업身業, 구업口業, 의업意業, 신구의 삼업이라고 합니다. 마음으로 원을 세우고, 말과 몸으로도 마음을 뒷받침하는 실천을 해야 합니다.

가정에서, 직장에서 상사와 심하게 부딪치는 경우가 있습니다. 그럼 대화로 풀자고 이야기합니다. 한데 거의 성공하지 못합니다. 대화하며 말꼬리를 잡다가 싸움으로 끝나는 수가 많습니다. 그런데 저는 슬기로운 사람이 일러주는 대화의 방법을 알고 있고, 그것을 실천해 본 적이 있습니다.

대화할 땐 상대의 말을 잘 들어 주기 바랍니다. 기분 나쁘면 말꼬리를 잡아서 상대의 말이 끝나기 전에 자기가 가로채 상대방의 입을 틀어막고 자기주장을 세운다면 불화나 경천이 해소되겠습니까? 안 됩니다. 일단 들어야 합니다. 듣다 보면 자꾸 자존심 상하는 얘기를 하는데, 참다 참다 못해 한마디 하면 그동안의 공로가 다 깨지는 경우가 허다합니다. 참다 참나 폭발하면 안 됩니다. 기승을 부릴 때 그때 더 죽어야 합니다.

자존심 상하게 할 때가 성공할 절호의 찬스입니다. 우리는 자존심 상하게 할 때 '네' 하라고 하니까 억지로 합니다. 그 뒤에 두 배로 반격할 준비를 하고 맞받아치면, '네' 하는 것은 억지로 참는 것이지 바치는 것이 아닙니다. 진심으로 해야 합니다.

자존심 상하게 하는 상대가 나쁘다고 보기 때문에 반발하는데, 사실은 전생의 내 죄업 때문에 당하는 것입니다. 그러니 상대가 내 자존심을 상하게 할 때 '네' 하고 내 죄업을 참회하는 기회를 가져야 합니다. 내 죄업이라고 생각하면 화나지 않습니다. 열심히 바치시기를 바랍니다.

미울 때 절대 미워하지 마십시오. 미워하면 경천이 계속 되풀이됩니다. '내 전생의 죄가 불러왔지, 내 죄를 일깨워 주는 저 선생이 얼마나 고마운가.' 하고 미워하는 생각도 자꾸 바칩니다. 100일 만이라도 그렇게 한다면 천하의 가정불화, 상사와의 관계, 심지어는 국제 관계까지도 지도자가 어느 정도 대화의 기술을 발휘하느냐, 즉 부처님 식의 대화를 하느냐에 따라서 경천, 즉 재앙에서 벗어날 수 있습니다. "죄지은 일이 없노라." 마음으로만 바치는 것이 아닙니다. 입으로도 반드시 해야 합니다.

상대가 자존심 상하게 할 때가 경천에서 벗어날 절호의 찬스입니다. 내 죄업을 일깨워 주는 스승으로 알고 자꾸 바치세요. 미운 생각이 들수록 더 바치세요. 기승을 부릴수록 더 가라앉히세요. 그렇게 꾸준히 하고, 참았다가 폭발하지 마시기 바랍니다. 반드시 해결됩니다. 선세죄업이 소멸됩니다.

몸으로도 해야 합니다. 신구의 셋입니다. 대개 마음으로 하고 맙니다. 입으로도 몸으로도 해야 됩니다.

미운 놈 떡 하나 더 주라는 우리나라 속담이 있습니다. 그런데 떡 하나 더 줄 때 티 내면서 주면 안 됩니다. 떡 하나 더 주면서 "야, 너 생각해 주는 사람 나밖에 더 있냐?" 해서는 안 됩니다. 티 내지 말고 진짜 공경심으로 주세요. 만약 떡 하나 줄 돈이 없으면 몸으로 봉사를 하세요. 조건 없이 하세요. 법당에서 울력(대중들이 함께 모여 하는 육체적 노동인 운력運力은 '울력'이라고도 하고 여러 사람이 힘을 구름처럼 모은다는 뜻에서 '운력雲力'이라고도 한다.)은 조건 없이, 대가 없이 하는 무주상 보시의 가장 좋은 방법입니다. 법당에서 울력하는 것으로 가난, 병약, 경천에서 벗어날 수 있습니다.

또 가능하면 돈을 다만 얼마라도 티 나지 않게 십일조를 한다면 그것도 각종 재앙에서 벗어나는 중요한 방법입니다. 제가 이런 소리를 하면 누가 그럽니다. "법사님, 사람들한테 돈 강요하지 마세요." 강요하는 것 아닙니다. 복 짓기 위해서 제가 해본 경험을 얘기하는 것입니다. 강요해서 내는 돈은 복이 되지 않습니다. 우러나서, 자발적으로, 부처님 시봉하기 위해서 내야 복이 됩니다. 정반대는 인색함입니다. 남이 나를 대접해 주기를 바라고, 유도해서 돈 내게 하는 것은 재앙을 더 불러오는 일입니다.

부처님 마음 연습하고 마음뿐 아니라 입으로, 몸으로 실천하셔서 모든 재앙에서 벗어나고 부처님 전에 복 많이 지으시기를 발원드립니다.

2020.10.10.

절체절명의 위기극복,
나는 무시겁으로 살생한 적이 없노라

저는 일찍이 대학생 때 불교를 만났고 그 가르침이 참 좋았습니다. 가르침이 과학적이고 철학적이고 어쩐지 굉장히 위대하게 느껴졌습니다. 잘 활용하면 마음의 안정뿐만 아니라 큰 깨달음을 얻을 수 있다는 믿음이 있었습니다. 이런 이유로 상당히 불교를 좋아하게 되었습니다.

불교가 재앙을 소멸할 수 있을까?

불교는 마음을 안정시키는 효과가 있고 나아가서 깨달음까지 이룰 수 있다고 생각했지만, 재앙을 소멸하거나 밥을 먹여줄 수 있다고 생각하지는 못했습니다. 예를 들어서 지갑이나 카드를 잃어버리면 상당히 불쾌한데 이런 것이 부처님의 가르침을 통해서 해결된다는 것은 당시 저로서는 상상할 수 없었습니다. 오히려 부처님의 가르침을 너무 현실적으로, 장사꾼 식으로 생각하는 것이 참 부끄럽다고 생각했습니다. 재앙을 소멸하는 것과 불교는 아무 상관이 없다고 생각했습니다. 살다 보면 배신을 당하기도 하고, 데이트하다가 실연할 수도 있는데 그것을 부처님께 의존하여 해소하는 일은 제게 있을 수 없는 일인 것 같았습니다. 또 먹고사는 문제를 부처님을 통해서 해소하려는 사람을 비웃었습니다. '아니, 먹고사는 문제를 부처님한테 빌어서 해결하려고 하다니, 불교가 무슨 사업인가?' 저는 고급 불교에 익숙해 있었기 때문에 소위 기복 불교를 상당히 경멸했습니다.

불교에서 참선을 합니다. 참선이 깨달음의 길에는 이르게 하는 것 같지만 재앙을 소멸하고 소원을 성취하는 것과는 전혀 관계가 없어 보입니다. 참선을 해서 마음이 안정되느냐고 묻는다면, 깨달음에는 이를 수 있어도 마음의 안정과는 상관이 없다고 얘기할지도 모릅니다. 더군다나 재앙을 소멸하고 소원을 성취하는 것은 얼토당토않다고 말할 것입니다. 그런 발상을 하는 것 자체가 너무 세속적이고 기복적이고, 불교를 평가절하한 것이라는 핀잔을 들을 것 같습니다.

그러나 제가 사회생활을 하다 보니 불교에 재앙 소멸이나 소원 성취에 대한 대안이 있을 것 같다는 막연한 생각이 들었습니다. 재앙을 소멸한다면 부처님 가르침의 어떤 원리가 아닌 부처님의 신통력에 의해서 재앙이 소멸하는 것이라고 생각했습니다. 부처님의 가르침을 통해 고苦를 소멸하고 열반의 세계에 든다는 것은 있을 수 있지만, 실제로 지갑을 잃어버리는 고통, 친구에게 배신당하는 고통까지 해소한다고는 생각할 수 없었습니다.

반지를 돌려받은 이야기

제가 군대에 있을 때 빌려준 반지를 돌려받는 방법을 백 박사님께 여쭤본 적이 있습니다. 이 이야기는 책에도 썼습니다.

친구가 제가 원하지도 않았는데 남자가 낄 수 있는 예쁜 반지를 빌려주었습니다. 반지를 끼고 부대에 와서 자랑했더니, 저보다 한 계급 위의 사람이 반지를 하루만 빌려 달라고 하였습니다. '내 것은 아니지만 하루쯤 빌려주는 거야 뭐 어때?' 하며 빌려주었습니다. 그런데 그이가 하루가 지나도 돌려줄 생각을 하지 않습니다. 며칠이 지나도 소식이 없기에 돌려달라고 해도 빙글빙글 웃으면서 전혀 돌려줄 기색이 없었습니다.

일주일에 한 번씩 백 박사님께 다닐 때여서 소소한 것까지도 다 여쭈어보는 습관이 있었습니다. 그전 같으면 소소한 반지 문제까지 선생님께 여쭈어보는 것은 유치하다고 생각해서 아예 말도 꺼내지 않았을 것입니다. 한데 내 사고방식이 근본적으로 잘못되었다고 알고나서는 사소한 것까지도 다 여쭈어보는 습관으로 바뀌었습니다.

"저보다 한 계급 위 사람이 반지를 돌려주지 않는데 어떻게 해야 하겠습니까? 자꾸 졸라야 하겠습니까?"

"반지를 달라고 하지 말고, 그 반지를 되돌려 받기를 원하는 마음 또는 '안 준다'는 그 마음에 대고 자꾸 미륵존여래불을 해라."

미륵존여래불을 하라는 뜻을 잘 몰라서 다시 여쭈었습니다.

"미륵존여래불을 하면 그 반지를 되돌려 줄까요?"

"열심히 미륵존여래불을 하면 돌려주지."

그 말씀이 참 믿어지지 않았습니다. 그리고 만일 미륵존여래불을 열심히 해서 반지가 되돌아온다면, 그 이유는 미륵존여래불이라는 부처님의 위대한 신통력이나 위신력일 것이라 생각했습니다. 관세음보살을 열심히 불러서 재앙 소멸하고 소원 성취하는 것과 같은 이치라고 막연하게 생각했습니다. 선생님의 가르침은 부처님의 위신력을 인정하지 않는 가르침인데, 한편으로는 약간 의아하기도 했습니다. 그래도 열심히 미륵존여래불 하던 어느 날 반지가 되돌아왔습니다.

그때부터는 이렇게 재앙이 있거나 불쾌한 느낌이 들 때는 누가 기복이라고 하든, 무시하든 말든 간에 저는 영문을 알지 못한 채 열심히 미륵존여래불을 하는 사람이 되었습니다. 내가 수행을 하는 사람인가? 복을 비는 사람인가? 기복 불교와 수행 불교에서 왔다 갔다 했습니다. 그러나 지금 생각해 보니 기복 불교가 아니었습니다. 미륵존여래불의 신통력에 의해서 반지를 가져왔던 게 아니라는 걸 이제는 분명히 알게 되었습니다. 처음에는 저도 오락가락하면서 원인을 알 수 없었는데 이제는 분명히 알 수 있습니다.

미륵존여래불을 통해서 반지를 받게 된 사례를 바탕으로 부처님 가르침의 진리에 대해서 한번 검토해 보는 것은 위기를 극복하는 원리를 이해하는 데에도 매우 도움이 되리라 생각합니다. 부처님의 가르침으로 재앙을 소멸할 수 있을 뿐만 아니라, 나아가서는 절체절명의 위기까지도 극복할 수 있습니다.

전생의 죄업을 참회하여
재앙을 소멸한다

그 사람이 반지를 가져가서 나한테 돌려주지 않았습니다.

왜 돌려주지 않았을까?

우리는 흔히 욕심 많은 성격, 아래 계급은 마음대로 해도 된다는 특유한 사고방식 등 원인을 현실적인 문제에서 찾습니다. 그 사람은 본래 남의 것을 잘 떼어먹는 것이 특징이라는 식으로 흔히 해석합니다. 그러나 제가 공부하면서, 반지를 돌려주지 않은 것이 그이의 성격적인 특징이나 기질 때문이 아니란 것을 확실히 알게 되었습니다.

믿기 어려울지 모르지만 내가 전생에 그의 반지를 슬쩍 떼어먹고 안 돌려줬던 적이 있었고, 그이는 당했던 한이 있었던 것입니다. 그 한으로 말미암아 제게서 반지를 가져가 돌려주지 않게 되었습니다. 물론 금생은 아니고 몇 생 전인지는 모르지만 전생에 나한테 당했다는 기억, 원한으로 내 반지를 가져가서 돌려주지 않았다는 것을 이제는 알게 되었습니다.

어떻게 미륵존여래불해서 되돌려 주게 되었는가?

보통 사람은 반지를 돌려주지 않았을 때 달라고 하거나 싸우거나 심지어 소송까지 합니다. 금강경을 하는 불자는 어떻게 해야 하는가? 반지를 돌려주지 않은 것은 그이가 나빠서가 아니라 전생에 내가 그이한테 했던 죄업 때문입니다. 내 죄업을 참회하는 것이 반지를 스스로 가져오게 하는 길이라는 것을 알아야 합니다.

그때는 그것을 전혀 몰랐고 전생이 있는지도 확실히 몰랐습니다. 인과응보를 믿기는 했어도 털끝만 한 전생의 죄업까지도 금생에 엄밀하게 적용된다는 것을 몰랐습니다. 공부하며 인과응보를 하나하나 믿게 되면서, 억울한 일은 사소한 일까지도 그 원인이 전생에 있다는 것을 알게 되었습니다. 그이가 반지를 가져오지 않은 이유는 내가 전생에 그이한테 그만큼 했기 때문임을 알게 되었습니다. 금생에는 그런 일이 없었으니까요.

그러면 반지를 가져오게 하려면 어떻게 해야 하겠습니까?

한때는 부처님의 신통력에 의해서 가져왔다고 생각했지만 아니었습니다. 내 죄업이 그렇게 만들었다면 내 죄업을 참회하는 것이야말로, 내가 죄지었다는 생각을 소멸하는 것이야말로 그의 한을 푸는 길입니다. 한을 풀어야 그이가 반지를 저절로 가져올 수 있다는 것을 알게 되었습니다.

도인께서 말씀해 주셨습니다.

"미륵존여래불해서 네 죄업이 참회되니, 정신없이 신들린 것처럼 가져온 것이다."

시간이 걸렸지만 결국 그렇게 되었습니다. 백 선생님께서는 재앙 소멸 방법을 마음속에서 찾고 실제로 적용하라고 생활 속에서 예를 들어 주셨던 것입니다.

절체절명의 위기도 이겨낼 수 있는 우리 가르침

위기가 닥쳤을 때도 부처님의 방법으로 극복할 수 있을까?

지금 어떤 불교도 부처님의 가르침으로 재앙을 소멸할 수 있다고 이야기하지 못합니다. 그 원리도 모릅니다. 한층 더 나아가서 위기를 극복할 수 있다고는 더더욱 하지 못합니다. 위기를 극복하는 것과 불교 수행은 상관이 없다고 생각합니다. 심지어 "도인들도 위기를 맞는다. 절체절명의 위기는 피할 수 없다. 위기는 운명이다."라고 얘기합니다.

우리 가르침이 위대하다고 생각하는 이유 중의 하나가 재앙 소멸은 물론이고 절체절명의 위기까지도 극복할 수 있기 때문입니다. 심지어 죽음까지도 극복할 수 있다는 것이 본래 불교의 특징인데, 어느새 그 특징을 잃어버리고 있습니다. 재앙을 소멸하고 위기를 극복하고 나아가서는 절체절명의 위기까지도 이겨낼 수 있는 우리 가르침은 불교의 본래 모습을 되찾는 가르침이라고 생각합니다.

소의 출산, 위기 극복의 수기설법

백 선생님께서는 그 실례를 보여 주신 적이 있습니다. 제가 소사에 있었던 1960년대 후반기 무렵입니다. 그때는 전화가 있는 집이 아주 드물었습니다. 물론 소사 도량에는 전화가 없었습니다. 수의사를 부르려면 한 30분 걸립니다. 읍내에 나가서 수의사를 직접 불러오지 않고서야 별다른 도리가 없습니다.

어느 날 아침 백 선생님께서 이런 법문을 하셨습니다.

숫달타 장자가 부리나케 부처님을 찾아와서 여쭈었습니다. 숫달타 장자는 사위국 기수급고독원을 건설할 정도로 큰 부자였습니다.

"며느리가 지금 해산하려고 하는데 아기 머리가 나왔다 들어갔다 하고, 며느리와 아기 둘 다 죽을 지경입니다. 제가 할 수 있는 것이 아무것도 없고 마음이 불안하고 힘듭니다. 부처님, 이럴 때 어떻게 했으면 좋겠습니까?"

백 선생님께서 하신 말씀이 정확하게 기억이 나지는 않습니다만, 부처님께서 주장자를 주시면서 이렇게 말씀하셨다고 합니다.

"아기를 해산할 때 아기 머리에 주장자를 대고 '나는 무시겁으로 살생한 적이 없노라.'를 세 번 하라."

숫달타 장자는 부처님 말씀대로 하였고 며느리는 기적적으로 순산했다고 하셨습니다.

'왜 저 이야기를 하실까?' 그 이야기를 경전에서 읽은 기억이 없는데, 참 새로운 법문이라고 생각했습니다.

그날인지 다음 날인지 소가 출산하려고 합니다. 소의 명칭을 1호, 2호, 3호 하는 식으로 불렀는데 그 소는 3호였습니다. 3호가 출산을 하는데 머리가 나왔다 들어갔다 했습니다. 3호는 굉장히 고통스러워하며 소리를 지릅니다. 저는 여러 번 송아지를 받아봤지만 이때는 제 힘으로 안 될 것 같았습니다. 우리는 마음이 급해졌습니다. 수의사를 부르자고 했지만, 부르려면 읍내에 나가야 해서 정작 부르지 못했습니다. 하여튼 정신이 없었습니다. 그러다가 수의사가 아니라 선생님을 부르자고 했습니다. 백 선생님께서 올라오셔서 쭉 보시더니 "원 세워 보자." 한마디 하시고는 내려가셨습니다.

참 이상했습니다. 어디서 날아왔는지 수의사가 왔습니다. 수의사가 와서 3호는 순산을 했고 깨끗이 정리를 끝냈습니다. 나중에 알아봐도 수의사 부르러 간 사람이 없습니다. 당시에 우리는 전화가 없으니 누가 부르러 가지 않으면 안 되었습니다. 백 선생님께서 올라오셔서 "원 세워 보자." 하신 것이 전부였습니다.

'나는 무시겁으로 살생한 적이 없노라.' 법문을 하신 것이 그날이나 전날 아침이었습니다. 소가 출산할 때 송아지 머리가 나왔다가 들어갔다를 반복하여 생사가 오락가락하는 상황에서, 백 선생님께서는 '나는 무시겁으로 살생한 일이 없노라.'하는 원을 세우시지 않았을까? 그것이 기적적으로 순산하게 한 것인가? 참 기이하게도 수

의사한테 연락이 닿아서 오게 만든 게 아닐까? 이렇게 생각합니다. 제가 부르지 않으면 수의사를 부를 사람이 없었거든요. 물론 저는 부르지 못했습니다. 지금도 미스터리입니다. 이런 얘기를 BTN 다큐멘터리에 쓰라고 하면 미신 같다고 쓰지 않을 것입니다.

백 선생님이 뭔가 쇼맨십을 보여 주려고 그렇게 하셨을까요? 저는 그렇게 보지 않습니다. 이것이 바로 제가 늘 말씀드린 수기설법입니다. 그대로 실천하라는 것입니다. 이런 절체절명의 위기 때 '나는 무시겁으로 살생한 일이 없노라.'를 해보라는 것이고, 그러기 위해서 시범을 한 번 보이신 것입니다. 숫달타 장자의 며느리가 순산했듯이, 절체절명의 위기 속에서도 재앙을 극복할 수 있을 것이라는 법문도 하시고 시범도 보이셨던 것입니다.

위기를 극복하는 명약, 나는 무시겁으로 살생한 일이 없노라

어려운 위기의 순간에 그 말씀을 떠올려 가면서 종종 적용해보았습니다.

"나는 무시겁으로 죄지은 일이 없노라."

거짓말하는 것 같았습니다. 도둑질은 하지 않았지만 가끔 거짓말도 했고 커닝하고 싶은 생각도 있었습니다. '딴 놈들 다 하는데 나는 왜 하면 안 돼?' 그리고 보면 가끔 부모님 속도 썩인 것 같습니다. '나도 죄지었지. 친구들한테 화도 냈고. 내가 죄를 안 지었다고 할 수 있나?' 죄지었다고 생각하며 수시로 참회하는 내가 '무시겁으로 죄지은 일이 없다.'라고 하는 건 양심의 가책이 들었습니다. 그래서 그 말을 못할 거라고 생각했어요.

그러나 이것은 내가 죄지었다는 것을 고백하는 것이 아닙니다. '나는 죄지은 적이 없노라.'하는 것은 부처님만이 할 수 있습니다. 중생들은 다 죄를 짓게 되어 있습니다. '나는 죄지은 일이 없노라.'하는 동시에 나 역시 부처님 마음이 되는 것입니다. 내가 죄짓지 않았다고 누구한테 고백하는 것이 아닙니다. 위선적인 고해성사가 아닙니다. 고백하고자 하는 것이 아니라, 순간적으로 부처님 마음이 되는 것입니다.

"나는 무시겁으로 살생한 적이 없노라."

나는 살생을 한 적이 없어서 실감이 나지 않았습니다.

절체절명의 위기가 왜 생길까요? 살생업보가 나를 위기에 몰아넣는 것입니다. 절체절명의 위기 때 '나는 무시겁으로 살생한 일이 없노라.' 해보세요. 한 번만 하지 말고 마음을 담아서 몇 번이고 자꾸 해보길 바랍니다. 참 좋습니다. 반드시 효과가 있습니다. 또 이처럼 자꾸 하다 보면 깨닫는 순간이 있습니다.

저는 금생에 살생하지 않으려고 노력했고, 특히 불교를 믿은 뒤로는 고기도 먹지 않고 심지어 파리, 모기도 죽이지 않으려고 했습니다. 그런데 가만히 생각해 보니 저는 『삼국지』 같은 소설을 즐겨 읽었습니다. 조자룡이 사람 죽이는 장면을 즐겁게 읽었습니다. 그리고 사자, 호랑이가 싸우는 장면을 굉장히 즐겁게 봤습니다. 제 속에는 무시무시하게 잔인한 기질이 있었고 여러 생 많은 살생 업보가 있었다는 것을 느낍니다. 전투 영화 보기를 좋아하는 것은 제 속에 살생 업보가 있었다는 것을 간접적으로 증명합니다.

"나는 무시겁으로 살생한 일이 없노라."

"나는 무시겁으로 산목숨을 학대하고 죽인 적이 없노라."

이렇게 하는 순간 부처님의 마음이 됩니다.

예전에 저는 사자, 호랑이 같은 맹수들이 서로 싸우는 것을 좋아하고, 권투를 좋아했습니다. '나는 무시겁으로 살생한 일이 없노라.'를 자꾸 되풀이하면서 그런 것들을 좋아했던 저에 대한 기억이 점점 흐려지는 것 같습니다. 그러면서 현실의 위기, 특히 절체절명의 위기에서도 벗어나는 것을 느낍니다.

"나는 무시겁으로 죄지은 일이 없노라."

"나는 무시겁으로 음란한 생각을 한 적이 없노라."

"나는 무시겁으로 살생한 일이 없노라."

반드시 '없노라' 해야 합니다. '없습니다' 하고 존칭을 써서는 안 됩니다. 부처님의 마음이 되는 것이기 때문입니다. '없노라'가 실감이 안 나고 거짓말하는 것 같아서 죄송스럽지요. 그러나 죄송스럽게 생각하는 한 위기에서 벗어날 수 없습니다. 그것은 자기가 본래 전지전능하다는 위력을 망각한 것이지, 양심도 모범도 아닙니다.

위기를 극복하는 길은 '나는 무시겁으로 살생한 일이 없노라.'라고 하는 데서 시작합니다. 특히 절체절명의 위기에서 벗어나는 가장 좋은 명약이라는 것을 근래 와서 많이 실감합니다. 미친 척하고 하루에 정성껏 100번씩이라도 해보길 바랍니다.

2020.10.17.

만물을 자기 몸처럼 사랑하고 실감한다면

살면서 여러 가지 어려움이 많이 있습니다. 부처님께서는 생로병사라는 대표적인 어려움을 해탈하는 것을 목표로 출가하셨다고 하지만 요새는 생로병사 외에도 우리가 실제로 느끼는 어려움이 있습니다. 빈곤, 병, 그리고 다른 사람에게 무시당하는 경천의 고난을 현대인의 3대 고난이라고 합니다.

밝은이들은 이렇게 이야기할 것입니다.

"빈곤의 원인은 탐심이다. 병의 원인은 다른 목숨을 많이 살생하는 진심이 원인이다. 자기 자신이 잘났다는 잘못된 생각에서 남을 무시하고 경천하고 학대하는데, 이것이 경천의 고난으로 온다. 경천은 치심이 그 원인이다."

종교는 경천의 고통도 해소할 수 있어야 한다

이제 과학이 발달해서 병을 치료하는 기술이 많이 늘었습니다.

인공지능 시대, 4차 산업혁명 시대가 도래하면서 생활이 편리해지고, 빈곤이나 병의 고난에서 많이 벗어났습니다. 앞으로는 과학기술의 발달로 암 같은 병도 미리 예방하고 치료할 수 있어서 120세까지 수명이 늘어난다는 것이 과학자들의 공통된 예측입니다. 가난도 대개 없어진다고 해요.

그러나 아무리 과학이 발전해도 경천의 고통만은 쉽게 없어지지 않을 것 같습니다. 요새 저한테 와서 여러 가지 어려움을 호소하는 사람 중에도 먹고살기 어렵다고 호소하는 사람은 거의 없습니다. 병 때문에 힘들다는 사람은 더욱 적습니다. 반면에 부부 갈등, 부자 갈등, 직장에서의 갈등, 심지어는 도반들 간의 갈등, 즉 남한테 경천 당하는 고통을 호소하는 분들은 너무나 많습니다.

종교가 무엇 때문에 생겼을까요?

예전에는 거창하게 구원이나 해탈을 목표로 종교가 생겼다고 했습니다. 아직도 종교인들 - 특히 기독교인들은 구원을 목표로, 불교인들은 해탈을 목표로 삼습니다. 그러나 구원이나 해탈은 우리에게 너무나 막연하고 높게만 느껴져서 매력을 느끼지 못합니다. 그래서 종교는 점점 더 우리에게서 멀어지고 있는지도 모릅니다. 실제로 멀어지고 있는 것이 현실입니다.

종교는 경천의 고통을 해소시킬 수 있어야 합니다. 그래야만 진정한 종교로 새롭게 탄생할 수 있고, 많은 사람이 종교의 진정한 가치와 보람을 느낄 수 있습니다. 종교가 경천에 대한 해답을 제시하지 못한다면 막연한 구원이나 해탈만으로 종교가 설 자리는 없을 것입니다.

종교뿐만 아니라 각종 수련이 있습니다. 요새 명상이 대표적인 수련입니다. 명상을 통해서 마음이 안정되고 평화와 행복을 얻는다고 하지만 천하의 어떤 수련도 부부간의 갈등과 같은 경천의 고난을 해소해 줄 수 없다고 봅니다.

금강경을 실천하게 하는
선지식이 계셔야 한다

금강경 가르침 또는 선지식의 가르침 중에서 가장 위대한 것은 경천의 고통에서 벗어나게 하는 것, 즉 업보를 해탈시킬 수 있다는 것입니다.

선지식이 계셔야만 모든 생각이 착각이고 본래 없다는 금강경의 핵심 진리를 올바르게 해석할 수 있고, 이것을 실천하게 해서 모든 재앙에서 벗어나게 해 주십니다. 이것은 단순히 금강경이나 불교의 위대성이라기 보다는, 금강경을 실천하게 가르쳐주시는 선지식의 고마움과 위대성이라고 생각합니다.

여기 오셔서 금강경 공부를 하시는 분들은 예외 없이 마음의 평화를 얻고 근심 걱정이 사라졌다고 이야기합니다. 마음의 평화를 얻었다거나 근심 걱정이 사라졌다는 것은 명상을 통해서 얻는 평화, 기타 수련이나 종교를 통해서 얻었다는 평화와는 근원적으로 다릅니다. 우리가 얻은 평화는 그 뿌리가 근심 걱정이 착각이고 본래 없다는 공空의 진리에 근거한 평화이기 때문입니다.

공의 진리를 바탕으로 한다면 평화를 얻을 뿐 아니라 근본적으로 재앙의 뿌리까지 소멸하여 영원한 부처님 세계로 들어갈 수 있습니다. 소위 명상을 통한 평화는 그 정신적인 뿌리가 공의 진리가 아니기에 지극히 제한적이며 근본적인 재앙 소멸에서 상당히 멀어지게 됩니다.

저희는 다행히 운 좋게 밝은 선지식을 만나서 재앙 소멸 방법을 알았습니다. 소원이 성취되는 법을 알려주는 가르침은 너무나도 많지만, 근본적으로 재앙을 소멸하는 가르침, 고난이 착각이라는 것을 알려주는 가르침은 전무하다고 생각합니다. 재앙이 착각이라고 알려주고 그것을 실천해서 평화를 얻게 하는 가르침, 그것은 더더욱 없는 것 같습니다.

선지식의 가르침을 실천 수행하여
재앙을 소멸한 체험

소사에 있었을 때, 쥐를 우리 법당에서 아주 사라지게 했던 경험입니다. 누구나 쥐를 싫어합니다. 곡식을 축내고 전염병을 옮기는 등, 여러 가지 안 좋은 일을 생기게 하는 것이 쥐입니다. 인상도 고약하고 혐오스러운 제거 대상입니다. 사람들은 쥐를 제거하기 위해서 쥐덫을 놓고 쥐약을 놓습니다. 그런다고 쥐가 없어질까요?

밝은이는 이렇게 가르치셨습니다.

"너희들의 거지 마음, 궁한 마음이 쥐를 불러오는 것이다. 너의 죄업이 불러온 것이다. 쥐는 제거할 대상이 아니라 너의 분신이다. 너의 죄업이 얼마나 큰가를 일깨워 주는 것이 쥐라면, 쥐를 제거한다고 어떻게 집안이 깨끗해지고 병에서 벗어날 수 있겠느냐? 쥐를 불러오는 그 마음, 그리고 쥐는 더럽고 싫고 제거할 대상이라고 하는 그 마음이 착각인 줄 알고 바쳐라."

소사에 있을 때 소가 아주 좋아하는 사료인 밀기울이 가득 쌓인 창고에 쥐가 득실득실했는데 쥐약이나 쥐덫을 놓을 수도 없었습니다. 우리는 쥐를 싫어하는 마음, 지저분한 쥐똥을 싫어하는 마음을 바칠 수밖에 없었습니다. 바치는 힘이 약해서 그런지 쉽지 않았습니다. 나중에 고양이를 데려 왔는데 고양이가 쥐 때문에 놀라서 도망가는 우스운 일이 일어났습니다. 고양이도 안 되고, 바치는 것도 안 되고, 우리는 그냥 쥐를 멀거니 쳐다볼 수밖에 없었습니다.

단지 바치는 것만은 포기하지 말자고 생각했습니다. 바치는 힘이 점점 커지면서 알지 못하게 우리는 쥐를 제거해야겠다는 생각, 쥐똥이 지저분하다는 생각에서 점점 멀어졌던 것 같습니다. 한층 더 나가서 쥐는 내 마음의 표현, 내 거지 마음이 불러온 것, 나의 분신이라고 생각했는지도 모릅니다. 그런 생각이 커지는 과정에서 도망갔던 고양이가 되돌아오더니 용감하게 쥐를 잡기 시작했습니다. 그전에는 쥐만 보면 도망가던 고양이가 사냥 실력이 출중한 야생고양이가 되어 돌아왔습니다. 은혜를 갚으러 왔는지도 모릅니다. 그러더니 쥐를 하나하나 다 제거하여서 어느덧 쥐는 한 마리도 보이지 않게 되었습니다.

그때 백 박사님이 하신 법문이 있습니다.

"내가 이제 쥐를 가라고 했다."

쥐를 싫어하는 용심, 쥐똥을 지저분하게 생각하는 용심, 쥐는 전염병을 옮기는 악의 상징으로 생각하는 용심이 있는 한, 쥐를 가라고 할 수 없습니다. 쥐는 내 명령을 듣지 않습니다. 그런데 쥐를 나의 분신, 내가 불러온 것, 내 죄업이 얼마나 큰지 일깨워 주는 대상이라고 생각하면, 쥐는 그런 사람의 명령에 의해서 사라지기도 하는 모양입니다.

이것은 명상이나 다른 어떤 종교에서도 얻을 수 없는, 오로지 금강경 가르침, 그중에서도 밝은 선지식에 의한 실천수행으로 얻을 수 있었던 재앙 소멸의 체험입니다.

나의 분신이라고 생각하면
자유로워진다

이것을 코로나바이러스로 인해 살벌해진 이 시대에 적용할 수 있습니다. 우리는 마치 쥐를 싫어하는 것처럼 코로나바이러스를 제거해야 할 대상, 물리쳐야 될 대상, 악의 상징이라고 생각합니다. 코로나바이러스를 나의 분신이라고 생각하는 사람은 어느 종교에도 없고 어느 가르침에도 없을 것입니다.

코로나바이러스로 인해 86만 명의 일자리가 사라졌다고 합니다. 코로나바이러스는 경제를 파괴하고 인류를 파멸시키는 악의 대상이다, 마스크 쓰고 방역을 철저히 준수하자고 합니다. 마스크 쓰라는 소리가 사람을 주눅 들게 만들고 집에 콕 박혀 있게 만듭니다. 그것이 나의 분신이고, 내가 사랑해야 할 대상이고, 나와 둘이 아니라는 생각을 하지 못합니다.

저는 일찍이 밝은이의 말씀을 통해서 코로나바이러스를 나쁜 것, 제거해야 될 대상, 악의 근원이라고 생각하지 말라고 말씀드린 적이 있습니다. 그것은 우리 죄업이 불러온 것이고 우리 죄업이 얼마나 큰가를 일깨워 주는 고마운 스승의 모습이기도 합니다.

'나의 분신인데 왜 제거해야 될까? 그것을 자꾸 바쳐야 되지 않을

까? 그리고 좋은 이름을 지어야 되지 않을까?'

악의 균이 아니라 내 죄업을 일깨워 나를 참회하게 하고 나를 영적으로 성장하게 하는 고마운 스승이라 생각하고 이름지어봅시다. 바치더라도 지겨워서 어서 사라지라고 하는 것이 아니라 감사하면서 바친다면, 쥐에서 자유로워지고 해탈하듯이 코로나바이러스를 해탈할 수 있을 것입니다.

코로나바이러스를 우리의 분신이라고 생각할 때 코로나바이러스에게 명령을 내릴 수 있습니다. 코로나바이러스를 악의 상징이라고 여기는 한, 코로나바이러스는 우리의 적이 되고 우리의 말을 듣지 않습니다. 그러나 코로나바이러스를 나의 분신으로 생각하고 고맙게 생각할 때 그것은 내 말을 들을 수 있습니다. 그때 사라지라고 명령하면 사라집니다.

백 선생님께서 1920년대 금강산에 계실 때 호랑이가 많았다고 합니다. 호랑이가 다니는 길에 절이 있었다고 합니다. 아마 호랑이를 두려워하는 마음을 바치셨던 것 같습니다. '호랑이는 인간을 해치는 것이 아니다. 나의 분신이고 내 마음의 표현이다.' 드디어는 호랑이와 대화를 할 수 있게 되어 사라지라고 하면 사라졌다고 합니다.

특히 금강경을 하는 불자들은 코로나바이러스에 대한 인식을 새롭게 하여, 나쁜 것이라고 이름 짓지 말아야 합니다. 마스크를 철저히 쓰고 방역을 하고 손을 씻고 집에 꼼짝없이 들어앉아 있는 것은 코로나바이러스를 악이라고 보는 것이나 마찬가지입니다. 그런 사람한테는 오히려 세균이 더 빨리 갈지도 모릅니다. 두렵다는 생각을 바치고 내 죄업을 일깨워 주는 고마운 것이라고 생각할 때, 코로나바이러스의 두려움에서 벗어나 자유롭게 될 것입니다.

코로나바이러스가 두려워서 마스크를 쓰는 것이 아닙니다. 코로나바이러스가 두려워서 손을 씻는 것이 아닙니다. 다른 사람들이 하라고 하니까, 아니 하면 이상하니까 하는 것입니다. 마음속으로는 아주 자유롭습니다. 심지어는 코로나바이러스와 대화를 합니다. 더 아상이 소멸한 사람은 코로나바이러스를 둘로 보지 않고 완전히 해탈합니다.

천지동근 만물일체

6·25 당시에 백 선생님은 내무부장관을 하셨습니다. 그때 내무부장관이 납치된다는 것은 국가적으로도 굉장히 위협이어서 호위병이 늘 따랐다고 합니다. 아마 웬만한 장관들은 호위병의 보호를 받을 필요를 모두 느끼셨을 것입니다. 그런데 6·25 때도 호위병을 다 물리치셨다고 합니다. 납치에 대한 두려움이 없었고, 북한 공산당을 남으로 보지 않고 나의 분신으로 보는 보살 정신이 있었기 때문이 아니었나 생각합니다.

모든 나쁜 것, 지저분한 것, 더러운 것, 싫은 것, 귀찮은 것들을 악이나 물리쳐야 할 대상으로 보지 않고 나의 분신으로 보는 사고방식은 금강경 정신이나 마찬가지입니다. 이런 금강경 정신이 무르익을 때 천지동근 만물일체天地同根 萬物一體라는 말이 실감납니다. 하늘과 땅은 한 뿌리입니다. 모든 사람은 한 뿌리입니다. 만물은 한 몸이라는 말에 동감합니다.

벌목하는 산을 소유한 사람이 있었습니다. 나무를 베어야 하는데 나무를 벨 때마다 재앙이 일어났습니다. '무슨 일이지? 아! 만물이

한 몸이라더니 내 몸을 잘라서 재앙이 일어나나 보다.' 이런 생각에 이르게 되어 그는 굉장히 고민하였습니다. 이 일로 백 선생님을 찾아왔고 선생님께서는 이렇게 가르치셨다고 합니다.

"나무를 제거해야 할 대상이라고 생각하지 말고, 내 몸이며 사람과 똑같이 말귀를 알아듣는 생명체인 것으로 생각해라. 나무를 베기 전에 그 나무에 '이 나무는 언제 베어서 어디 좋은 데 쓸 테니 나무를 베더라도 부디 양해해 주길 바란다.'라고 써 붙인 다음에 베어 보라."

그 뒤로는 나무를 베더라도 아무런 재앙이 없었다고 합니다.

깨친 이는 천지만물을 자기 몸처럼 생각합니다. 풀 한 포기 뽑는 것도 함부로 뽑지 않고 돌 하나도 소중히 다룹니다. 일체중생 실유불성, 유정有情 무정無情 돌멩이 하나에도 다 부처의 성품이 있다고 화엄경에서 이야기합니다.

진정으로 만물을 사랑하는 사람은 명령할 수 있다

○○산 터널을 뚫을 때 자연보호주의자들은 반대했습니다. 터널을 뚫으면 도롱뇽이 죽는다고 ○○ 스님이 100일간 단식해서 몇 조의 손해가 났습니다. 만물이 다 내 몸과 하나인데 어떻게 자연을 훼손할 수 있느냐는 논리는 틀리지 않습니다. 그런데 그런 논리에 집착을 하다 보면 굉장히 가난해질 수 있습니다. 실례로 백 선생님께서는 쥐를 가라고 하셨고, 쥐를 사랑하는 사람은 쥐를 가라고 할 수 있습니다. 자연도 개발해야 할 필요가 있습니다. 자연을 진정으

로 사랑하는 사람만이 자연을 개발할 수 있습니다.

어떻게 개발을 해야 하는가?

자연보호주의자들은 개발은 옳지 않다고 주장합니다. 그러나 개발을 안 하면 사람이 살지를 못합니다. 진정으로 만물을 자기 몸처럼 사랑하는 사람은 만물을 자기 몸처럼 사랑하기 때문에 명령을 내릴 수 있습니다. '살점을 떼어내는 것처럼 자연 개발이 아프다고 하지만, 네 살점을 떼어 내서 다른 데 도와주니까 살점을 떼어 내도 양해해라.' 이렇게 양해를 구하면서 자연 개발을 한다면 아무런 재앙도 없을 것이고 닦는 마음에서도 어긋나지 않습니다.

자연 보호에 집착하는 것은 천지만물을 자기 몸처럼 생각하지 못했다는 증거입니다. 천지만물을 진정으로 자기 몸처럼 생각하는 사람은 그것을 일부 다른 데로 옮기도록 명령을 내려서 말을 듣게 합니다. 마치 쥐를 가게 할 수 있듯이, 코로나바이러스를 다른 데로 가게 할 수 있듯이, 자연을 훼손하는 것이 아니라 다른 데로 가서 인류 복지에 쓰일 수 있도록 명령을 내립니다. 아무런 재앙 없이 할 수 있습니다. 이것이 진정한 자연 보호도 하면서 인류를 행복에 이르게 할 수 있는, 두 마리 토끼를 다 잡는 밝은 가르침입니다. 이것도 모두 금강경에서 나왔습니다.

저는 갈수록 금강경의 가르침보다도 금강경의 가르침을 실천할 수 있도록 올바르게 해석해서 밝게 해 주시는 선지식에 대한 고마움을 느낍니다. 그 가르침을 잘 응용해서 행복한 삶을 살아야 합니다.

2020. 10. 24.

제4장

부처님 감사합니다

윗목의 도반을 호랑이가 물어가도
흔들리지 마라

　이 법당이 처음 세워진 것이 1988년 겨울이었습니다. 그리고 이듬해 1989년 봄부터 일주일에 한 번씩 일요일 날, 백 선생님을 좋아하는 사람들이 모여서 지금과 아주 유사하게 금강경 한번 읽고 백 선생님을 추모하는 말씀을 하는 것이 이 법회의 시초였고, 그런 과정을 거쳐 점점 발전했다고 할 수 있습니다.

백 선생님의 정체성

　백 선생님을 좋아하는 사람들은 백 선생님의 어떤 점을 좋아했는지 생각해 봅니다.
　"윗목의 도반을 호랑이가 물어가더라도 참견하거나 흔들리지 않는다."
　백 선생님은 일찍이 당신의 정체성이나 특징을 이렇게 얘기하신

적이 있습니다. 이것을 쉽게 풀어서 말씀드리면, 도반들과 비교하지 않고 도반들의 마음을 들여다보지 않는다, 즉 들여다보면서 자기에게 이익이 되면 사귀려고 하거나 시원찮다 싶으면 지배하려고 하지 않는다는 뜻입니다. 내 마음 밖 모든 것을 들여다보지 않고 오직 내 마음만 들여다보면서 그 생각이 잘못인 줄 알고 바칠 뿐이라는 뜻도 됩니다. 그 가르침이 다른 스님들의 가르침과 너무나 다르고, 우리를 상당히 시원하게 했고 또 행복하게 했다고 믿었기에, 그러한 가르침을 슬로건으로 이 법당을 시작했는지 모릅니다.

백 선생님의 특징이 또 있습니다.

"오는 사람 막지 않고 가는 사람 붙들지 않는다."

이런 가르침을 그대로 받들어서 우리는 이 법당을 홍보하려고 한 적도 없었고 사람들을 불러 모으지 않았습니다. 물론 가는 사람을 붙들지도 않았고요. 그러니까 사람이 그렇게 많지 않았는데, 오는 분들은 그대로 돌려보낼 수 없으니까 점심이라도 대접해야겠다는 생각은 있었고, 그런 식의 전통 비슷한 것이 지금까지 이어지고 있습니다.

백 선생님의 정체성을 잃어버린
법당에서 일어난 사건

얼마 지나지 않아 사람들이 차츰차츰 모여들어서 어느덧 많을 때는 한 20명까지 됐던 것 같습니다. 그중에는 여러 사람들이 있었습니다. 특이한 분이 하나 있었어요. 지금 살아계시면 90대 중반은 됐을 꽤 나이 많으신 분인데, 이분도 일찍이 백 선생님 밑에서 공부를 했습니다. 어떤지 구경하고 배우러 왔다고 하시며 상당히 겸허하시더라고요. 그분이 법회를 한두 번쯤 참여하시더니 "공부했더니 나한테 영적능력이 생겼다. 나는 지압하는 기술이 있다. 지압해서 심지어는 암을 고쳤던 경력이 있다." 이런 얘기를 하시는 거예요.

공부를 잘하는 사람이라면 그이가 아무리 신통력이 있고 아무리 대단한 능력이 있어도 그에게 병을 치료하려는 마음을 내기보다도 그 생각을 부처님께 바치고, '나는 부처님 시봉하는 사람'이라는 생각으로 오로지 한길로 가는 것이 바람직합니다. 그런데 그제나 이제나 사람들이 괜찮은 사람이 오면 사귀려고 몰려갑니다. 또 시원찮은 사람이 오면 자기가 거느리려 하고 가르치려 하는 것이 예전이나 지금이나 거의 비슷한 특징입니다.

그이가 지압해서 암을 고쳤다는 소문이 나자마자 순식간에 법사의 별 볼 일 없는 인기는 아주 완벽히 추락하고, 사람들이 다 그리 몰려가기 시작했습니다. 지금도 수행 발표가 있듯이 그이한테 한 번 그 체험의 얘기를 하라고 제가 기회를 준 적이 있었습니다. 한 번 발표했으면 내려와야 하는데 내려오질 않는 거예요. 그러면서 계속 자기 자랑을 하니까, 조금 있다가 사람들은 법사가 그 사람인 줄 알게 되었습니다. 심지어는 저에게 그런 훌륭한 법사를 초청해 줘서 감사하다고 그래요. 저는 완전히 들러리가 되고 말았습니다.

저는 그랬어요. '그이가 백 선생님 밑에서 공부했고 영적 능력이 있다면 내가 여기서 법사 노릇을 할 필요가 어디 있느냐. 저 사람이 대중들을 잘 끌고 나가기만 한다면 나는 이 자리에서 물러서도 좋다.' 그이가 나보다 나이가 상당히 많고 잘 들어보니 배울 것도 많이 있다고 생각해서 저는 그 자리를 기꺼이 물러나려고 했어요. 그이에게 법문을 하게 하고 사람들이 그이를 부처님으로 보든 말든 상관하지 않으려고 했습니다. 그런데 그게 오래가지 못했어요. 그 사람은 지압하면서 상당히 사례를 받았고, 심지어는 여자를 지압해준다고 하면서 점점 이상한 마음을 먹고 문란한 행동을 했습니다. 결국 사람들이 들고일어나서 쫓겨나는 신세가 되었습니다.

저는 그 사람을 비난할 생각은 없습니다. 그 사람이 그렇게 문란한 생각을 하고 오만한 생각을 하게 만든 사람이 누굽니까? 우리가 부처님을 향하지 않고 즉, 윗목의 도반을 호랑이가 물어가더라도 참견하지 않는다는 백 선생님의 정체성을 잃어버리고, 좋다는 데는 따라가고 시원찮은 이는 짓밟으려고 하는 자세를 갖고 있었기에 그런 일이 일어났다고 생각합니다.

저는 그 사람을 나무라기보다도, '그 사람을 그렇게 만든 우리 도반들의 사고방식이 얼마나 한심한가. 다시는 그런 일이 없어야 한다. 백 선생님의 말씀대로 윗목의 도반을 호랑이가 물어가더라도 남의 마음 들여다보거나 참견하지 않고, 괜찮은 사람이나 부자가 오면 사귀려고 하지 말고, 시원찮은 사람이 오면 지배하려 하고 가르치려고 하지 말아야겠다.'하고 마음먹었습니다.

그 이후로는 '그런 일에 빠지지 않도록 내가 책임을 져야겠다. 누가 와서 법사 노릇을 하고 거기서 머무르려고 해도 내가 끌어내려야 되겠다. 그것은 내 책임이다.' 이렇게 마음을 먹었습니다. 그런데도 제가 마음이 여려서 그런지 계속 도둑놈 노릇을 하는 사람들이 법당을 차지했던 때가 그 뒤로도 몇 번 있었습니다. 저 자신의 무능과 우유부단함을 지금도 반성하고 있습니다.

윗목의 도반을 호랑이가 물어가도
참견하거나 흔들리지 마라

"다른 사람하고 비교하지 마라. 들여다보지 마라."

"윗목의 도반을 호랑이가 물어가더라도 참견하거나 흔들리지 마라."

백 선생님께서는 왜 이런 말씀을 하셨을까요? 오늘은 그 깊은 뜻을 생각하여 공감하고 잘 실천해보자는 의미로 그 말씀의 뜻을 생각해 보는 시간을 갖겠습니다.

제가 늘 말씀을 드렸습니다. 우리는 누구의 영향을 받는 존재가 아니고, 조물주에 의해서 탄생한 피조물도 아니고, 우리야말로 부처님과 똑같은 전지전능한 능력을 갖춘 위대한 사람이라는 것을 화엄경 사구게를 인용해서 여러 번 말씀드린 적이 있습니다. 물론 저 자신이 그것을 실감하는 것은 아니지마는 그 구절을 참 좋아하고, 이런 식의 가르침은 당연히 필요할 것입니다. 그런 가르침을 통해서 저는 불교의 위대성과 절대성을 발견했다고 스스로 생각합니다.

눈에 보이는 모든 것들은 바로 내가 만들었다고 봐도 됩니다. 그런데 우리는 때때로 내 눈앞에 보이는 객체들, 저 사람이니 삼라만상이니 이런 것들을 내가 만든 것으로 보지 않고 나와 관계된 독립적인 존재로 보게 되기 쉽습니다.

저 사람이라고 생각하는 순간, 저 사람이라는 독립적인 개체가 있다고 인정하는 순간, 나와 저 사람은 나눠지게 됩니다. 그리고 저 사람에 대해서 이름을 붙이게 되기 쉽습니다. 저 사람은 착한 사람, 미운 사람, 부자인 사람, 가난한 사람, 내가 그리워하는 사람 또는 싫어하는 사람, 이렇게 이름을 붙입니다.

이름을 붙여서는 안 돼요. 왜냐하면 내가 만든 작품이요, 나와 둘이 아닌 존재요, 내가 가장 사랑하는 아들과 같은 나의 분신이기 때문에 그를 남으로 보고 객체로 보고 심지어는 좋다 나쁘다 이름을 붙이는 것 자체가 난센스라는 겁니다. 깜깜해지는 길이요, 무지해지는 길이요, 불행으로 가는 지름길이요, 고통으로 가는 길입니다.

나와 남이라고 이름을 짓는 순간 아상이 생기고 인상이 생깁니다. 아상에서 탐진치가 생기고, 탐진치에서 재앙이 생기고 무지가 생기고 무능이 생겨서, 여러 가지 난제가 생기게 된다고 밝은이는 말씀하십니다. 우리에게 닥치는 모든 불행, 고난, 무지, 무능은 다 나와 남을 둘로 갈라서 보는 것, 또 남이라는 객체가 분명히 존재한다고 보는 것, 즉 아상我相과 인상人相에서 생겼다고 합니다.

밝은이는 그들을 나와 다른 객체로 보지 말고 내가 만든 작품이고 심지어는 내가 가장 사랑하는 아들이요, 나의 분신이라고 생각하는 연습을 하라고 얘기하십니다.

"남의 속을 들여다보지 마라. 남과 비교하지 마라."

심지어 백 선생님께서는 이렇게 강조하십니다.

"남이라고 생각하고 도반이라고 생각하고 호랑이가 물어가면 내가 구원해야 한다고 부들부들 떨지 마라. 그것은 남이 아니라 네 마음이고, 네 분신이고, 심지어는 네가 가장 사랑하는 자식과 마찬가지이기 때문이다."

우리가 이 말씀을 '참'으로 믿어야 합니다. '참'으로 믿는다면 오늘부터라도 남을 들여다보지 않을 것이며, 들여다보고 꾸짖는 것은 더더욱 하지 않을 겁니다. 또 들여다보고 사귀려고 하지도 않을 겁니다. 비교하고 판단하지도 않을 겁니다. 남이라는 것은 본래 없다는 사실을 알게 될 겁니다. 그렇게 되면 내 마음만 들여다보고 올라오는 생각을 정성껏 바치기만 하면 됩니다. 왜냐하면 내 속에 모든 것을 구족한 나는 전지전능한 조물주이기 때문입니다.

여기에 부처님의 모든 가르침, 밝은이의 가르침이 다 포함되어 있습니다. 우리의 행동요강이 이 지침에서 나온다고 보면 됩니다. 우리는 지금도 이 가르침을 받들어야 합니다.

참 행복은
내 속에서 모든 걸 발견할 때

저는 지금도 참 안타까운 게 가정에서도 사회에서도, 심지어 법당에 와서도 남과 비교를 합니다. 남의 마음을 들여다봅니다.

왜 남의 마음을 들여다봅니까?

물론 업보가 있으니까 안 들여다볼 수 없겠죠. 한이 있으니까 들여다보려고 하겠죠. 하지만 업보에 따라가고 한에 따라가는 한, 우리는 불행한 삶을 면할 수 없습니다. 무지 무능의 삶을 면할 수 없습니다.

진정으로 행복해지고 밝아지기를 원한다면, 하버드 대학 갈 필요 없어요. 내 속에서 모든 걸 발견할 수 있다는 가르침을 따라야 합니다. 남과 비교하면서 분별내지 말고, 심지어 좋아하고 따라가지 말고, 미워하고 증오하지 말고, 내가 가르치려 하거나 내가 해결사라고 나서지 말아야 합니다. 늘 들으면서도 잊어버리기 쉬워요.

지금이라도 내가 불행하다, 힘들다고 느껴지면 이렇게 생각하시면 됩니다. '아, 내가 남과 비교를 했구나. 남의 마음을 들여다봤구나. 그리고 그이를 미워했구나. 내 자식 같은 이를 왜 미워할까……. 지금이라도 마음을 돌려서 모든 사람을 내 작품으로 알고, 내 분신으로 알고, 부처님처럼 소중히 섬겨 보자.' 이런 마음 자세를 가질 때 아주 빠른 순간에 행복이 우리에게 임할 수 있습니다. 금생에 우리는 밝아질 수 있습니다.

"윗목의 도반을 호랑이가 물어가더라도 흔들리지 않는다."

윗목에 도반이 있지 않아요. 내 분신이고 허상일 뿐입니다. 호랑이가 물어간다고 하더라도 그것은 허상의 장난일뿐, 놀라고 두려운 일이 어디 있겠습니까!

이제 우리의 할 일은 자명합니다. 가정에서는 말할 것도 없고 이 법당에서도 행복해지려면 지금이라도 남 들여다보지 마세요. 비교하고, 시원찮은 사람이라고 나무라는 게 제일 위험합니다. 자기 분신이요, 자기 작품이요, 자기 아들과 같은 존재를 왜 비판하고 나무라고 지배하려고 합니까? 또 왜 끼리끼리 뭉치고 패거리를 짓습니까? 패거리 지을 이유가 하나도 없어요. 왜냐하면 그 패거리라고 하는 것은 실제로 있는 게 아니라 내가 만든 허상이요, 내가 만들어 낸 작품이요, 나와 둘이 아닌 존재요, 나와 별도로 있는 존재가 아니기 때문입니다.

우리가 이렇게 남을 들여다볼 때, 그때처럼 사기꾼한테 걸리기 쉽습니다. 지압을 해서 암을 고쳤다는 헛된 말에 속을 수 있습니다. 왜 속습니까? 내 속에 병을 고칠 수 있는 능력이 무한대로 있는데 왜 자기 자신을 무능하게 보면서 그 사람을 따라갑니까? 우리는 너무나도 오랫동안 자신의 위대한 능력을 잃어버리고 열등감 속에 살면서 밖에 뭐가 번쩍하는 것이 있으면 제정신을 잃고 허겁지겁 딸려 가고 있습니다.

　오늘 부처님의 가르침이 무엇인지 잘 들으셔서, 항상 자신의 마음만 들여다보고 자기 생각이 착각인 줄 알고 부처님께 바치십시오. 그렇게 이 법당에서라도 새로운 삶, 행복한 삶을 창조하시기 바랍니다.

2020.10.31.

마음을 떼고 진실하게 그리면 한순간에 이루어진다

❋

저는 도반님들로부터 "어떻게 원을 세워야 뜻을 잘 이룰 수 있겠습니까?"라는 질문을 종종 받습니다. 발원문을 잘 써서 잘 읽는 것이 효과적인 소원 성취의 방법이라고 생각하시는 것 같습니다.

예를 들어 돈을 많이 벌고 싶다면 '돈을 잘 벌게 해 주시옵소서.'라고 자꾸 염원한다고 돈이 잘 벌리는 것 아닙니다. 또 요새 수능이 가까워지니까 자녀들이 원하는 대학에 합격하기를 바랍니다. 합격하기를 바란다고 꼭 이루어지는 것은 아닙니다. 또 가정에 불화가 심합니다. 저는 "어떻게 하면 우리 가정이 화목하게 되겠습니까?" 이런 질문을 종종 받습니다. '효과적인 발원문을 써주시면, 그것을 자꾸 읽으면, 소원이 이루어지지 않겠습니까?' 하는 염원이 담겨 있는 것 같아요.

부처님 기쁘게 해 드리기를 발원

저는 그럴 때 이렇게 말씀드립니다.

"돈을 벌겠다고 하지 말고 돈을 벌어서 부처님 시봉 잘하기를 발원하십시오. 이것을 하루에 100번 이상 하시면 좋을 것입니다. 또 자녀가 진급하거나 합격하기를 원하더라도, 합격해서 내 소원을 풀겠다고 하지 말고 부처님 시봉 잘하기를 발원하십시오. 가정의 평화만 바라지 마시고 '부처님 기쁘게 해 드리기를 발원'을 꼭 붙여서 하루에 100번씩이라도 자주 하십시오."

부처님 시봉 잘하기를 발원하라는 것은, 소원을 이루어서 내가 잘되는 것이 아니라 부처님 기쁘게 해 드리는 것을 목적으로 하라는 뜻입니다. 내가 잘되겠다고 하는 것은 진실성이 없습니다. 아상의 연습, 탐욕의 연습이 되기 쉽습니다.

우리는 그리는 대로 이루어진다는 이야기를 종종 듣습니다. 저는 지금도 우리는 전지전능한 존재이기 때문에 마음에 그리는 대로 바로 이룰 수 있다고 믿습니다. 그러나 이기적으로, 탐욕심으로 소원하기에 이루어지지 않습니다. 탐욕심이 아니라 부처님 공경심을 담아서 부처님 기쁘게 해 드리는 원을 세운다면, 반드시 이루어질 것으로 믿습니다. 그래서 제가 '부처님 기쁘게 해 드리기를 발원'을 붙입니다.

진실성만 있으면 반드시 된다

그런데 하다 보면 '부처님 기쁘게 해 드리기를 발원'은 잊어버려요.

자녀가 합격하기를 발원까지만 합니다. 그리는 대로 이루어지기 때문에 자녀가 합격하기를 발원만 자꾸 되풀이 해도 이루어질 수 있다고 생각하는 것 같습니다. 왜 자녀가 합격해서 부처님 기쁘게 해 드리기를 발원하는가? 자녀가 합격하면 내가 좋지, 부처님이 좋지 않아요. 그렇게 되면 탐욕이고 아상이 붙기 때문에, 진실성이 결여되기 때문에 그림이 그려지지 않습니다. 그림만 잘 그려지면 즉, 진실성만 있으면 반드시 됩니다.

시험을 예로 들어 보지요. 내일 시험인데 시험공부를 안 했어요. 시험 치는 많은 학생은 오늘 밤을 새워서라도 열심히 준비한다고 합니다. 그런데 책상머리에 앉아도 글자가 잘 안 읽혀요. 잘 기억해서 내 두뇌 속에 집어넣기보다도 '시험에 떨어지면 어떡하나, 붙어야 할 텐데.' 합니다. 정신은 탐심과 진심 속에서 방황하면서 실제로 실력을 키우는 연습은 안 하는 거예요. 책상머리에 오래 앉아 있으면 뭐 합니까? 아무리 오래 앉아 있어도 좋은 성적을 거둘 수 없는 것은 뻔합니다.

마찬가지로 우리도 바라기만 해서는 이룰 수 없습니다. 진실하게 실제로 그려야 합니다. 그런데 "돈을 벌어서 부처님 드리기를 발원. 자녀가 합격해서 부처님 시봉 잘하길 발원." 이렇게 얘기를 해 줘도, 뒤에 '부처님 시봉 잘하기를 발원'은 잊어버립니다. 돈 벌기만 발원, 자녀가 합격하기만 발원하기 때문에 탐심 연습이 되기 아주 쉬워요. 그러면서 하루에 100번 이상을 했는데도 아무런 효과가 없다고 합니다.

부처님께 바치는 것은
붙은 마음을 떼는 데 목적이 있다

'부처님 시봉 잘하기를 발원'하는 뜻을 검토해 봅니다.
제가 불교방송에서 받은 질문에 이렇게 대답했습니다.
"무슨 생각이든지 부처님께 바치라는 것은 무엇을 의미합니까?"
"무슨 생각이든지 착각인 줄 알고 형상 없는 부처님께 바침으로써 우리 생각이 형상 없는 부처님과 바뀌어 소멸하는 것을 뜻합니다."
자녀의 합격을 부처님께 바치는 것은 자꾸 되풀이해 마음에 새겨서 소원을 이루는 것을 뜻하기보다는, 자녀한테 붙은 마음을 떼는 데 더 큰 목적이 있습니다.
돈을 벌어서 부처님 기쁘게 해 드리기를 발원하는 참뜻은?
돈에서 마음을 떼는 것을 의미합니다.
자녀가 합격해서 부처님 기쁘게 해 드리기를 발원하는 것은?
정확히 얘기하면 자녀에게서 마음을 떼는 것을 의미합니다.
가족이 화목해서 부처님 시봉 잘하기를 발원하는 것은?
그것은 가정에서 마음을 떼는 것을 의미합니다.
많은 사람이 이렇게 생각합니다.
'돈에서 마음을 뗀다고 돈이 벌릴까?'
'자녀를 걱정하고 기도해야지, 자녀에게 마음을 뗀다고 합격을 할까?'
하지만 밝은이는 말씀하십니다.
"마음을 붙이는 것이 자기의 전지전능한 능력을 상실하게 한다."
마음을 붙이면 붙일수록 자기 본연의 능력은 상실합니다. 마음을 떼는 것이야말로 본연의 능력을 드러나게 해서, 돈을 벌게 하고 자녀를 합격시키고 가정을 평화롭게 한다고 봅니다.

돈을 벌어서 부처님 시봉 잘하기를 발원하는 말뜻을 잘 생각해 보세요. 그 말에는 '돈 버는 것이 착각인 줄 알고 형상 없는 부처님께 바쳐서 그 마음을 떼기를 발원.'하는 것이 포함되어 있습니다. 이렇게 구체적으로 하면 길잖아요? 그래서 요약해서 '돈 벌어서 부처님 시봉 잘하길 발원.'하는 겁니다. 돈 벌고 싶은 마음이 있어요. 그것을 가지고 있으면 돈을 버는 데 큰 장애가 됩니다. 그 마음을 떼라는 뜻이 그 안에 담겨 있다고 보시면 됩니다.

진실하게 그리면
전지전능한 능력이 드러나 소원을 이룬다

설명을 좀 더 구체적으로 하겠습니다. 이것이 더 실감 나는 사례가 될지 모릅니다. 제가 1965~1967년에 춘천에서 군대 생활을 했습니다. 토요일마다 서울로 휴가를 나와서 매주 일요일이면 백 선생님께 찾아가 법문을 듣고 나서 기차를 타고 춘천으로 갑니다.

"오늘 춘천 가지?"

"네, 갑니다."

"춘천 가는 사람은 춘천 가는 기차만 타면 저절로 간다. 그런데 춘천 가는 기차를 타고도 '춘천을 가야지, 가야지, 가야지' 한다면 춘천을 가겠느냐? 정신병자가 되겠느냐?"

"정신병자가 되죠. 춘천 가는 기차만 타고 가만히 앉아 있으면 저절로 갑니다."

"너는 춘천 가는 기차를 타고도 자꾸 '춘천을 가겠다, 가겠다' 그런다."

'어, 제가요? 안 그러는 것 같은데요?!'

우리가 '돈을 벌겠다, 벌겠다' 하는 것은 마치 돈 버는 기차에 타고서 자꾸 '돈을 벌겠다, 벌겠다' 하는 것과 마찬가지라고 합니다. 진실로 부처님 공경하는 마음으로, 아상이 없는 마음으로 돈을 벌겠다고 하면 돈이 바로 벌린대요. 그런데 부처님 공경하는 마음이 없이 탐심의 연습으로 '돈을 벌겠다, 벌겠다' 하면서 실제로 돈 버는 행위를 하지 않는다는 겁니다.

백 선생님께서 가장 자주 하시는 말씀입니다.

"하겠다, 하겠다 하지 마라. 이 마음이 착각인 줄 알고 바치고, 실제로 해라."

실제로 하라는 것은 진실하게 그리라는 뜻입니다. '하겠다'는 마음이 착각인 줄 알고 바치라는 겁니다.

다시 정리하겠습니다. 우리가 진실하게 하겠다고 하면, 전지전능하기 때문에 바로 됩니다. 진실로 그리면 바로 그려집니다. 그런데 우리 마음속에는 오래전부터 진실성이 사라졌어요. 진실성이 사라졌다는 것은 부처님 공경하는 마음이 사라졌다, 탐진치로 가득하다는 말과 같습니다. 이 말은 '하겠다, 하겠다' 하면서 실제로 하지 않는 것을 뜻합니다.

공부를 '하겠다, 하겠다' 하면서 24시간 책상머리에 앉아 있으면서도 실제로 공부하는 시간은 30분도 안 되는 경우가 너무나 많습니다. '하겠다'고 반복하며 탐심 연습만 했을 뿐입니다.

"하겠다는 마음을 바치고 실제로 해라."

백 선생님께서 자주 하셨던 말씀입니다.

"돈 벌겠다, 벌겠다 하지 말고 돈 벌어서 부처님 시봉 잘하기를 발원해라. '하겠다'는 탐심을 바치고 실제로 돈을 버는 것을 그려라. 너는 전지전능하기 때문에 그리는 대로 된다. 아상이 없는 마음으로 부처님 기쁘게 해 드리는 것을 해라. 한순간에 이루어진다. '하겠다, 하겠다' 하지 않고 '한다' 하는 바로 그 순간에 된다."

도인이 말씀하시는 뜻을 잘 생각하시기 바랍니다.

우리는 '하겠다'고 반복하면서 실제로 이루지 못하는 일이 너무나 많습니다. '기도했는데도 왜 안 되나?' 푸념합니다.

100번씩 되풀이하라는 것은 '하겠다'를 되풀이하라는 것이 아닙니다. 탐심 연습 하는 것이 아닙니다.

100번씩 되풀이하라는 것은 무엇을 의미하는가?

탐욕이 본래 없음을 깨닫고 실제로 그리는 연습을 100번씩 되풀이하라는 뜻입니다. 도인은 한 번 해도 되지만 우리는 도인이 아니니 백 번 하다 보면 탐심은 끊어지고 실제로 그리는 연습이 백 번 중의 한 번은 될 것입니다. 실제로 자기의 전지전능한 능력이 드러나서 그림이 그려지고 소원을 이룹니다.

발원문의 목적은 마음을 떼는 것

그렇다면 소원을 이루기 위해서 좋은 발원문을 써 달라는 이야기는 사라질 것입니다. 발원문은 절대자의 가피를 얻기 위한 것이 아니며, 자꾸 되풀이해서 그림을 멋지게 그리자는 뜻도 아닙니다. 거기서 마음을 떼는 데 그 목적이 있습니다. 마음만 떼면 한순간에 이루어집니다. 마음 붙이고, 탐진치를 붙이고, 하겠다고 하면서 실제로 하지 않기 때문에 안 이루어집니다.

우리가 바치는 뜻, 부처님 기쁘게 해 드리기를 발원하는 뜻은 그 대상에 붙은 내 마음을 떼는 데 의미가 있습니다. 업보가 발동하기 때문에 잘 안 떨어지지만, 떼는 순간 우리의 능력이 나옵니다. 자녀에 붙은 마음을 뗄 때, 자녀의 무한한 능력이 나와서 자녀를 소원 성취시킬 수 있습니다. 돈에 붙은 마음을 뗄 때, 돈 벌 수 있는 무한한 능력이 나한테 생깁니다. 언젠가 말씀을 드렸지만, 내 마음을 붙여 놓는 것은 내 손발을 묶어 놓는 것과 같아서, 내 능력을 상실하는 것과 마찬가지입니다.

발원문이 마음을 떼는 것이라면, 기막힌 발원문을 써 달라고 할 필요가 없습니다. 부처님 시봉 잘하기를 발원하는 뜻은 부처님을 향하면서 거기에 '붙은 마음을 떼라'는 뜻이기 때문에 그런 내용이 담긴 것을 스스로 만들어서 쓰면 다 됩니다. 저한테 부탁하지 않아도 됩니다.

묘한 발원문 기대하지 마시고, 스스로 마음 떼는 원리를 잘 아셔서, 스스로 새로운 소원 성취의 문화를 창조해 주길 바랍니다.

2020.11.07.

수행의 핵심은
음탐심의 해탈

금강경을 읽고 가행정진을 하는 뜻은 무엇일까요?
바친다는 정확한 의미가 무엇일까요?
또 잘 바치는 핵심적인 수행방법이 있다면 무엇일까요?
이 세 가지를 검토하고 올바른 수도의 길을 생각해 보겠습니다.

**사람 사건 사물에 마음을 떼면
재앙 소멸과 소원 성취는 저절로 된다**

먼 길을 마다하지 않고 새벽에 와서 금강경을 7독 하는 이유는 소원 성취나 재앙 소멸을 바라는 것은 물론 아닐 것입니다. 소원 성취는 자동으로 이루어집니다. 재앙 소멸 또한 자동으로 됩니다.

우리 마음은 나 자신을 비롯하여 다른 사람, 사물, 사건에 마음을 붙여 놓고 이름을 짓습니다. 나 자신을 아상我相, 다른 사람을 인상人相, 사물을 중생상衆生相이라 해도 좋을 것 같습니다. 거기다 마음을 붙여 놓고 '좋다, 언짢다.'라고 이름을 짓고 실지로 일을 그렇게 만들어 갑니다. 또 '안다, 모른다.'라고 이름을 붙여 놓고 알게 되기도 하고 모르게 되기도 합니다. 우리 마음이 조물주이기 때문입니다.

나 자신을 비롯해 다른 사람, 사건, 사물에 붙여 놓은 마음을 떼는 것이 수행입니다. 마음을 붙여 놓았기 때문에 여러 가지 사건, 재앙, 문제가 발생하고 깜깜해집니다. 마음을 뗄 때 재앙이 소멸하고 소원은 성취됨은 물론, 밝아지고 본연의 모습을 되찾게 됩니다.

멀리 각지각처에서 와서 새벽부터 공부하는 참뜻은 아상인상중생상수자상에 붙은 마음을 떼어서 본연의 모습을 찾는 데 있을 것입니다. 그 내용은 금강경 3분에 있다고 할 수 있습니다. 이렇게 얘기하면 실감이 나질 않을 것 같아서 좀 더 구체적으로 말씀드립니다.

어제 이런 질문을 받았습니다.

"이럴 때는 어떻게 원을 세워야 하겠습니까?"

그분의 심정이 막막한 것 같았습니다. 그분뿐만 아니라 종종 그런 질문을 받습니다.

좀 더 구체적으로 표현해 본다면 이렇게 바꿀 수도 있습니다.

발원문을 어떻게 써서 기도해야 소원이 잘 이루어지겠습니까?

돈을 벌기 위해서는 어떻게 해야 합니까?

출세하기 위해서는 어떻게 해야 합니까?

부귀영화를 얻고 싶은데 어떻게 해야 합니까?

법당을 건설하기 위해서는 어떻게 해야 합니까?

밝은 선지식께서는 이렇게 말씀하실 것입니다.

"거기서 마음을 떼라."

가장 정확한 답입니다.

나 자신을 잘되게 하려면 그 마음을 부처님께 바치라고 말씀할 것입니다. 바치라는 것은 붙은 그 마음을 떼라는 뜻입니다. 붙은 마음을 떼기만 하면 본연의 능력이 드러나서 이루어진다고 말씀하십니다. 이것이 금강경 3분의 뜻이기도 합니다.

최선을 다해서 마음을 떼면 반드시 된다

돈을 벌려면 어떻게 해야 할까요?

돈 벌고 싶은 생각을 부처님께 바치라고 말씀하실 것입니다. 구체적으로 풀어서 말씀드리면 돈 벌고 싶은 생각이 착각인 줄 알고 형상이 없는 부처님, 내 마음속의 부처님께 바치라는 뜻입니다.

돈 벌고 싶은 탐욕의 마음, 어딘가 붙여 놓은 이 마음을 소멸하라는 뜻이기도 합니다. 그 마음이 소멸해야 위대한 본연의 능력이 드러나서 재앙 소멸과 소원 성취가 자동으로 뒤따르는 것이라고 정리할 수 있습니다.

그런데 그 마음을 떼라고 하면 싱겁습니다. 사람들은 좀 더 구체적으로 짭짤름하게 설명해 주기를 바랍니다. 그래서 선생님께서는 이렇게 말씀하십니다.

"돈 벌고 싶은 사람은 돈 벌어서 내가 잘 먹고 잘살겠다고 하지 말고 부처님께 드리는 마음을 내라."

이렇게 말하면 바치는 것은 잊어버리고 '돈 벌어서 부처님 기쁘게 해 드리기를 발원, 부처님 전에 복 많이 짓기를 발원.'으로 기도 습관과 언어의 패턴을 바꿉니다.

그런데 돈 많이 벌어서 부처님 전에 복 많이 짓기를 발원하는 뜻은, 돈 벌어서 내가 잘 먹고 잘살겠다는 이기심에 빠지지 말고 부처님 시봉하는 이타심을 연습하라는 뜻입니다. 이것은 정확하게 말하면 내가 잘살겠다는 이기심에서 마음을 떼는 것입니다.

마음을 떼라는 뜻을 모르고, 이렇게 하면 소원 성취가 된다는 것만 기억해서 돈 벌어서 부처님 드리기를 발원하면서 돈이 굴러들어오기를 자꾸 바라기만 합니다. 그런 원을 세우는 것은 이기심을 버리고 아상에서 마음을 떼라는 것이 근본 취지이건만, 그것을 잊어버리고 바라는 마음을 자꾸 연습합니다.

소원 성취는 왜 안 될까요?

마음을 떼지 않았으니 당연히 안 됩니다.

밝은이가 구체적으로 말씀하는 원을 자꾸 세우라는 것은 소원을 빌라는 뜻이 아닙니다. 마음을 붙이라는 뜻이 아닙니다. 세상에는 간절히 원하면 이루어진다는 논리가 있지만, 금강경식으로는 바라는 것이 아니라 마음을 떼기만 하면 됩니다.

무언가 바라는 마음이 있다면 최선을 다해서 노력해도 안 될 수 있지만, 최선을 다해서 마음을 떼면 반드시 됩니다. 기적이 일어나기도 합니다.

우리는 나 자신이나 남편, 자식 등 사람에 마음을 붙이고 그들이 잘되기를 바랍니다. 또 출세나 법당 등 사물에 대해서도 마음을 붙입니다. 법당을 이루기를 바라며, 이것은 이기심이 아니라고 생각합니다. 그렇지 않습니다. 도통을 바라는 것은 이기심이 아니라 당연히 가야 할 길이라고 일부 스님들은 말합니다. 거기서도 다 마음을 떼는 것이 우리 본연의 모습을 찾는 것이라는 것을 이해해야 합니다.

음탐심에서 모든 사건이 일어나고
재앙이 일어난다

우리는 어딘가 마음을 착착 달라붙여 놓습니다. 나 자신, 다른 사람, 사물이나 사건에 마음이 척척 붙이는 것은 정확히 말하면 내 몸뚱이를 잃어버릴까 봐 두려워하는 마음, 즉 몸뚱이 착에서 비롯된다고 할 수 있습니다. 밝은이뿐 아니라 심리학자들도 이야기합니다. 자기 몸을 잃고 죽을까 봐, 그 공포 때문에 나 자신과 다른 사람에게 자꾸 마음을 붙이게 되고 분별을 내어 여러 사건을 일으킨다고 합니다. 이렇게 마음을 붙여 놓는 것이 몸뚱이 착이며, 금강경에서는 아상이라고도 하고 탐진치라고도 합니다.

백 선생님께서는 좀 더 실감나게 음탐심이라고 표현하셨습니다. 애욕, 애증이라고 말해도 되겠지만, 자신이나 남에게 마음이 착착 달라붙은 것을 음탐심이라고 합니다. 이 음탐심에서 탐진치가 나오고, 모든 사건이 벌어지고 모든 재앙이 일어난다는 것입니다.

유명한 심리학자 프로이트도 모든 사건의 근본에는 음탐심이 개재介在되어 있다고 말합니다. 백 선생님께서는 이 음탐심이 밝아지는 데 가장 큰 장애요인으로, 음탐심을 깨치면 도인이 되고 우주의 주인이 된다고 하셨습니다.

저는 법문에서 많이 언급하지 않았지만 백 선생님은 어쩌면 음탐심 해탈에 대한 법문을 가장 많이 하셨는지도 모릅니다.

우리같이 혈기 왕성한 젊은이들한테 가장 많이 강조한 내용은 남자가 여자와 한방에 자더라도 동動하지 않을 수 있어야 가정을 거느릴 수 있다는 것입니다. 여자와 한방에 잘 때 동한다면 원만한 가정을 이루기가 어렵다는 것입니다. 여자한테 동하지 않는다는 것은 출가하라는 말이 아닙니다. 여자에게 동하지 않을 정도로 마음을 닦아야 가정을 이루더라도 원만한 가정이 된다고 늘 강조하셨습니다.

여자를 보고 마음이 동할 때마다 거기다 대고 바치라고 하셨고, 미륵존여래불 하라고 하셨습니다. 특히 남성, 여성에 대해서 마음이 동할 때 그것을 기계에 비유하고, 기계가 동할 때 기계에 대고 미륵존여래불을 하라는 것을 많이 강조하셨습니다. 우리는 무시겁으로 음탐심 연습을 많이 해 왔고, 선생님은 이것이 각종 재앙을 일으키는 근본이라고 강조하셨습니다.

스님들은 불사음이라 하여 남의 여자를 범하는 것은 죄악이지만 한 가정에서의 부부 관계는 죄악이 아니라고 생각하시는 것 같습니다. 그러나 백 선생님은 원만한 가정을 이루기 위해서는 가정에서의 부부 행위에 대한 생각도 해탈해서 한방에서 자더라도 동하지 않을 정도가 되어야 원만하고 평화로운 가정을 이룰 수 있다고 말씀하셨습니다.

저는 주례를 많이 했습니다. 그러나 이런 얘기를 하면 못 알아들을 것 같아 차마 말하지 못했습니다. 백 선생님께서는 구체적으로 이야기하시고 음탐심 해탈을 강조하셨습니다. 음탐심 해탈을 위해서 승려가 되라는 뜻이 아닙니다. 여자에 대한 해탈을 먼저 하여야 개인의 출세, 가정의 평화를 이룰 수 있으며, 지도자로서의 역량을 갖추게 될 뿐 아니라 나아가서는 도인이 되고 우주의 주인이 된다고 말씀하셨습니다.

음탐심 해탈이 핵심수행

백 선생님께서 실감나는 일례를 들어 주셨습니다. 중국에 여자 임금이 있었다고 합니다. 당나라 고종의 부인인 측천무후는 당나라 고종의 후처로 들어왔고 이후 쫓겨났다 다시 입궁하기를 반복하면서 4남 2녀를 낳았습니다. 아들이 시원찮아 수렴청정하다가 드디어 임금이 되었습니다. 그녀는 독실한 불교 신자였습니다.

백 선생님의 표현에 의하면 음탐심을 깨치는 것은 천하의 영웅호걸도 어렵고 천하의 도인도 쉽지 않다고 하셨습니다. 그 벽을 넘는다는 것은 쉬운 일이 아닙니다. 오히려 서양인들은 그것을 즐기는 도구로 삼고 있으니, 상당히 잘못된 사고방식이라고 말씀하셨습니다.

그녀는 불교를 믿고 나라를 통치하였습니다. 당나라가 망하고 새로운 나라 주나라를 세웠습니다. 그럴 정도로 지도력이 뛰어난 사람임에도 불구하고 남자를 늘 그리워하고 음탐심이 있었다고 합니다. 남자를 그리워하여 남자를 곁에 두고 싶었지만 아무 남자나 두어서는 안 될 것 같아 여색에 초월한 남자를 두기를 원했습니다.

그래서 그 당시에 국사로 있었던 충국사와 신수 대사 두 사람을 불렀습니다. 이 두 사람 중에서 진정 음탐심을 해탈한 사람을 옆에 두면, 자신의 외로운 마음도 달래고 누가 보더라도 흉이 되지 않으리라 생각했습니다.

측천무후는 먼저 충국사에게 여자 생각이 나면 어떻게 하느냐고 물었습니다. 그랬더니 충국사는 자신은 그런 일이 절대 없다고 아주 당당하게 말했습니다. 그다음 신수 대사께 여자 생각이 날 때는 어떻게 하느냐고 물었더니 몸뚱이를 가지고 있는 한 여자 생각이 나지 않을 수 없으나 늘 방심하지 않고 조심한다고 겸손하게 대답했습니다.

말만 들어서는 충국사가 정말 대단한 것 같습니다. 두 사람을 목욕탕에 넣고 궁녀에게 때를 밀어드리게 했습니다. 그런데 음탐심이 없다던 충국사는 백 선생님의 표현에 의하면 성이 벌컥 났고, 음탐심이 있다던 신수 대사는 여여부동 하셨습니다.

이에 측천무후가 입수入水에 견장見長이라고 했다고 합니다. 물에 들어가 보니 누가 크고 작음을 알겠더라 하면서, 충국사를 내쫓고 신수 대사를 늘 옆에 모시고 국사를 논의했다는 이야기가 있습니다. 신수 대사는 혜능 대사에게 밀려서 의발전수를 놓쳤지만 100세까지 살면서 깨쳤다고 합니다.

여담으로 백 선생님이 신수 대사는 어떻겠느냐고 저한테 물으셨습니다. 신수 대사가 참 잘되기도 하고 참 안되기도 했다는 것입니다. 측천무후라는 여자한테 조금이라도 눈빛을 이상하게 하면 당장에 쫓겨날 수 있으니 방심할 수 없어서 참 잘되었고, 또 본의 아니게 웬 여자의 남편 노릇을 하게 되었으니 참 안됐다는 것입니다.

저는 그것이 그냥 옛날 역사를 얘기하는 줄 알았습니다. 그런데 도인의 설법은 항상 수기설법입니다. 너 들으라고 하는 얘기지, 옛이야기를 하시는 분이 아닙니다. 그때는 저를 두고 하시는 이야기인 줄 몰랐습니다. 저는 일생 한방에서 잠을 자더라도 흔들리지 않는 그 마음을 연습하느라고 무척이나 노력했던 것 같습니다.

나는 어떤 음란한 생각도 한 적이 없노라

"무시겁으로 죄지은 일이 없노라."

이것은 마음 떼는 데 참 좋습니다. 죄라는 것은 마음이 붙어 있다는 것을 의미합니다. 마음이 붙어 있는 모든 사람, 사물, 사건에서 마음을 떼는 효율적인 방법입니다.

좀 더 구체적으로 "나는 어떤 음란한 생각도 한 적이 없노라." 하는 것을 자꾸 외웠던 적이 있습니다. 완전히 해탈하기는 어렵겠지만 상당히 가까이 가는 것은 사실이고, 그런 것을 즐기기보다도 오히려 여러 사람을 사랑하는 마음으로 변화되지 않았나 싶습니다.

그러면서 지금 절실하게 백 선생님께 고마운 것은 그것은 역사적인 얘기가 아니라, 바로 나 들으라고 해 주신 이야기라는 것입니다. 참 잘되었고, 참 안되었다는 참뜻을 깨우치라고 나에게 한 소리임을 알면서 저는 백 선생님의 미래를 내다보는 위대성, 혜안에 대해 다시 한번 감탄하였습니다. 하지만 이것을 법문의 재료로 삼기는 어려웠습니다. 제 속에 음탐심이 있어서 음탐심을 이야기하는 것이 부끄러웠기 때문입니다.

그러나 부끄러워도 이제는 그것을 얘기하지 않을 수 없습니다. 이것이 모든 재앙의 근원이고, 모든 사건의 근원이기 때문입니다. 그리고 모든 일을 알고 보면 배후에는 다 음탐심이 있기 때문입니다. 음탐심을 해탈해야 도인이 되고, 우주의 주인이 되는 것이기 때문입니다.

빨리 마음을 떼는 방법이 있을까요?

빌거나 삼천 배 하여서는 마음 떼기가 어렵습니다. 부분적으로는 뗄 수 있을 것입니다.

　처음에는 남자가 여자를 사랑한다고 하지는 않고 자주 찾아갑니다. 하지만 가는 것부터가 마음이 붙어 있다는 뜻입니다. 누가 자꾸 생각나는 것은 마음이 붙어 있다는 뜻입니다. 바로 이때 그 핵심적인 것, 음탐심을 정성껏 바쳐야 합니다. 그것이 재앙을 소멸하고 소원을 성취하고 본래 도인이 되는 길, 우주의 주인이 되는 길임을 알아야 합니다.

　음탐심을 깨치는데 전력하는 것이 바람직한 핵심적인 수행이라고 말씀드립니다.

2020.11.14.

백성욱 박사
교육문화재단 설립의 의의

저는 백성욱 박사 교육문화재단 설립을 아주 열망했고 그것이 필생의 소원이었습니다. 다소의 우여곡절이 있었습니다만 서울시에서 허가가 났고, 망원동 하심정 빌딩이 금주 중으로 완전히 등기 이전될 것 같습니다. 언뜻 보기에 내가 살던 집을 부처님께 바쳤다는 단순한 의미 이외의 뜻을 별로 생각하시지 않을 것입니다. 그런데 저는 제가 40년 살던 집을 백성욱 박사 이름으로 등기 이전했다는 것에 상당히 깊은 의미가 있다고 생각합니다. 오늘은 그 의미에 대한 말씀과 상당히 희망적인 새 소식을 동시에 전하고자 합니다.

식당의 영업 정지

벌써 50년 전 이야기입니다. 제가 수도장에서 나와 취직이 안 되어서 한 1년 동안 백수로 지내던 때가 있었습니다. 그때가 제 일생에 가장 어려운 시기였습니다. 당시 주위 사람들의 권유도 있고 놀 수도 없어서 한 것이 식당이었는데, 선생님께서는 그 식당이 아주 해볼 만한 것이라고 격려의 말씀을 여러 번 해 주셨던 기억이 납니다. 장사를 모르는 제가 생전 처음, 고려대 앞에 살고 있던 집에다 주방도 꾸미고 적당히 개조해서 식당을 만들었습니다. 그때는 50년 전이라 행정이 굉장히 엉성했어요. 그때 우리 집이 등기도 없는 무허가 건물인지 모르고 보건소에 신청했는데도 간이식당으로 허가가 나서 그럭저럭 식당을 시작할 수 있었습니다.

처음에는 아마추어 식당이 이렇게 잘되나, 이상하다 할 정도로 생각보다 잘됐어요. 거기에는 아마 고려대학교에 제 친구가 있어서 친구가 부지런히 고려대학교 손님을 끌어다 준 것도 한몫한 것 같습니다.

그런데 호사다마好事多魔라고, 동종업체들이 시샘하기 시작했습니다. 그들은 보건소 사람들과 짜고, 잘되고 있던 우리의 약점을 잡아 한 달간 영업 정지라는 치명적인 타격을 줬습니다.

"이렇게 잘되면 동종업종들도 시샘을 내지만 조상귀신들까지도 시샘을 낸다. 이때 헌식獻食을 해봐라."

이때 선생님께 처음으로 헌식을 배워서 했습니다. 저는 참으로 하기 싫었지만, 선생님의 끊임없는 독려로 식당을 계속했습니다.

또 다른 시련도 있었습니다. 공무원들하고 충돌이 있어요. 저는 생전 공무원한테 돈을 줘 본 적이 없습니다. 저의 학생 때 관념으로 돈을 주는 것은 부도덕한 일이요, 올바른 사회생활을 하는 자세가 아니요, 부처님의 가르침에도 안 맞는다고 생각해서 공무원한테 일절 뇌물이라는 것은 준 적이 없는데, 선생님께서 "달라면 좀 줄 줄도 알아야 한다."라고 하세요. 선생님의 뜻을 받들어서 공무원한테 돈을 주었는데, 받아 놓고서는 일을 하지 않는 거예요. 그래서 당신이 부탁을 들어주지 않았으니 돈을 도로 돌려달라고 했습니다. 돌려주는 것이 억울했던 모양인지 또 우리의 약점을 잡았고, 또 하나의 재앙이 왔습니다.

알고 봤더니 우리 집이 무허가 건물이었습니다. 대지는 제 이름이지만 건물이 등기가 안 되어 있다는 것을 그때 처음으로 발견했습니다. 그 공무원은 제가 돈을 돌려달라고 해서 어쩔 수 없이 돈을 돌려주는 상황을 굉장히 분하게 생각한 나머지, 그 약점을 알아내 또 영업 정지 명령을 내렸습니다. 그 집을 등기할 때까지 영업을 못하게 되었습니다. 저한테는 심각한 타격이었습니다. 그렇지 않아도 식당이 하기 싫은데 왜 끊임없이 나에게 이런 재앙이 쏟아지는가? 그때 굉장히 괴로웠습니다.

너는 이제 굴러다니는 돈을 주울 수 있게 되었다

어떻게 등기를 만드느냐가 문제입니다. 등기를 만들어야 정식으로 식당 허가가 나고, 허가가 나야 선생님이 시키시는 일을 할 수 있습니다. 몇 년 전이라도 그 집에서 살았다거나, 세금을 조금이라도 낸 근거가 있어야만 등기를 올릴 수가 있는데 우리 실력으로 찾지도 못합니다. 서류를 보지도 못하게 하는데 어떻게 등기를 낼 수 있겠어요? 물론 건축물대장에도 없었습니다. 그때 부처님께 열심히 매달렸어요. '부처님, 잘되게 해 주시옵소서.' 아마 기복적인 기도를 하지 않았나 싶습니다.

제가 고려대학교 앞 제기동에 살았는데 마침 동사무장님이 우리와 개인적으로 잘 알았어요. 사람이 아주 좋아요. 그분한테 어려운 사정을 얘기했더니 옛날 서류가 어디에 있을 것이라며 당신이 옛 서류를 다 뒤져서, 우리가 거기에 살았던 증거와 세금을 냈다는 근거를 발견하였습니다. 그것을 찾아서 우리에게 주는데, 정말 지옥에서 구세주를 만난 것처럼 반가웠습니다. 이제는 내가 이 집 등기를 올릴 수가 있겠구나! 그분이 주신 서류를 근거로 절차를 밟아서 드디어 무허가로 되어 있던 집을 제 이름으로 등기수속을 완료하고 식당을 재개할 수 있었습니다.

선생님이 굉장히 기뻐하셨어요. 저는 기뻐하시는 이유를 알 수 없었습니다. 그것은 조금 노력하면 되는 겁니다. 기적도 아닙니다. 용케 그 사무장님이 도와주셨기 때문에 그저 잘된 것뿐이지, 선생님이 기뻐하실 이유가 하나도 없다고 생각했습니다.

"너는 길거리에 돈이 뻔히 굴러가는 것도 줍지 못할 정도로 깜깜한 사람이었다. 네가 무허가 건물을 완전히 네 이름으로 등기를 한 것은 굴러다니는 돈을 이제 주울 수 있게 된 것이다."

도인이 보시는 관점은 그랬던 것 같아요.

저는 행정에 관해서 굉장히 어두웠습니다. 그 집은 부모님으로부터 물려받아서 중학생 때부터 제 소유였지만, 건축물 대장에 대해서는 제가 알 수 없었습니다. 학교를 졸업할 때까지 집에 대해서 관심도 없었습니다. 그때 비로소 그 집을 건축물대장에 올리면서 선생님께서 "굴러다니는 돈을 주울 수 있게 되었다." 말씀하신 것은, 달리 말해 제가 요새 BTN에서 늘 강의의 제목으로 삼는 "이제는 사회인이 될 자격을 얻었다." 이렇게 보셨던 것 같아요.

이제 다시 출가해서 소사로 들어와라

백 선생님은 수도를 어떻게 얘기하실까요?

깨치는 것을 목표로 말씀을 하지 않으십니다. 물론 깨치는 것이 목표이지만, "건강한 사회인이 되는 것이 수도인의 길이다."라고 하십니다.

견성성불見性成佛이 무엇일까요?

"견성성불은 완전한 사회인이 되는 것이다."

견성성불이라면 깨달음의 길이고 사회생활하고는 관계없다고 생각하는 것이 보통 불교인들의 시각인데, 백 선생님은 완전한 사회인의 길, 즉 '보살의 삶으로 재탄생하는 길'을 견성성불로 보셨습니다.

제가 무허가 건물을 제 이름으로 등기 완성을 했을 때 "너는 비로소 이제 재산권 행사를 할 수 있고, 네 소유의 재산이 생긴 것이다. 사회인으로서의 길을 갈 수가 있고, 굴러다니는 돈도 주울 수 있는 능력이 되었다." 그렇게 보셨던 것 같습니다. 그래서 굉장히 반가워하시고 기뻐하시지 않았나 합니다. 기뻐하시며 뭐라고 하셨을까요?

'이제 장사가 잘될 것이다.'가 아니에요.

"이제 다시 출가해서 소사로 들어와라."

이것이 선생님의 명령이었습니다.

들어가기 싫었습니다. 소사에서 4년 동안 수도하고 밖에 나와서 더 잘될 줄 알았어요. 해외 유학 갔다 온 친구는 그때 거의 다 SKY 대학의 교수가 되었습니다. 저 스스로 4년 수도가 해외 유학보다 못하지 않다는 자부심이 있었는데 SKY대학의 교수는커녕 밥 먹을 자리도 없었습니다. 속으로 그랬어요. '백수로 1년을 놀면서 나름대로 피나는 고생을 했는데 또다시 출가를? 웃기지 마십시오. 다시는 출가 안 합니다.'

'너는 그 전에 4년을 공부했다지만 정말 건강한 사회인이 된 것도 아니고, 수도의 준비가 되어 있었던 것도 아니었다. 이제 비로소 건축물대장을 완성하여 사회인의 기초를 닦았고, 이제부터 출가할 수 있는 수도인의 자격을 얻은 것이다. 이제부터 수도하면 너는 큰 깨달음을 얻을 것이다.'

이렇게 보시지 않았나 싶습니다. 그러나 저는 속으로 비웃으면서 단칼에 거절했습니다.

지금 생각해 보니 그때 출가를 하는 게 옳았어요. 그 뒤로 제가 얼마나 고생했는지 아십니까. 출가했으면 그 고생이 10분의 1로 줄었을 것이고 상당히 높은 경지에 올랐을 것이 틀림없습니다. 그런데 그때는 출가 4년이 헛고생이 아닐까 하는 의심이 들었습니다.

저는 건축물대장을 제 이름으로 하면서 소유권이 생기고 재산권 행사를 할 수가 있었고 사회인으로서의 첫발을 내디뎠다고 생각합니다. 그런데 주위의 권유로 인해서 그 집을 유지하지 못하고 팔았어요. 그 집에서 제가 백 선생님을 만났고 수도 생활을 4년 식당을 4년 했어요.

백 선생님께서 그러셨어요. "수도하던 집은 팔지 마라."

그 집이 아주 조그마하고 초라한 집이었어요. 그런데 돈을 대 주겠다고 하는 잘사는 형제들이 있었습니다. "너 이제 대학교수도 되었는데 이런 집에서 어떻게 살겠니? 좀 더 나은 다른 집으로 이사가라." 그것도 바쳐야 했는데 바치지 못했어요. 원체 제가 궁했고 그 집에서 살기가 너무나 싫어서 저는 그이 말대로 집을 옮겼습니다.

저는 그것이 그렇게 혹독한 재앙이 될 줄은 몰랐어요. 그 집이 본래 아버지 이름이었다가 내 이름으로 되었는데, 그것을 팔지 않았으면 아버지와 저와의 분쟁은 없었을지도 모릅니다. 그 집을 팔고 새 집으로 가니까 아버지와의 분쟁이 그때부터 본격적으로 시작되었고 참 말할 수 없는 혹독한 시련을 겪어야 했습니다. 한 10여 년 민사, 형사 별 재판을 다 하면서 혹독한 나날을 보냈지요. 결국 끝났습니다. 그렇게 끝까지 괴롭히던 아버지도 돌아가셨습니다.

복과 정성이 쌓이고
부처님이 받아 주실 때에 바칠 수 있다

제가 하심정 빌딩이 있는 망원동으로 이사 온 것은 1980년도, 꼭 40년 됐습니다. 저는 백 선생님 뜻을 거스르고 공부하던 집을 팔고 나서 혹독한 고생을 했기에, 집을 살 때부터 '이 집만은 팔지 않고 부처님께 바치겠다.' 마음을 먹었습니다. 그런데 결혼하니까 그게 잘 안 되더라고요. 20년이라는 세월이 흐르고 그이와도 헤어지면서, 이제는 바칠 때가 되었다고 생각하게 되었습니다. 저는 이 집을 꼭 바치려고 했었습니다. 그때는 제가 현직에 있었기 때문에 그 집을 바치고 나면 저는 갈 데가 없어요. 갈 데라도 마련해 놓고 해야 하지 않겠나 싶기도 했지만, 마음속으로는 늘 '이 집은 팔지 않는다. 부처님께 바쳐서 시봉 잘하기를 발원.' 했습니다.

말로 그런다고 다 받아 주시는 것이 아니에요. 우리가 모든 근심을 부처님께 바친다고 부처님이 받아 주시지 않습니다. 복이 쌓이고 정성이 쌓이고 부처님이 받아 주실 때라야 받아 주십니다. 받아 주신다는 것은 근심 걱정에서 해탈한다는 뜻입니다. 재앙을 바쳐서 받아 주신다는 것은 재앙에서 해탈이며, 궁한 마음을 바쳐서 받아 주신다는 뜻은 궁한 마음에서 해탈이라는 겁니다.

저는 그 집 바치기를 굉장히 열망했습니다. 드디어 하심정 빌딩이 세워졌습니다. 가격은 더 올라갔습니다. 지금도 가격은 제법 나가는 것으로 알고 있습니다. 수도하기도 어렵고, 이미 원당 법당을 바쳤으니 이 집을 팔아서 여생에 여행이나 다니면서 편안히 놀자는 생각도 잠시 했습니다. 그래도 내가 살던 집을 아무래도 바쳐야 하겠다는 생각을 꾸준히 했어요.

하심정 빌딩이 세워지고 난 뒤에 바로 바치려고 했어요. 그런데 바로 바치면 부가가치세 면제받았던 것을 환급해야 한다고 합니다. 그것도 몇천만 원 되었는데 낼 돈도 없었습니다. 그다음에 또 누가 사회복지재단에 바치면 안 된다, 나라로 귀속된다고 해요. 괜히 사회복지재단에 바친 재산은 부처님 전에 바친 재산 같지 않아요. 사회복지재단도 비영리이고 할 건 다 하지만 불교 행사를 하지 못합니다.

'내가 그토록 열망하는 백 선생님의 이름으로 된 재단을 만들어서 거기다 바친다면 이건 정말 부처님께 바치는 것이다.' 제가 이 사회복지재단 만드는데 굉장히 애썼습니다. 허가를 안 해 줘요. 이것 이룬 것도 기적이라고 합니다. 기도 끝에 사회복지재단을 만들었고 결국 제가 가지고 있던 재산 일부를 여기에 헌납할 수 있었습니다.

제가 40년 살던 그 집만 아직 바치지 못했는데, 재단 만들기가 아무리 어렵더라도 백성욱 박사 문화재단을 한번 만들어 보자고 시도를 했습니다. 그것이 올해 2, 3월입니다. 문화재단은 되려고 해서 그런지 비교적 순탄하게 다 이루어져서 얼마 전 11월 초에 허가증이 나왔고, 등기절차를 다 밟아서 금주 말이면 그 집이 완전히 넘어갑니다.

큰 불사의 첫걸음, 하심정 빌딩을 백성욱 박사 문화재단에 바친 의의

이 일이 갖는 의의가 무엇인가? 47년 전에 고대 앞 제기동에 살았을 때 제가 무허가 집을 제 이름으로 등기를 하면서 비로소 재산권을 행사할 수 있었고, 사회인으로서 권리를 누릴 수 있었습니다. 백 선생님께서 이제 수도의 기초가 되었다고 인정하시며 굉장히 기뻐하셨고 심지어는 출가하라고 하셨습니다.

저는 그때 지겨워서 안 했지만, 도인이 출가하라고 하는 것은 굉장한 은총이었습니다. 이미 지난 일로 후회해도 소용은 없지만, 저는 그때 출가하지 못한 것을 지금도 아쉬워합니다. 그때 출가해서 공부했다면 저는 모든 고생을 단축하고 지금 훨씬 더 성숙한 인격으로서 세상에 봉사할 수 있었을 것으로 확신합니다. 그 길은 못 밟았습니다만 이제 저는 백성욱 박사 문화재단을 만들었고 제가 몇십 년 살던 집을 바치게 되었습니다.

그것은 무엇을 의미하는가? 그때는 제 이름으로 등기를 하면서 제가 재산권을 소유한 사람으로 되었지만, 이제는 제 재산을 백 박사님의 이름으로 바침으로써 저는 무소유가 되었고 그것은 '참나'의 재산으로 되었습니다. 우주의 주인이 되었습니다.

백 선생님이 살아계시면 어떻게 말씀하셨을까요? 그때 그 집의 건축물대장을 내 이름으로 하여 재산권을 행사할 수 있었고 사회인으로서의 출발의 신호탄을 날려 수도의 준비가 되었다고 얘기하셨다면, 지금은 "너는 무소유로 등록됐고, '참나'에게 바친 재산은 네 영원한 재산이 되었다. 너는 우주의 주인이 되는 기초를 닦았다." 이렇게 얘기를 하시지 않을까 생각합니다. 이것은 제 생각입니다.

백 선생님께서 47년 전에 무척 기뻐하셨어요. 저는 아무것도 아닌 것을 가지고 왜 이렇게 기뻐하시나 했어요. 건축물대장을 내 이름으로 등기를 한 것을 "이제 비로소 너는 굴러다니는 돈을 주울 수도 있는 사회인의 첫걸음을 떼었다. 이전에는 사회인의 자격도 없었다. 너는 이제 출가해서 공부할 수 있는 사람이다." 이렇게 속 깊은 의미로 보시면서 기뻐하셨습니다.

이번에 백 선생님 이름으로 등기 이전한 것은 아무것도 아니라고 볼 수도 있지만 저는 무소유인으로 등록이 되었습니다. 저는 이것을 큰 불사를 완성할 수 있는 첫걸음, 세계적인 교육기관 금강경 연수원의 청신호로 자평합니다. 백 선생님께서 그렇게 인정하실 것 같아서 무척 기쁘게 생각합니다.

제가 글로 올렸습니다만 이제는 우리 법당에서 하는 모든 불사는 부처님과 함께 하는 불사, 포행도 선지식과 함께 하는 포행으로 이름을 지을 수 있다고 생각했습니다. 우리는 이미 우주인으로, 무소유인으로, 그리고 부처님과 함께 하는 사람으로 등록되었기 때문입니다. 그리고 우리는 세계적인 교육기관 금강경 연수원의 시작을 함께하는 좋은 혜택을 빌은 사림이고, 그것을 이루는 지격을 갖춘 사람이라고 자평합니다. 저뿐만 아니라 우리 도반들의 힘으로 원흥동 법당도 된 겁니다. 그것 또한 바칠 겁니다.

 백 선생님이 과거에 기뻐하셨듯이 지금도 틀림없이 기뻐하실 것을 믿어 의심치 않습니다.

 다 같이 즐거운 마음으로 부처님 시봉 잘하시기를 발원합니다.

2020.11.21.

자신이 못난 줄 알고
이 공부를 영광스럽게 알아야

 제가 요새 BTN에서 매주 〈건강한 사회인이 되는 길〉이라는 주제로 말씀을 드리고 있습니다. 백 선생님의 표현에 의하면 '수도修道는 완전한 사회인이 되는 길'이라고 합니다. 이것은 보통 불교인들의 생각과는 아주 다릅니다. 보통 불교인들은 세상의 부귀영화를 등지고 세상을 떠나서 자기 마음을 닦아 열반의 세계를 얻는 것을 목적으로 내세우세요. 그런데 백 선생님께서는 열반의 길과 사회생활의 길을 다르지 않게 보시고, 건강한 사회인이 되는 길이 수도와 다르지 않다고 말씀하셨습니다.
 견성성불이라는 것은 다른 세계에 있는 게 아니라 완전한 사회인이 되는 것이라고 하셨던 기억이 있습니다.

선생님 말씀을
따르기 위해서 한 출가

저는 학생 때 체력은 약했지만 공부는 곧잘 한다고 생각했고, 공부는 나보다 잘하는 사람이 있지만 도덕성에서는 누구 못지않다고 스스로 생각하면서 저 자신이 건강한 사회인이라고 생각했었습니다.

제대하자마자 백 선생님이라는 훌륭한 분을 만나서 공부의 마음을 냈습니다. 저희 집안 형편으로는 당연히 당장 취직해야 합니다. 하지만 '공부가 참 좋다. 선생님 참 훌륭하시다.' 이런 생각으로 공부하고 싶은 마음도 들었습니다.

"공부하고 싶은 생각도 바치고 취직하고 싶은 생각도 바쳐라."

백 선생님 말씀대로 바쳐도 그때는 해답을 얻을 수가 없었습니다. 한참 어떻게 해야 하나 갈등하고 있을 때, 선생님께서는 "100일 만이라도 한번 해보렴."이라고 말씀하셨고, 이것이 출가의 계기가 됐습니다.

막상 100일이라도 출가한다고 집을 떠나려고 하니 어머니의 반대가 아주 극심했습니다. 눈물을 펑펑 흘리면서 여러 가지 안 좋은 소리를 하며 바짓가랑이를 붙들고 매달리는 겁니다. 저는 선생님께 약속한 것도 있어서 어머니의 간곡한 만류를 뿌리치고 출가를 강행했습니다.

그때 제가 '나는 공부가 필요한 사람이다. 이 공부는 참 좋은 공부이다. 내가 공부를 안 하면 행복하게 살 수도 없고 건강한 사회인도 될 수 없다.'라고 생각해서 출가한 것은 아닙니다. 선생님이 100

일쯤 해보라고 했기 때문에 선생님 말씀을 따르는 뜻으로 출가했던 겁니다. 이게 굉장히 중요해요.

스스로는 부귀영화를 버리고 위없는 도를 위해서 발심 출가하는 것처럼 생각했지만, 그것도 아니었습니다. 그때는 제 공부가 꼭 필요해서, 제 마음을 닦아서 유능한 사회인이 되기 위해서 출가했던 것이 결코 아닙니다. 선생님 말씀을 따르기 위해서 했습니다.

막상 출가하니 선생님이 칭찬을 안 하세요. "너는 부모의 애정을 버리고 용감하게 출가했다. 너는 대단한 사람이다."라는 칭찬의 말씀을 단 한 번도 들어본 적이 없습니다. 선생님뿐 아니라 주위의 누구도 저에게 "대단해! 좋은 대학 나오고 취직도 할 수 있는데 부모도 버리고 직장도 버리고 출가했구나." 하며 칭찬하지 않았습니다. 선생님께 좀 서운하기도 했고, 세상 사람들의 무지에 대해서도 대단히 실망했습니다.

무너지는 자존심

선생님께서는 제 발심 출가에 대해서 하나도 인정을 안 하시고 이런 표현을 하세요.

"이렇게 해야 사회생활을 잘할 수 있고, 밖에 나가서도 유능한 사람이 될 수 있다."

저는 상당히 자존심이 상했습니다. 저는 이런 노동을 하지 않고 바치지 않아도 사회생활을 잘할 수 있는 사람이라고 스스로 생각해 왔습니다. 저는 뛰어난 사람은 못되지만 그래도 건전한 사고방식을 가시고 있으니 합리적이고, 또 싱딩히 도덕적이라고 생각했습니다.

저는 아주 뛰어난 영웅호걸은 되지 못해도 중상中上의 사람은 될 수 있다고 스스로 생각했는데, 이렇게 공부해야 사회생활을 제대로 할 수 있다니 당치 않은 말이라고 여겼던 거지요. 그래도 그분의 말씀이 틀리시지 않았기 때문에 수도 생활을 계속 했습니다.

갈수록 저의 자존심이 하나하나 무너지기 시작했습니다. 첫 번째 무너지는 것이, 제 올라오는 생각을 바치라 하셨는데 바칠 게 너무나 많은 거예요. 일하기 힘들고, 어렵고, 지저분하고, 다 바칠 거리입니다. 늦게 자고 늦게 일어나던 습관이 있었는데 일찍 자고 일찍 일어나야 해요. 이제 설거지는 너무나 쉽고요, 밥도 해야 해요. 제일 어려운 게 추울 때 찬물에 빨래하는 것입니다. 지금 생각해 봐도 쉽지 않습니다. 우유에 찌든 빨래를 하면서 열심히 수도했습니다.

한데 이상한 점이 있었어요. 선생님께서도 인정 안 하셨고 주위의 누구도 저의 노력을 가상하다고 보지 않았던 것 같습니다. '한때는 내가 사회 나가서도 잘할 수 있는 유능한 사람이고 모범생이라 생각했는데, 내 속에는 왜 이렇게 끊임없는 번뇌 망상이 올라오나. 왜 감정이 제대로 통제되지 않나. 내 마음을 뜻대로 못 다스리나.' 저 자신도 제 능력의 한계를 밖에서보다 더 심각하게 뼈저리게 느끼면서 열등감에 푹 젖어 있었습니다.

그런데 함께 있던 도반들은 저하고는 출신 배경부터 다르고 성장 환경도 달라서 그런지, 환희심이 나서 공부하고 매일매일 깨치는 이야기만 하고 곧 도통할 것 같은 이야기를 하니, 그들과 비교하면 너무나도 처량했고 한때 가졌던 얄팍한 자존심이 다 무너지는 것 같았어요. '정말 선생님 말씀대로 나는 사회에서 아직 쓸모없는 존재인가. 한때는 꽤 괜찮은, 알찬 사회인이 될 자격이 있다고 생각했는데,

선생님 말씀대로 사회 나가기에 한참 뒤떨어지는 준비 안 된 사람인가.' 이런 생각을 가끔 했었습니다.

취직의 유혹

200일이 지나니 마음이 상당히 안정됐습니다. '선생님은 비록 사회에 나가서 일할 준비가 안 됐다고 하시지만 정말 내가 그렇게 못난 사람일까? 한번 나가서 나를 써 주는 데가 있나 없나 보자.' 소사에서 200일, 약 6개월이니 사병으로 간 친구들은 그때 제대했고 친구들에 비해 늦지 않았어요. 취직하기 좋습니다. 지금으로 보면 중견기업에서 오라고 했습니다. 지금은 그 회사가 없어졌지만, 당시에는 상위권 직장인데 거기 있는 선배들이 인재를 스카우트 하나 봐요. 우리 회사에 들어오면 동문, 선배도 많이 있어서 즐겁게 근무할 수 있다고 대환영한다는 거예요.

저는 200일 수도를 했으니까 밖에 나가서 취직하고 싶었던 마음이 꽤 있었습니다. 더군다나 그때는 무시험입니다. 선배들이 대환영해요. 그런데 한편으로는 "너는 아직 사회 나가기에 제대로 준비도 안 됐다."라며 늘 칭찬의 말씀을 하지 않으셨던 선생님이 허락하실까 걱정했습니다. 마음속으로는 선생님께서 취직을 허락해 주시기를 바랐습니다.

우리는 100일 공부가 끝나고 나면 3일 밖에 나갔다 오는 관습이 있었습니다. 200일 공부 끝나고 3일 밖에 다녀와서 그 말씀을 드렸더니 그냥 내려다보시고 묵묵부답, 표정이 좋지 않으세요. 취직하라는 신호는 아닌 것 같습니다.

선생님을 위해 수도한다는 생각,
자존심을 짓밟는 선생님의 꾸중

저는 마침내 취직의 유혹을 뿌리치고 또 수도를 시작했습니다. 그러면서 이제는 진짜 내가 선생님을 위해서 발심해서 수도하는 것이지, 내가 절실하게 공부의 필요를 느끼거나 공부가 나한테 꼭 알맞은 것이어서 출가하는 것은 아니라고 생각했습니다. 나는 이제 200일 수도를 해서 업장도 많이 녹았고 마음도 많이 안정됐고, 이제부터 완전한 발심 출가라 생각했었습니다.

그 뒤로도 선생님은 거의 칭찬을 안 해 주셨습니다. 단지 하나 베풀었던 자비는 다른 사람보다 꾸중을 덜 하신 것인데, 이것이 저한테는 다른 사람보다는 괜찮구먼, 하는 유일한 희망이었습니다. 너는 쓸 만하다, 큰 인물이 될 것이다, 이런 이야기는 하나도 없었습니다. 가지껏 못난 줄 알고 바치라고 하십니다. '나는 언제 잘날 때가 올까?' 이런 생각을 하면서 수도할 수밖에 없었습니다.

3~4년 있었습니다만 "넌 됐다." 어쩌다 그렇게 말씀하실 때가 있기는 해도, 대체로 "너희들은 올 데 갈 데 없어서 온 사람들이다."라는 식의 표현, "너희들처럼 거지 마음, 도둑 마음을 가지고 어떻게 사회생활을 제대로 할 수 있느냐?"라는 말씀을 하셨습니다. 이런 꾸중은 저의 자존심을 무참하게 짓밟았습니다.

저는 커닝도 안 했고 반듯했고 도덕적이었다고 생각했는데, 도둑이니 거지니 이런 자존심 상하는 소리는 들어본 적이 없는데, 무참하게 꾸중을 하세요. 물론 저보다는 다른 사람에게 했지만, 다 마찬가지였다고 지금은 생각합니다. '올 데 갈 데가 없다니, 회사에서도 취직 제의를 받는데 왜 올 데 갈 데 없다고 하실까? 너무 겁주시는 게 아닌가?' 그때도 역시 제 정도가 어땠는지 몰랐던 것 같아요.

내가 못나서 내 공부의 필요 때문에 공부하는 사람이 아니라 선생님이 밖에 나가는 걸 싫어하시니 선생님 뜻을 따르는 사람이라고 생각했고, 스스로도 나는 선생님을 돕는 사람이지 내 필요로 공부하는 사람은 아니라고 생각했습니다. 가끔 칭찬을 하세요. 어쩌다가 하신 칭찬 몇 가지는 지금도 잘 기억하고 있습니다. 그런데 대체로 표정이 밝을 때가 적으셨어요. 이런 이야기까지 하세요.

"너는 눈앞에 있는 컵도 제대로 못 보는 사람이다."

너무 무참합니다. 자존심 센 사람은 당장 뛰어나가죠. 컵도 제대로 못 보는데 선생님을 도와드린다는 건 말이 안 되죠.

"부처님이 옆에 계셔도 알아보지도 못한다."

'저는 선생님같이 훌륭한 분 잘 알아보는데요.'

저뿐만 아니라 다 그렇게 보세요.

"너는 네 엄마와 같은 업보가 있는 한, 사회생활을 절대 못 한다."

사회생활 무능력자로 이야기하세요. 제 친구들, 동창들은 제대하자마자 무섭게 뻗어나갔습니다. '친구들은 일찍 미국 유학을 가서 박사 학위를 받고 대학교수나 연구소로 가 이름을 날리고 건강한 사회인이 되어 활약하는데, 학생 때 그 친구들보다 못하다고 생각하지 않았던 나는 여기서 왜 열등감을 자극하는 말만 들을까.' 생각했어요. 그런데 가만히 제 속을 들여다보면 선생님 말씀이 맞는 것 같아요. 조금만 뭐하면 진심 내고, 또 친구들이 미국에서 박사 받았다고 하면 부러워하고. 부러워하는 게 건강하지 못한 것이거든요. 그런 걸 느끼면서도 선생님 말씀에 잘 공감을 못했어요.

그래도 선생님 말씀이 틀리지 않은 것을 믿기 때문에, 부지런히 수도하고 밖은 쳐다보지도 않았습니다. 제가 3년을 소사 밖으로 한 걸음도 안 나갔습니다. 수도를 할 때는요, 한 걸음도 안 나가는 게 좋아요. 물론 책도 안 보았습니다. 저는 굉장히 잠에 대해서, 음식에 대해서 자유로워졌고 이성에 대해서도 자유로워졌다고 생각했고 몸이 매우 가벼웠습니다.

업보에 끌려 나와 겪은 실패와 무력감

천일이 지나니, 백 박사님께서 드디어 칭찬하셨습니다.
"너는 큰 힘을 얻었다."
아울러서 몇 가지 좋은 이야기도 하시기 시작했습니다.
그때 스스로 '아, 이제 밖에 나가서 뭘 해도 되는구나.' 이런 생각을 했습니다. 그게 좀 잘못이었던 것 같아요. 그런 생각을 하니까, 집에서 저를 부르러 왔습니다. '이제 밖에 나가자. 밖에 나가도 될 것 같다.'라고 생각할 때 부르러 오니까 나갈 수밖에 없었죠.
"집에서 부르러 왔습니다. 나가 봐야 할 것 같습니다."
그럼 소를 다 팔고 나가라고 하셨습니다. 지금 생각해 보면 거기 있으면서 뚜렷한 뭣도 없었기 때문에 밖에 나갈 수밖에 없었던 것 같습니다. 그때부터 고생문이 훤히 열렸습니다. 막상 나가면서 어떻게 살아야 할지 하나도 준비를 안 했어요. 그저 소사에서 공부하면서 몸과 마음이 매우 가벼웠습니다. 거의 잠을 안 자도 되고, 어려운 일도 다 끈기 있게 해낼 수 있고……. 그런데 선생님이 나가라고 해서 나가는 것과 업보에 끌려서 나가는 것은 상당히 다르다는 것을 몰랐습니다.

불러서 나갔더니 취직부터 해야 합니다. 저는 취직이 그렇게 안 될지 몰랐어요. 열심히 빌고 또 빌어도 안 돼요. 내가 잘못 빌고 있구나, 그걸 느꼈습니다. 처음으로 무력감을 느낍니다. 소사에 있었을 때는 원 세우는 대로 다 됐어요. 근데 이상하게 업보에 끌려서 나가서는-퇴타심이 난 거죠-원 세워도 안 되더라고요. 다시 원점으로 돌아갔습니다. 어리석고 못나고 내가 할 수 있는 게 하나도 없고, 선생님이 꾸중하신 대로 거지며 도둑놈이라는 말이 하나도 틀리지 않는다는 것을 느꼈습니다.

그 뒤로 식당을 4년 하면서 장사는 안 되고 재앙도 연달아 일어났습니다. 친구들은 잘나가는 벤처사업 한다고 하면서 승승장구하는데, 나는 식당 하나도 못하는 게 말이 되나! 무력감을 절실히 느꼈습니다. 선생님께서는 자꾸 바치라고만 하세요. 저는 드디어 식당을 닫았습니다. 억울하기도 했어요. '최선을 다하고 살았는데 식당 하나 운영을 못하고, 이렇게 완전한 원점으로 되돌아가다니 공부의 보람이 뭔가!' 그때만큼 괴로울 때가 없었습니다.

천일 수도의 힘,
어떤 경우에도 지치지 않고 바칠 수 있는 저력

천일 수도해서 큰 힘을 얻었다는 것은 사실이었던 것 같아요. 어떤 경우에도 지치지 않고 바칠 수 있는 저력을 소사에서 얻었습니다. 그 뒤로 백번 죽다 살아날 정도로 어려운 일을 겪어도 제가 견딜 수 있었던 것은 소사에서 천일 이상 공부한 것이 큰 원동력이 되었다고 생각합니다.

큰 힘을 얻었다고 하셔서, 재앙은 하나도 없이 쭉쭉 뻗어나가서 영웅호걸이 될 터전을 마련했다고 알아들었어요. 나중에 알고 보니 큰 힘을 얻었다는 것은 어떤 역경에서도 굴복하지 않고 그것을 반전시킬 힘을 얻었다는 뜻이지 재앙이 없어졌다는 뜻이 아닌 것을 알았습니다.

저는 완전히 새로 출발하는 기분으로 대학원부터 시작했습니다. 제 동창들보다 십몇 년이 늦었습니다. 대학교수가 된다는 것은 꿈꿀 수도 없었습니다. 그때부터 천일 수도한 큰 힘의 저력이 하나하나 드러나기 시작했습니다. 저는 공부가 무척 좋았습니다. 대학생 때보다 머리가 훨씬 맑고 명석해졌고 어려운 진리를 척척 알게 되었습니다. 수도장에서 공부했던 힘의 위력을 하나하나 알게 되었습니다. 꿈에도 높게 보이던 대학교수도, 늦은 학생이었지만 장래성 있는 저를 칭찬하기 시작했습니다.

'아, 나는 학문이 적성에 맞나 보다.'

사실 학문이 적성에 맞는 게 아니었어요. 수도장에 들어가서 마음을 닦았기 때문에 사람들을 부처님처럼 볼 수 있었고, 싫어하는 마음을 바칠 수 있어서 학문이 좋았던 것이지 적성에 맞는 것은 아니었습니다. 그때부터 공부의 보람을 하나하나 느끼기 시작했습니다. 저는 그러면서 대학교수도 되고 좋은 논문도 썼다고 스스로 생각합니다.

내가 못난 줄 알고
공부하는 것이 영광인 줄 알았다면

그래도 어쩐지 불안했어요. 드디어 법당까지 짓게 되었는데 이 법당 지으면서 되게 고생했어요. 지금 보니까 제가 세상을 너무 주먹구구로 살았어요. 건축법이 뭔지도 제대로 몰랐고, 업자를 택할 때도 누가 좋다더라 하니까 그대로 했어요. 그 사람을 무조건 믿었지요. 같은 도반을 믿었어요. 도반에게 돈을 맡겨 놨는데 그 사람 멋대로 했고 뒷감당은 내가 해야 했는데, 제가 세상을 몰랐다는 것을 뼈저리게 느꼈습니다. 법당 지을 때 처음 느꼈습니다. 맡겨 놓는 것이 얼마나 무책임한가 하는 것도 알게 되었고, 소사에서 "네가 아직 사회 나갈 준비가 안 됐다." 하신 말씀을 실감하게 되었습니다. 어려울 때 돈 마련할 준비도 안 됐던 거예요.

학문하고 업적은 그런대로 됐지만, 공무원들이나 학자들이 밖에 나가서 사업하면 망한다는 이야기 많이 하지 않습니까? 그대로 실감했습니다. 신법당, 구법당 지으면서 돈 마련할 대책을 하나도 안 해 놓은 것, 도반이 믿고 추천한다고 하니까 그대로 한 것, 아무 준비도 안 하고 세상 법도 모르는 나 자신, 아무리 기도해도 주먹구구 사고방식으로 인한 재앙에서는 벗어날 수 없습니다. 많이 고생했습니다. 죽다 살아난 것처럼 고생하면서 저 자신의 무능을 또 뼈저리게 느꼈습니다.

"너는 아직 사회 나가서 일할 준비가 안 됐다." 이 말씀이 구구절절이 옳다고 생각되면서, 그때 깨달았으면 얼마나 좋았을까 생각합니다.

'나는 선생님이 권해서 소사에 들어갔고 선생님이 달래서 오래 있었고 선생님을 도와준다고 계속 머물렀지만, 그것은 잘못된 생각이었다. 나는 정말 부족하고 모자라고 사회생활할 준비가 안 돼서 공부가 필요한 사람이다. 이 공부를 통해서 건강한 사회인이 될 수 있다. 여기 오는 것은 무한한 영광이다.'

이렇게 생각하고 열심히 공부했다면 저는 벌써 모든 업보 업장을 해탈해서 건강한 사회인이 되었을 텐데……. 상당히 건방졌던 겁니다. 저는 선생님이 권해서 선생님을 도와주려고 왔고 내 필요 때문에 온 게 아니라 마지못해서 왔다고 생각했고, 거지요 도둑놈이라고 말씀하시면 감사하게 받아들이지 않고 자존심 상한다고 불평했습니다. 이런 저 자신이 얼마나 모자란지, 얼마나 소견이 짧은지, 공부를 얼마나 영광스럽게 여겨야 하는지 몰랐습니다. 하버드대학보다 더 좋은 학교에 온 것을 영광으로 생각하고 감사하며 부처님 말씀을 절대 공경해야 했습니다. 아무것도 모르는 맹탕이 선생님이 권해서 왔고 칭찬해 주니까 머물러 있었는데, 스스로는 선생님을 도와드리기 위해서 왔다고 생각하니 절대로 공경심이 날 리가 없어요. 저는 선생님이 돌아가시고 난 뒤에 선생님의 위대성과 예지력에 감탄하면서 철저히 내가 못났다는 것을 알고, 나를 키워 주신 선지식의 은혜에 감사하며, 열심히 공부하지 못했던 것을 뼈저리게 후회했습니다.

건강한 사회인으로 다시 시작하다

저는 너무 복이 부족했어요. 안이했어요. '나는 복 짓지 않아도 될 만한 사람이다, 이만하면 되었다.'고 생각한 것이 너무나도 큰 착각인 것을 알게 되었습니다. 저는 드디어 새 출발을 했습니다. 2004년에 나이 60이 넘어서 무료급식을 시작하면서 새 정신이 났고, 새 세상이 열린 것 같았습니다. 대승불교와 소승불교의 차이점을 알면서 제2의 인생을 사는 것 같았습니다. 무료급식도 선생님이 하라고 하셨고, 여건이 마련됐기 때문에 한 것입니다. 저는 아직은 내가 복을 더 지어야 하고 선생님 말씀처럼 사회활동을 하기에는 한참 멀었다고 생각했습니다. 비록 제가 대학교수이고 스스로 논문도 괜찮게 썼다고 생각하고 법당도 짓긴 지었지만, 건강한 사회인은 못 되었다고 생각했습니다. 저는 너무나도 닦아야 할 업장이 많았습니다.

무료급식을 10년하고 제 나이 70이 되었습니다. 업장이 녹을 때까지 외부에서 불러 주지도 않았고, 건강한 사회활동 할 생각을 거의 못했습니다. 나이 70이 되니까 비로소 처음으로 열 명 정도 모임에서 저를 불러 주었습니다. '나도 불러 주는 사람이 있나.' 물론 불러 준다는 것이 강의료가 있는 것도 아니고 대단한 것도 아닙니다. 그저 밖에서 불러 주는 최초의 시도였습니다. 그때부터 슬슬 밖으로 나가기 시작했습니다. 그동안 수많은 고생을 하고 무료급식으로 복을 10년 짓게 되니까 저의 잠재력이 쌓였던 것 같아요.

두 번째는 동국대학교에서 불러주기 시작했습니다. 이상하게 동국대에서 부르자마자 사람들이 굉장히 많이 모이더라고요. '나 같은 무명의 존재가 간다고 사람들이 많이 모일까?' 그전에 동국대 정각원장이 유명한 불교계 인사를 불러서 불교계의 붐을 일으키는 시도를 했는데 다 실패를 했다고 합니다. 나 같은 무명의 존재를 등장시켜서 동국대에서 강의했는데 괜찮았어요. 스님들도 매주 와서 듣는데 열기가 대단하더라고요. 물론 상의료고 뭐고 아무것도 없있습니다. 제가 생각하기에 처음으로 사회생활을 한 것 같아요. 그동안 고생도 많이 하고 못난 것 깨치고 닦았으니 이제부터는 사회에 나가도 된다 싶었지요.

저는 강태공의 이야기를 좋아합니다. 70세까지 완전히 백수로 놀다가 70부터 운이 트여서 임금까지 된 강태공의 이야기를 알고 있습니다. 저는 70까지 뒤로 자빠져도 코가 깨지는 식의 어려운 삶을 살았습니다. 저 자신의 무능과 모자람을 뼈저리게 느끼면서, 잘난 척 하고 살았던 것이 너무나 착각임을 알게 되었습니다. 근래 외부 법문이 BBS, BTN으로 이어지고, 참 세상이 많이 변한 것 같습니다.

자기 못난 것을 알고
이 공부를 영광스럽게 알고 감사해야 한다

제가 느낀 게 있습니다. 사람들하고 상담하면, 옛날 제 모습을 보는 것 같아요. 사람들이 너무나 바라기만 합니다. 거지 마음과 도둑 마음으로 꽉 차 있어요. 이분들은 건강한 사회생활을 할 수 없는 것으로 보여요.

'나도 얼마 전까지 그랬지. 선생님께 꾸중 들었지.'

"눈앞의 컵도 못 본다."

모든 것을 밖에서 찾았기 때문이에요. 저는 이제 안에서 찾는 것을 배웠습니다. 무료급식 10년 하면서 모든 난제의 해답은 마음속에서 찾는 것으로 보는데, 다른 사람들은 밖에서 난제 해답을 찾으려 해요. 백 선생님께서 눈앞의 컵도 못 보는 놈이라고 했고 그게 자존심 상했는데, 이제 보니 옛날 내 모습 같은 후배들이 너무나 많은 거예요.

"부처님이 바로 옆에 와도 모른다."

자기 선입견에 딱 사로잡히면요, 눈이 있어도 안 보여요. 아무리 부처님같이 좋은 말씀을 들어도 귀에 안 들려요. 선생님 말씀이 하나도 틀리지 않아요.

저는 자신이 모자란 것을 모르고 상대적으로 다른 사람보다 건강하고 공부도 곧잘 하는 건강한 사회인이 된 줄 착각하였습니다. 저는 비로소 일체유심조의 진리가 무엇인지 알게 되면서, 이 가르침을 영광스럽게 생각하지 못했던 것을 뼈저리게 후회합니다. 그때 발심했었더라면 도통하고도 남았을 겁니다.

지금 보니까요, 다른 사람들이 내 전철을 그대로 밟고 있어요. 지금 말씀드립니다.

"이 자리를 영광스럽게 아십시오. 자기 못난 점을 뼈저리게 아시기를 바랍니다. 그리고 부처님 절대 공경해야 합니다."

제가 선생님 도와주러 왔다는 생각을 했고, 선생님이 오라고 해서 마지못해서 했던 것이 공경심을 실종시키고 공부를 지연시켜서, 뒤늦게야 건강한 사회인의 한 자리를 차지하게 됐어요. 여기 계신 분들은 저의 뼈저린 과거를 따르지 마시기 바랍니다.

이 자리가 굉장히 열악하고 공부하기 좋지 않다고 생각합니다. 하지만 소사보다 열 배는 더 낫습니다. 굉장히 불만도 많으시고 저를 욕하는 사람이 꽤 많은 것을 압니다. 의심하고 욕하고 보따리 싸서 가시기도 하겠죠. 저는 사심이 없어요.

확실한 것은 이 공부는 영광스럽게 알고 감사하고 내가 감히 누굴 도우러 왔다가 아니라 내 업상을 낚아서 부처님 시봉하러 왔나고 생각하는 게 맞습니다. 그러면 공부가 굉장히 빠르고 그 마음 일심으로 나가면 3년 만에 다 됩니다. 저처럼 건방지게 오만한 생각을 내면 70세에도 어려울지 몰라요. 빈말이 아닙니다. 선생님 말씀이 다 옳았습니다. 저보다 대부분 젊으시니까 저의 뼈저린 과거를 잘 아시고, 밝고 행복한 삶을 사셔서 부처님 시봉하시길 바랍니다.

2020.12.05.

본래 없음을 바탕으로 하는
금강경 공부는 쉽고 빠르다

왜 금강경 공부를 당연히 해야만 하는가?
금강경 공부는 꼭 필요한 공부인가?
금강경 공부의 당위성과 필요성에 대해 말씀드립니다. 당위성을 확실히 믿고 신념까지 가질 때, 공부가 매우 빠를 것으로 생각합니다.

내가 하는 수행의 성과는
지극히 적고 일시적이다

사람은 태어나자마자 고통을 느낍니다. 어린 아가들도 고통이나 공포를 느낄 수 있고, 몸뚱이를 가진 자는 당연히 고통과 공포를 느낍니다. 우리는 성장하면서 교육받고 훈련하고 더 좋은 것을 연구 개발하여, 고통과 공포에서 벗어나서 이 몸뚱이를 유지하고 발전시키려 합니다. 이 모든 것은 내가 하는 노력의 결과로 이루어신 것이며, 내가 하는 것입니다. 내가 있다는 것, 고통과 공포가 있다는 것을 전제로 하는 것입니다.

이렇게 무엇이 있음을 전제로 하는 훈련, 교육, 기술 습득은 완전한 행복에 이르기 매우 어렵습니다. 가난에서 풍요로, 질병에서 건강으로 가기 아주 힘듭니다. 수많은 경천의 고통에서 벗어나서 부귀영화를 누리는 것도 매우 어렵습니다. 내가 하는 것은 아무리 열심히 노력해도 얻어지는 성과가 지극히 일시적이고 미미하며, 시간이 굉장히 오래 걸립니다.

종교, 부처님의 가르침도 마찬가지입니다. 부처님이 처음에 깨달음을 얻으시고 중생들한테 무엇을 말씀하실까 생각하셨습니다. 처음에 말씀하셨던 것은 금강경이 아니었습니다. 그 당시 사람들은 고통을 느끼고 고통에서 벗어나길 기원하였습니다. 그것을 알아차리시고 부처님께서는 그들에게 알맞은 설법을 시작하셨습니다.

"이 세상은 고통이다. 사고팔고四苦八苦로 이루어진 것이 이 세상이다(생로병사 애별리고 원증회고 구부득고 오성음고 生老病死 愛別離苦 怨憎會苦 求不得苦 五盛陰苦). 이 고통의 원인이 무엇인지 아느냐? 고통을 벗어나고자 한다면 원인이 무엇인지 알아야 한다. 고통의 원인은 애욕이다."

이 세상은 고통이라고 말씀하셨고 고통의 원인을 설명하셨습니다.

그리고 고통을 벗어난 영원한 세계가 분명히 있다고 말씀하셨습니다. 영원한 세계에 가는 길이 있는데 그 길을 팔정도八正道라 하고 그것을 네 가지 진리 고집멸도苦集滅道라고 이야기합니다.

영원한 세계, 열반의 세계로 가기 위한 팔정도가 요새 위파사나라는 명상 형태로 이어지고 있습니다. 남방불교, 소승불교는 고통을 벗어나 영원한 열반의 세계로 가기 위한 팔정도의 수련이라고 보면 됩니다. 위파사나 수련도 한결같이 고통을 인정하고, 내가 있다는 것을 인정하고, 내가 하는 수련임이 틀림없습니다. 내가 하는 수련은 모두 성과를 이루기까지 시간이 굉장히 오래 걸리고 잘 안 되는 수가 많습니다. 금생이 아닌 내생에나 이루어질지 아닐지 모르기에, 실지로 열반을 실감하면서 그 길을 실감나게 설명하신 성자는 매우 드뭅니다.

지금 세상을 사는 길이나 종교의 길에서 나를 떠난 가르침을 찾아보기는 힘듭니다. 내가 하는 수련, 내가 받는 교육, 내가 공부하는 부처님의 가르침, 이것들은 아상을 항상 동반하고 무엇이 있다는 것을 전제하기 때문에 그 성과는 상당히 일시적이고 도달하는 데 지지부진하다고 밝은이는 말씀하실 것입니다.

먼저 깨쳐라
본래 없다는 사고방식으로 전환

그러면 왜 금강경이어야 할까요?

금강경 처음에 수보리존자가 부처님께 여쭙습니다.

"부처님처럼 완벽한 존재가 되려면, 즉 아누다라삼막삼보리를 얻으려면 어떻게 머무르며 어떻게 그 마음을 항복 받겠습니까?"

이것이 금강경 가르침의 출발입니다. 수보리 존자는 사제법문을 익숙하게 수행해서 아라한이 된 성자입니다. 그는 이미 열반을 체험했는데 자기가 체험한 열반은 부처님의 열반, 아누다라삼막삼보리 하고는 많이 다르다고 생각했습니다. 수보리 존사는 사기가 체험한 열반은 불완전한 열반, 유여열반有餘涅槃이라고 생각하고 부처님처럼 완전한 열반, 무여열반無餘涅槃의 세계로 가려면 어떻게 수도를 해야 하며 어떻게 그 마음을 깨칠 수 있는지 질문하였습니다.

부처님께서는 금강경 3분에서 "제보살마하살 응여시항복기심諸菩薩摩訶薩 應如是降伏其心", 깨치는 것이 먼저라고 답하셨어요.

수보리 존자의 질문은 "내가 있고 네가 있고 고통이 있는데, 어떻게 수도해서 어떻게 깨치겠습니까?"하는 의미였습니다. 부처님께서는 금강경 제3분에서 항복기심, 깨치는 것이 먼저라고 하셨습니다.

"먼저 깨쳐라."

이 깨친다는 말뜻을 잘 이해해야 합니다. 사고방식을 바꿔라, 사고방식을 바꾼 뒤에 수도해라. 이렇게 이해하시면 됩니다.

사고방식을 어떻게 바꾸는 것인가? 항복기심은 어떻게 하는 것인가?

"그대들은 무엇을 하든지 내가 잘되기 위한 수도, 내가 있는 수도를 했다. 고통, 즐거움, 열반이 있는 것으로 생각했다. 그대들은 유有에 기본을 두고 수도를 해 왔다. 그러나 그 사고방식부터 바꾸고 난 뒤에 진정한 수도가 되느니라. 그 사고방식을 바꾸는 것을 항복기심이라고 한다. '나'라는 것이 있고, 고통이 있고, 고통이 없어진 열반의 세계가 있다는 유有를 기본으로 하는 사고방식에서부터 벗어나라! '나'라는 것도 본래 없고, 고통이라는 것도 본래 없고, 깨칠 것도 본래 없으며, 열반이라는 것도 본래 없다는 사고방식으로의 전환이 제일 먼저 전제되어야 한다."

부처님은 이런 뜻으로 말씀하신 것 같습니다. 그것이 항복기심의 뜻이라고 생각합니다.

"그대들은 지금까지 고통도 있고 열반도 있으며 그것을 수행하는 내가 있다고 봤다. 그런데 이런 사고방식은 내가 하는 수도, 내가 잘 되기 위한 수도이기에 금생에 그 성과를 이루기 어렵고, 성과를 이루어도 지극히 지지부진하고 불완전한 것이 된다. 완벽한 수도, 진실한 수도를 해서 영원한 행복을 얻고자 한다면, 있다는 것을 전제로 수도하지 마라. '본래 없는 것'을 알아라. '있다고 보는 것'은 참이 아니라 분별이 만들어 낸 허상임을 알아라."

 허상임을 일깨워 주는 것을 제일 먼저 하셨는데, 그것이 항복기심이라고 생각합니다.
 금강경 3분에서는 사고방식을 바꾸는 방법을 좀 더 구체화해서, 무슨 생각이든지 착각인 줄 알고 바치라는 식으로 부처님께서 말씀하셨습니다.
 올라오는 모든 생각, 판단, 분별이 팩트fact라고 보지 않는 것이 매우 중요합니다. 내 분별이 만들어 낸 허상이라고 보는 것이 중요합니다. '나'도 실제로 있는 게 아닙니다. 우리는 모두 나 잘되기 위해서-내 자식, 내 부모, 내 친척, 내 국가 내 사회 잘되기 위해서 무엇을 한다고 하며, 내가 있는 수도를 합니다. 그런데 그 자체가 허상이라는 거예요. 그것이 본래 없음을 알고 출발하세요. 이것이 "무슨 생각이든지 착각인 줄 알고 바쳐라."입니다.
 진짜 뭐가 있는 줄 알았는데 자꾸 바치다 보면 있다고 봤던 것은 마치 신기루처럼 내 생각이 그려낸 허상임을 실감하게 됩니다. 허상으로 실감하게 되니까 색성향미촉법色聲香味觸法에 주해서 무엇을 하게 되지 않아요. 그전에는 색성향미촉법에 주해서 보시도 하고, 지계도 지키고, 인욕도 합니다. 그런 수도는 내가 있는 수노, 무엇이 있음을 전제로 한 수도이고, 완벽한 행복을 얻는 데까지 시간이 굉장히 오래 걸릴 뿐 아니라, 행복을 맛봐도 일시적이며, 금생에 이루기 어려운 수도라는 겁니다.

항복기심으로 시작하면
무주상 보시가 자연스럽다

"출발부터 고쳐라. 항복기심을 먼저 해라."

이런 뜻으로 부처님은 표현하셨다고 봅니다. 첫 단추를 잘못 끼우면 다음 단추도 어긋납니다. 첫 단추부터 제대로 고친 뒤에 나머지를 끼워야 합니다. 첫 단추를 잘못 끼우면 아무리 다음 단추를 잘 끼워도 그것은 일부분을 볼 때만 괜찮은 것이지, 불완전하여 누가 보면 웃을 수밖에 없는 것과 마찬가지인 이치입니다.

"처음부터 내가 본래 없다는 것에서부터 출발해라. 팩트라는 것은 너희들의 분별이 만들어 낸 허상이라고 생각해라."

우선 출발부터 부처님의 대전제를 깔고 수도할 때 세상의 색성향미촉법, 즉 국가, 사회, 사건, 삼라만상은 다 내 마음이 만들어 낸 허상임을 알게 되어 집착하지 않는 수도, 집착하지 않는 보시를 자연스럽게 하게 됩니다.

우리는 무주상 보시라는 말을 많이 들었습니다. 그런데 '나', 부귀영화라는 것이 있다고 전제하는 한 무주상 보시를 할 수 없습니다.

무주상 보시를 어떻게 하면 할 수 있을까요?

내 눈앞에 나타나는 부귀영화나 각종 사건, 삼라만상은 내가 만들어 낸 허상임을 알고 거기에 집착하지 않게 될 때, 이를 악물고 무주상 보시를 하려고 하지 않아도 너무나 자연스럽고 당연하게 됩니다. 처음에 사고방식을 바꾸는 게 어렵지, 한 번만 바꿔서 항복기심하면 이전투구해서 노력하지 않아도 이 세상 사는 것은 너무나 쉽고, 당연히 가져올 것을 가져와 자연스럽게 무량공덕이 되는 겁니다. 무주상 보시의 참뜻을 알고 실천해야 합니다.

이렇게 산다면 세상은 고해가 아닙니다. 모든 고통을 착각으로 알고 벗어나게 됩니다. 소원을 이루기는 아주 쉽고 당연합니다. 예전에 깨친 이들이 세수하다 코 만지는 것처럼 너무나 쉽고 당연하다고 했듯이, 무량무변공덕이나 무주상 보시 수행은 너무나도 당연하고 쉬운 것이라고 합니다. 이것이 세상을 굉장히 쉽고 슬기롭게 사는 방법입니다.

코로나바이러스 공포의 시대에도 천리만리 길을 마다하지 않으시고 마치 광신도나 된 것처럼 찾아오는 이유도 이것을 부분적으로 실천한 우리 도반들이 이 공부에 실감했기 때문이라고 생각합니다. 첫 단추부터 잘 끼우면 다음은 쉽게 잘 끼워지듯이, 아주 쉬운 방법으로 현명한 길을 가는 것이기 때문에 우리 공부는 다른 어떤 수련이나 공부보다도 꼭 필요하다고 말씀드립니다.

본래 없음을 알고 공경심으로 금강경을 실천하면 금생에 성과를 이룬다

금강경을 한다고 하면 사람들은 흔히 이렇게 이야기합니다.
"금강경 공부가 다인가? 다른 공부도 많다."
물론 금강경 공부 말고도 법화경, 화엄경, 위파사나를 중심으로 하는 아함부 경전의 수련, 간화선, 조사선, 여러 가지 수행법이 있습니다. 그런데 다른 경전 공부, 참선이나 간화선은 대개 나와 네가 있고 고통이 있다는 것을 전제로 출발합니다. 내가 하는 참선은 나를 인정하는 것이며, 고통에서 벗어나려고 한다면 고통을 인정하는 것입니다. 이런 참선은 적어도 금생에 되기 힘들다는 겁니다.

금강경 정신은 나라는 것이 착각이며 본래 없는 것이고 고통이라는 것도 본래 없다는 믿음에서 출발합니다. 갖가지 형태로 찾아오는 모든 재난이 내 마음, 내 분별이 만들어 낸 허상이라는 것을 제일 먼저 깨닫고 출발할 때, 나머지는 아주 쉽게 풀린다고 말씀드립니다.

가르침을 찾아 헤매다 우리 공부하러 오신 분들이 이 공부가 빠르다고 하고 단시일 내 놀라운 성과를 이루었다고 하는 것은 '본래 없다'라는 진리를 바탕으로 하고 있기 때문입니다. 항복기심의 원리를 바탕으로 하고 있어서 성과가 비교적 빠르고, 그 믿음이 투철한 사람은 단박에 모든 것을 이룰 수 있다고 봅니다.

금강경 가르침에 대한 믿음과 부처님에 대한 공경심이 적을 때, 시간이 오래 걸리고 까딱하다간 금생이 아닌 내생에 이루어진다고 봅니다. 왜 내생에 이루어지는가? '나'라는 생각이 없어질 때가 내생이기 때문입니다. '있다'라고 믿는 한, 금생에 절대로 나라는 생각이 안 없어집니다. 금생에 이루기 어렵다는 이유가 바로 거기 있습니다. 내생에는 나라는 생각이 없어진 상태이기 때문에 금생이 아닌 내생에 복을 받습니다.

내가 하는 보시, 내가 하는 수련은 금생에 그 성과를 이루기 어렵습니다. 그것이 본래 없는 착각임을 알고 공경심으로 금강경을 실천할 때 금생에 복을 받고 무주상 보시가 되며, 그 공덕의 범위도 무량무변합니다. 이것이 금강경 공부를 해야 하는 당위성, 필요성이라고 생각합니다.

   이런 당위성과 필요성을 인식할 때 우리는 부처님 곁에 성큼 다가서고, 고해의 세상을 당처즉시에 극락세계로 바꿀 수 있으리라 생각합니다.

2020.12.12.

부처님 감사합니다

"아침, 저녁으로 금강경을 읽어라. 아침에 금강경을 읽는 것은 하루 종일의 재앙을 소멸하는 것이며, 저녁에 읽는 것은 저녁부터 아침까지의 재앙을 소멸하는 것이다."

백 선생님 가르침의 특색입니다. 재앙이라는 표현은 그전에 스님들한테도 잘 듣지 못했던 표현인데, 재앙 한방에 모든 축복이 다 날아가기 때문에 재앙을 굉장히 경계하셨던 말씀이었습니다.

"낮에는 일할 때 올라오는 모든 생각을 부처님께 바쳐라."

제가 요새 말씀드리는 '착각인 줄 알고 바쳐라.'인데, 착각이라는 단어는 잘 안 쓰셨습니다.

백 선생님의 축원

또 다른 특징이 있었습니다. 선생님께 갈 때 삼배를 드립니다. 스님들한테 삼배를 드리면 스님들은 그저 가만히 앉아 계십니다. 묵묵부답입니다. 가만히 앉아 계시는 게 전통 사찰의 예절인 것 같습니다. 그런데 백 선생님은 가만히 앉아 계시지 않고 축원을 해 주셨습니다.

"제도하시는 용화교주 미륵존여래불 공경을,
이 사람이 무시겁으로 지은 업보 업장을 해탈 탈겁해서
부처님 전에 환희심 내어 복 많이 짓기를 발원."

스님들은 꼿꼿이 가만히 앉아계시는데, 백 선생님은 축원하시면서 반드시 합장하고 고개를 숙이셨습니다. 이것이 다른 스님들한테서 볼 수 없는 독특한 지도 방법이라고 느꼈습니다.

티베트 불자들이 목숨을 걸고 인도에 계신 달라이라마를 찾아뵙는 이유는, 가서 법문을 듣는 것도 아니고 축원 한 마디를 갈망해서라고 합니다. '백 선생님이 하시듯 달라이 라마도 축원을 하시나.' 하고 생각한 적이 있었습니다.

물건을 사서 드리거나 성금, 월급을 타서 일부를 드리면 또 원을 세워 주십니다.

"이 물건을 주는 사람이 이 인연 공덕으로 부처님 전에 환희심 내어 복 많이 짓기를 발원."

그러면 물건을 자꾸 사 들고 가고 싶어요. '사 드려서 복을 많이 받는구나, 사들고 가면 축원을 해 주시는구나! 축원이라는 게 소원을 이루라는 염원의 표시 아닌가? 도인이 그렇게 염원을 해 주신다면 나는 당연히 물건을 선생님께 드린 공덕으로 재앙도 소멸이 되고 소원도 성취가 될 것이다.' 하며 기대했습니다.

소리 내어 축원해 주시는 깊은 뜻

"내가 무엇 때문에 이렇게 축원하는지 아느냐? 원을 세우는지 아느냐?"

어느 날 이렇게 질문을 하셨습니다. 제가 대답을 했던 기억이 없습니다만, 아마 마음속으로는 이렇게 대답했을 겁니다.

'축원을 해 주시는 그 공덕으로 재앙이 소멸되고 소원이 성취되라는 뜻으로 하시는 것이 아닙니까?'

마음속으로만 대답하거나, 때로 속으로는 의심하는 수가 있습니다. 그러면 어찌나 눈치가 빠르신지, 아니면 타심통을 하셔서 그런지 제 마음을 읽고 거기에 걸맞은 대답을 하시는 것이 특징입니다.

"소원이 성취되라는 것이 아니다. 너희들이 여기 물건을 가지고 올 때 그냥 오지 않는다. 마음이 붙어서 온다. 봉투에 소원을 성취하겠다는 마음이 붙어서 온다. 내가 축원하는 것은 소원을 이루게 하는 게 아니라, 여기 붙어 있는 마음을 떼게 하는 것이다."

이렇게 답변하시니, 내가 속으로 했던 답변과 너무 달라서 맥이 쭉 빠집니다. 속으로 이런 의심이 듭니다.

'축원이 그 마음을 떼라고 하시는 것이라면, 속으로 하셔도 되지 왜 소리를 내시어 우리가 기대하게 하시는 겁니까?'

선생님은 제 의심을 아시는 것 같았습니다.

"내가 소리를 내어서 하는 게 무슨 뜻인지 아느냐? 다른 사람들도 이렇게 하라고 가르치는 뜻이 있다. 또 사람들의 답답함을 해소하기 위해서 하는 뜻도 있다."

소리 내서 하는 것이 두 가지 뜻이 있다는 겁니다. 제자들을 가르치는 뜻이 있고, 답답한 사람들에게 소리를 내서 발원해 주어 붙은 마음을 떼게 하는 뜻도 있다고 하셨습니다.

붙은 마음이 떨어지면
참나, 부처님의 광명이 들어온다

속으로 '부처님' 해도 붙은 마음이 떨어집니다. 붙은 마음이 떨어지면 편안해질 수는 있어도 제가 바라던 소원 성취는 안 될 것 같습니다. 이렇게 우리는 붙은 마음을 떼는 것의 의미를 굉장히 과소평가하는 경향이 있습니다. 예컨대 사랑하는 아들이 세상을 떠났을 때가 그 붙은 마음이 떨어지는 순간입니다. 얼마나 괴롭습니까? 처음에는 슬프다가도 한참 지나면 편안해져서, 붙은 마음이 떨어진다는 것은 그저 편안해진다는 정도로 가볍게 생각했습니다.

백 선생님께서 마음이 떨어진다고 말씀하신 것은 그런 평범한 의미가 아니었습니다. 붙은 마음이 떨어짐으로써 참나, 부처님의 광명이 들어온다는 뜻이 포함되어 있습니다. 그 공덕이 무량무변하게 크다는 뜻이 포함되어 있으므로 우리가 생각하는 것과는 그 의미가 완전히 다르다는 것을 알게 되었습니다.

"무슨 생각이든지 부처님께 바쳐라."

이것도 알고 보면 바쳐서 복을 받게 된다는 뜻이라기보다, 그 생각에 붙은 마음을 떼라는 뜻인 것을 알게 되었습니다.

또 이렇게 가르쳐 주시기도 했습니다.

"나는 무시겁으로 죄지은 일이 없노라."

"나는 무시겁으로 살생한 일이 없노라."

이것은 백 선생님 특유의 발원문이 아니라 경전에 나오는 이야기입니다. 백 선생님은 부처님 또는 조사 스님들이 하신 말씀을 현실에 알맞게 응용할 수 있게 재해석해서 우리에게 일러 주십니다. 이것도 역시 붙은 마음을 떼는 것임을 뒤늦게 알게 되었습니다.

우리는 어려운 일이 있을 때 자신이 여기서 벗어나길 바랍니다. '나를 살려주십시오.'하며 나 자신의 역경을 탈피하기 위한 발원으로 기원을 하는데, 그렇게 한다고 해서 역경을 탈피하는 게 아니라고 합니다.

"나와 같은 고통을 받는 모든 사람이 이 고통에서 해탈해서 부처님 전에 복 많이 짓기를 발원."

이렇게 하는 것은 나한테 붙은 마음을 떼는 것이라고 알게 되었습니다.

금강경에 이일체제상 즉명제불離一切諸相 則名諸佛이라는 표현이 있습니다. 해석하면, 모든 곳에 붙은 마음을 떼면 바로 참나가 드러나는 겁니다. 부처님 광명이 들어오는 겁니다. 무량무변 공덕을 얻는 것입니다. 모든 곳에 붙은 마음을 떼는 것이 부처님 가르침의 법식이고, 백 선생님도 바로 그 법식을 활용해, 현실적으로 세상을 사는데 알맞은 표현을 써서 각종 재난에서 벗어나게 하고 고통에서 벗어나게 하시는 것을 뒤늦게 알게 되었습니다.

무슨 생각이든지 형상이 없는 부처님께 바쳐서 붙은 마음을 뗀다

처음에 제가 잘못 알았던 구절이 있습니다.

"무슨 생각이든지 부처님께 바쳐라."

"좋은 물건을 보면, 이 좋은 물건을 내가 갖지 말고 부처님께 바쳐서 시봉 잘하기를 발원해라."

이것을 소원 성취가 되는 효과적인 방법으로만 알았습니다. 알고 보니 부처님께 바쳐서 마음을 떼기 위한 가르침이었습니다.

거기에 조건이 있습니다. 그 부처님은 형상이 없습니다. 관세음보살이나 아미타불처럼 거룩하고 자비롭고 위대한 것을 마음에 그리는, 형상이 있는 부처님이라면 마음이 떨어지지 않습니다. 그래서 무슨 생각이든지 부처님께 바치라는 표현 속에는 이것을 보충해야 한다는 것을 알게 되었습니다.

"무엇이든지 착각인 줄 알고 형상 없는 부처님, 내 마음속의 부처님께 바쳐라."

그래야만 붙은 마음이 떨어지게 되고, 붙은 마음이 떨어지면 부처님 광명이 그 사이로 들어와서 나를 바꾸어 재앙을 소멸하고 소원을 성취합니다. 저는 이것을 실감하고 실천해서 적지 않은 경험을 했습니다.

백 선생님께서 또 이런 말씀을 하셨습니다.

"궁리라는 것은 몸뚱이를 사랑하는 몸뚱이 착着에서 비롯된다. 몸뚱이 착은 어디든지 척척 달라붙는다. 미운 사람한테도 달라붙고, 좋은 사람한테도 달라붙고, 그저 그런 사람한테도 달라붙는다. 이름을 짓고 달라붙으면서 각종 재앙을 발생하게 한다. 그런데 이 궁리, 몸뚱이 착이 달라붙지 못하는 곳이 딱 한 군데 있다. 어디냐? 바로 부처님이다

생각을 부처님께 바치라는 뜻은 궁리, 몸뚱이 착이 달라붙지 못

하게 하여, 즉 소멸하여 그 자리에 부처님 광명이 들어오는 데 그 뜻이 있는 것이다. 파리, 모기는 어디나 가서 달라붙지만 뜨거운 불에는 달라붙지 못하듯이 모든 궁리는 형상 없는 부처님께는 달라붙지 못하니 소멸되고 그곳에 바로 부처님 광명이 들어온다."

저는 무슨 생각이든지 부처님께 바치라는 가르침의 참뜻을 좀 더 분명히 이해하게 되었습니다.

소원을 빌면서 바치면 다소 늦습니다. 소원이 조금 덜 이루어집니다. 소원을 빨리 이루고 싶으면, 형상 없는 부처님께 바쳐서 그 마음을 떼도록 하는 것이 바람직하다는 말씀을 드립니다.

부처님께 감사하면
불평불만, 남의 탓이 사라진다

올라오는 모든 생각은 불평불만이 많습니다. 물론 불평불만만 있겠습니까? 그리운 생각, 고달픈 생각, 여러 생각이 올라오지만 가장 우리한테 해를 끼치는, 독이 되는 생각은 불평불만이라고 합니다. 그런데 이 불평불만이 '감사합니다'라는 말을 할 때 가장 싫어한다고 합니다. 선생님께서는 이렇게도 말씀하셨습니다.

"마치 파리나 모기가 뜨거운 불에는 견디지 못하고 도망가듯이, 억지로라도 감사한 마음을 연습하면 끊임없이 올라오는 불평불만이 소멸될 것이다."

각종 번뇌 망상이 싫어하는 것이 부처님이고, 또 불평불만 특히 진심이 싫어하는 것이 감사하는 것이라면, '부처님 감사합니다'라는 슬로건으로 바쳐보자는 제안을 20여 년 전에 도반들에게 한 적이 있습니다. 그리고 하루에 백 번씩 '부처님 감사합니다'를 해 보자는 제안을 했습니다. 그 구절은 제가 독창적으로 했다기보다는 백 선생님 말씀을 근거로 한 것입니다. 또 백 선생님의 수제자와도 의논했더니 동의하셨습니다. 그때는 사람이 많지는 않았지만, 매주 '부처님 감사합니다' 캠페인을 했습니다. 계수기로 세며 하루에 천 번씩 했던 적이 있습니다.

'감사합니다'라는 것이 어떠한 형상이 있는 것 같지만 확실히 부처님께 바치라고 하는 것보다 불평불만을 해소하는 데에는 굉장히 효과적이었다고 저는 자부합니다. 그리고 마음에 금방 평화가 옵니다. 행복이 오는 것을 느낍니다. 불평불만을 늘어놓고 남의 탓 하고 싶을 때 그 마음을 없애는 방법은 부처님께 바치는 것이 좋지요. 하지만 그것만으론 조금 뜨뜻미지근한 느낌도 없지 않아서, '부처님 감사합니다' 하며 바치면 어떨까 생각합니다. 계수기로 하루에 천 번을 해도 좋습니다. 특히 불평불만이 자꾸 올라올 때 조건 없이 '부처님 감사합니다'를 자꾸 써 보는 것도 저는 굉장히 좋은 방법이라고 생각합니다. 그때는 확실히 놀라운 기적적인 일도 일어나고 사람들이 아주 좋아했습니다. 남 탓하지 않게 되었습니다.

내 업장이 얼마나 큰지
드러나게 해 주니 얼마나 감사한가!

'부처님 감사합니다'는 뜻이 있습니다. 맹목적인 게 아닙니다. 어려이 오면 우리는 짜증내고 원망을 하게 됩니다. 그런데 밝은이 입장에서 생각하면 그것이 주위 환경이 열악해서 나빠서 그런 것이 아닙니다. 불평이 많다는 것은 내 마음속에 진심이 많다는 것을 표현하는 간접적인 증거입니다. 역경이 생길 때, 불만이 생길 때, 그것을 싫어하는 것은 현명하지 않습니다. 역경이 생길 때 짜증이 나는 것은 내 업장이 이만큼 크다는 것을 표현하는 것입니다.

내 업장이 크다는 것을 발견해서 바칠 수만 있다면 그게 얼마나 감사한 일입니까? 역경이 생길 때 불평불만 대신 내 업장이 얼마나 큰지 드러나게 했으니 얼마나 감사한가 생각하며 부처님께 감사하는 것은, 맹목적으로 하는 것과는 상당히 다릅니다. 부처님께 감사해야 할 만한 이유가 있는 거예요. 그런 이유를 확실히 실감하면서 늘 '부처님 감사합니다' 염원할 때 우리는 당장 바뀝니다.

오늘 말씀드리기 전, 어제 제가 몇 십 번 해보았습니다. 불평불만이 사라집니다. 저는 화를 잘 안 냅니다. 법사는 화를 내면 안 되거든요. 하지만 저도 속으로는 불평불만이 있었습니다. 바쳐도 실감이 잘 안 났습니다. 그런데 어제 계속 '부처님 감사합니다'를 했더니, 마음이 촉촉해지고 즐거움과 평화가 오는 것을 실감했습니다. 한 20여 년 전에도 상당히 효과를 거둔 적이 있었습니다. 사실 오래전부터 있던 것인데 이 캠페인을 주도하던 사람이 태도가 바뀌어 자기가 창안했다고 주장하더니, 이상하게 부작용을 일으키며 가 버리고는 자연스레 안 하게 되었습니다.

'부처님 감사합니다.' 이 가르침이 좋으니 다시 시작해서 새 세상을 찾는 것이 좋지 않을까 생각합니다.

2020.12.19.

고통을 나의 분신으로 알고 사랑할 때 해탈할 수 있다

어제 1,200여 명의 코로나바이러스 신규 확진자가 나와서 전국을 공포 속으로 몰아가고 있습니다. 이 난국을 극복하는 것은 국민 모두의 염원입니다. 하루빨리 난국을 벗어나서 경제도 살리고 국민도 건강하게 하는 것, 지금 바로 이 시대의 화두라고 해도 좋을 것 같습니다. 코로나바이러스에서 벗어나는 길에 대해서 BTN 방송에서도, 이 자리에서도 말씀드린 적이 있었습니다.

오늘 과연 코로나바이러스는 극복의 대상이고 제거해야 할 대상인지, 대처하는 좋은 방법은 무엇인지 생각해 봅니다.

수도와 결혼

조선 왕조 500년은 유교 시대였습니다. 관혼상제는 인간이 지켜야 할 당연한 도리였습니다. 결혼은 반드시 해야 하고, 효도도 해야 하고, 장례와 제사도 지내야 한다. 유교적인 사고방식에 젖은 사람은 결혼은 당연히 해야 할 인간의 도리라고 생각했고, 저희 아버지 시대만 하더라도 이것은 절대적인 가치였습니다. 조선 시대 유교적 사고방식에 젖은 사람들은 가정을 최고의 가치로 알았기 때문에 처자식을 벌어 먹이기 위해 무슨 일이든 할 수 있다는 식으로 행동했습니다.

그런데 불교 신자들, 부처님께 좋은 마음을 낸 소수의 사람들, 출가해서 승려가 된 사람들은 결혼을 좋게 보지 않습니다. 결혼은 애욕의 결과요, 부자유의 근원으로 생각합니다. 부처님은 불음의 계를 설하셨고, 애욕으로 말미암아 갖은 악이 생길 뿐만 아니라 자신을 굉장히 부자유하게 만든다고 하면서 "애욕을 떠나라. 가정을 떠나라. 부처님을 향해라." 이렇게 가르치고 있습니다. 아마 저를 비롯한 수도자들은 대개 이와 같은 생각을 가지고 있을 것입니다. 결혼을 당연히 해야 한다는 종래의 사고방식에서 벗어나 밝아지는 길, 위없는 깨달음의 길에 이르기 위해서는 당연히 애욕을 버리고 떠나야 한다고 생각하는 것 같습니다.

백 선생님을 좋아했던 이유가 여러 가지가 있었습니다만 저희가 소사 도량에 들어갔을 때만 하더라도 백 선생님께서는 손수 연탄을 가시고 빨래를 하시고 혼자 지낸 청정 비구였습니다. 청정 비구의 모습이 너무나 아름다워서, 아마 그런 점이 백 선생님을 존경하고 사모하고 출가까지 하게 했는지도 모릅니다. 우리는 청정 비구를 최고의 가치로 알고 청정 비구의 룰을 지켜야만 드디어 밝아진다는 생각을 하고 있었습니다.

백 선생님 모범적인 수제자의 결혼

백 선생님의 제자 중에서 아주 반듯한 분이 있었습니다. 그분은 길을 갈 때 좌우를 보고 가지 않습니다. 곧장 앞만 보고 갑니다. 아주 특이한 분입니다. 그리고 남의 마음을 일절 들여다보지 않습니다. 더군다나 남에게 폐 끼치는 일은 일절 하지 않습니다. 그뿐 아니라 남이 자신에게 자존심이 상하는 실례의 말을 한다면, 그 사람하고는 아마 상종을 하지 않을지도 모릅니다. 그이는 남의 일에는 관심이 없습니다. 묻는 말에만 겨우 대답하는, 아주 말수가 적은 분이었습니다.

그분이 백 선생님 모시고 일생 혼자 살려고 하다가 뒤늦게 결혼을 했습니다. 당시 40살 넘어 결혼한다는 것은 상당히 늦은 결혼이었습니다.

결혼의 삶과 수도의 삶이 과연 양립할 수 있을까?

우리 수도자에게는 중대한 관심사였습니다.

어떤 수도자가 그분이 지나갈 때 "결혼하시니 공부가 잘됩니까?" 이렇게 물었습니다. 젊은이들은 애욕에 마음이 없을 수가 없죠. 이분은 수도의 삶을 잘 지키던 분이고 백 선생님이 아끼고 사랑하던 제자인데 뒤늦게 결혼했다니, 그 결혼 생활이 수도에 방해가 되지 않을까? 우리는 방해가 된다고 보는데 어떻게 극복하셨을까? 이것이 관심사였기 때문에 그런 질문을 했을 것입니다. 그분의 대답입니다.

"사람에 따라서 다르지요. 국수를 좋아하는 사람도 있고, 밥을 좋아하는 사람도 있듯이, 나는 결혼이 더 좋아요. 바칠 것이 많아서 얼마나 좋습니까?"

질문했던 사람은 상당히 의외라고 생각했습니다. 그분은 일체 사람들하고 사귀려고 하지도 않았고, 백 선생님을 따르는 제자들과도 일절 말을 섞지 않았기 때문입니다.

저는 뒤늦게 그분을 만나서 자주 대화할 기회가 있었습니다. 그분은 계속 결혼 예찬론자였습니다. 혼자 사는 수도자들에게 "결혼해야 합니다. 바칠 것이 많아서 좋습니다. 결혼은 나쁜 것이 아닙니다."하며 결혼을 예찬하는 것을 봤습니다.

그분하고는 이야기할 기회가 상당히 많아서, 어떻게 바뀌게 되었는지 이야기를 구체적으로 듣지 않았지만, 짐작할 수 있습니다.

백 선생님 모범적인 수제자의 수도, 번뇌가 곧 보리

그분은 상당히 오래 살았습니다. 대개 돌아가기 10년 전부터는 골골하고 외출을 못하는데, 그분은 만 98세까지 걸어 다니면서 아주 건강하게 살았습니다. 말년에는 병원 출입을 자주 했었던 것 같아요. 병원 출입도 보호자 없이 혼자 진료를 받으셨습니다. 제가 여쭤보았습니다.

"병 때문에 힘드시죠?"

"저는 병을 즐기고 있습니다."

그분은 제게 아버지뻘 되는 분입니다만, 제게 깍듯이 존칭을 씁니다. 병 때문에 괴로워한다는 표현을 쓰지 않고, 즐거워한다는 표현을 씁니다. 그러면서 젊었을 때 자신의 기질에 관해서 이야기합니다. 그는 일찍이 어렸을 때 일본에서 유학했기 때문에 그의 사고방식은 아마 일본인을 그대로 닮지 않았나 생각합니다. 남한테 폐 끼치는 것을 참 싫어하는 것이 일본인의 특성이지요. 그분은 일체 단 하나의 선물도 거저 받는 것을 원하지 않았습니다. 그 대신 남을 도와주기는 잘했던 것 같습니다. 반대로 남이 자신에게 실례하는 이야기, 자존심 상하는 이야기를 한다면 다시는 상종하지 않는 날카로운 측면도 있었던 것 같습니다.

그런 사람이 결혼하게 되면 부부 싸움도 많이 할 것 같은데, 어떻게 극복하고 심지어 결혼 예찬론자까지 되었을까? 상당히 궁금했습니다. 아마 번뇌가 곧 보리요, 생사가 열반이라는 화엄경에서 나온 말씀처럼 불이不二의 가르침을 깨친 결과가 아닌가 생각합니다. 젊었을 때 그의 기질로 본다면 병이라고 하는 것은 제거해야 할 대상이자 피해야 할 대상이요, 점잖지 못한 사람, 고약한 사람은 사귀지 못할 피해야 할 사람이라고 하면서 멀리 달아났을 것 같습니다. 아마 제 추측으로는 이러한 생각은 사실은 알고 보면 착각이고 본래 없다는 것을 백 선생님을 오래 모시면서 깨달았을 것입니다.

드디어는 '악이다, 나쁜 것이다, 고약한 것이다, 제거해야 할 것이다'라고 했던 사고방식에서 서서히 벗어나, 내가 불러온 것이요, 나의 분신이요, 사랑하는 나의 자식과 마찬가지라는 것을 알았을 겁니다. 자식이 밉더라도 달래서 키워야 하듯이 세상 사람들이 싫어하는 악, 고약한 것, 재난도 나의 사랑하는 자식이 못된 짓 하는 것과 마찬가지로 생각한 것이지요. 그러니 제거하거나 피하는 것이 아니라 달래 가면서 지치지 않고 끊임없이 바쳐 가면서 결국 극복하는 길을 택하지 않았을까 생각합니다.

7이는 젊었을 때 말하기를 싫어하여 일절 말을 안 했습니다. 또 소위 점잖지 못한 사람들, 거친 사람들하고는 아예 상종을 안 했습니다. 많은 사람이 그를 존경하며 대단한 사람이라고 이야기했습니다. 맑고 조촐했던 사람이고 모범생 중의 모범생이었습니다. 시계처럼 시간 약속을 정확하게 지키며 남에게 일절 폐를 끼치지 않고, 지극히 백 선생님을 공경하는 것을 보고 독일의 임마누엘 칸트와 같은 사람이 아닐까 생각했습니다.

근데 그이가 말년에 상당히 변했어요. 사람 만나는 것 좋아하고 대화하는 것 좋아하고 미워하는 사람이 일절 없어졌습니다. 그전에 미워하는 대상을 피하고 제거하고 멀리했던 사고방식이, 자신의 분신으로 생각하고 자식으로 생각하고 즐기는 것으로 바뀐 것 같습니다. 아마 그것이 그이를 더 지혜롭게, 건강하게 하여 장수하지 않았나 생각합니다.

번뇌가 곧 보리, 생사가 곧 열반. 이건 알기 어려운 이야기입니다.
어떻게 번뇌가 보리가 될 수 있겠습니까?
어떻게 재난이 축복이 될 수 있겠습니까?

재난을 허상으로 알 때, 재난을 남이 아니라 나의 분신으로 알 때, 재난이 변해서 축복이 될 수 있습니다. 재난은 나와 관계없는 먼 곳에 있는 것, 제거해야 할 대상, 극복해야 할 대상이라고 할 때 그 재난은 축복으로 변할 수 없습니다. 재난은 내 분별이 불러온 것이고, 내가 일부러 떨어 버리려 하면 더 가까워지는 속성이 있습니다. 재난을 사랑하고 즐겁게 바칠 때 비로소 허상으로 알게 되어서 제거할 수 있다는 금강경 가르침이 아니었다면, 그분은 말년에 그렇게 바뀌지 않았을 것 같습니다. 저는 말년에 오랫동안 그분하고 사귀며, 간접적으로 백 선생님의 법식을 그분을 통해서 이해했다고 생각합니다.

코로나바이러스를 부처님이 주신 귀한 선물로 알자

만일 그분이 이 코로나 시대에 온다면, 사람들에게 어떻게 이야기할 것인가? 요새 사람들은 "코로나바이러스를 극복하자. 부지런히 소독해서 살균하자."라고 합니다. 그분도 젊었을 때는 그런 생각을 그대로 가지고 있었을지도 모릅니다. 그러나 백 선생님의 가르침을 받고 실천한 그분은 이렇게 이야기할 것 같습니다

"코로나바이러스를 악, 제거해야 할 대상, 극복해야 할 대상이라고 이름 붙이지 말자. 내 분신이고, 내 사랑하는 자식과 다르지 않다. 사랑하는 자식이 속 썩이는 것처럼 생각하자. 속을 썩인다고 자식을 제거하거나 극복할 수 없듯이, 그 마음이 착각인 줄 알고 바쳐서 자식을 교화할 수 있듯이…… 나쁘다고 이름을 지으면 오히려 코로나바이러스는 더 창궐할 것이다."

밝은이도 그렇게 생각할 것 같습니다. 그분이나 백 선생님, 밝은 이들은 이렇게 이야기하실 것 같아요.

"코로나바이러스를 공포의 대상, 제거 대상이라 하지 말고 오히려 축복으로, 부처님이 주신 귀한 선물로 알자."

우리는 코로나바이러스를 비롯한 모든 재난이 창궐했을 때 재난을 어서 물리치고 밝은 세상으로 가자고 생각합니다. 고진감래라고, 고통의 세월이 지나면 즐거운 세월이 온다고 하지 않느가. 이게 전통적인 사고방식이기도 합니다.

그러나 진정한 불자는 이런 고통을 싫어하지 않고 나의 분신으로 알고 사랑할 수 있고, 사랑함으로써만 해탈할 수 있다는 사고방식으로 바꾸어서 고통을 축복으로 만듭니다.

고통을 나의 분신으로 알고
사랑하여 해탈할 수 있다

'지금 코로나바이러스 확진자가 연일 증가하는 살벌한 세상을 살벌하다고 이름 짓지 말자. 오히려 우리의 진심이 얼마나 큰가를 일깨워 주는 귀한 교훈으로 생각하고 감사하자. 그리고 코로나바이러스를 제거해야 할 악이며 나쁜 것이라고 규정하지 말자. 내 자식처럼 생각하고 소중하게 생각하자. 자식이 나쁜 짓을 한다고 해서 제거할 수 없듯이, 사랑으로 키워서 결국은 자식을 교화할 수 있듯이 코로나바이러스를 나쁜 이름 짓지 말고 좋은 이름을 짓고 감사함으로써, 결국은 멀리 떨어지게 할 수 있다. 코로나바이러스를 자식처럼 사랑하자.' 이렇게 할 수밖에 없습니다.

저는 드디어 알게 되었습니다.

"결혼은 바칠 것이 많아서 얼마나 좋은가."

그것은 사실이었습니다. 물론 무조건 결혼해야 한다는 것은 아닙니다. 수도자들은 대개 결혼은 나쁜 것, 재앙의 근본이며 애욕으로 깜깜해지는 길이라고 생각합니다. 지혜로운 이들은 이렇게 생각할 것입니다. "그렇게 생각하지는 말자. 내가 불러온 것이고 내 사랑하는 자식과 마찬가지다. 자식이 나쁘다고 해서 물리칠 수 없듯이, 감사하면서 나가자."

물론 그렇다고 해도 정부에서 권장하는 마스크 쓰기, 거리두기 등은 지켜야 합니다. 우리가 코로나바이러스를 사랑한다고 해서 함부로 행동해서는 안 됩니다. 정부 시책을 지키되 미워하며 제거하려고 하면서 지키는 것이 아닙니다. 정부에서 이야기하듯이 극복하려고 하면서 지키는 것이 아닙니다. 사랑하고 즐기는 마음으로, 바침으로써 제거된다는 사고방식을 가지고, 마스크 쓰기와 거리두기도 즐겁게 하자고 말씀드립니다.

당국에서 비대면 종교 행사를 권장하여, 우리도 20명 이하의 소수 인원만 참석하도록 제한하고 있습니다. 지방이나 서울에서도 먼 곳에 계신 분들은 실시간 방송으로 들으시기를 권장합니다.

정부의 시책은 잘 따르고, 절대 코로나바이러스를 두려워하지 말고, 즐겁고 감사하는 마음을 가질 때 어떤 백신보다도 뚜렷한 효과가 나타날 것이라 믿습니다.

2020.12.26.

"법문 들으면서
법문을 가지지 말고,
부처님께 바쳐
시봉 잘하길 발원."

3권 찾아보기

기독교식 성공 104
기복 불교 253, 265
기쁘게 해 드리기 41, 295
깨친 이 154, 222, 281
꽃비 165
꿈 126

【ㄱ】

가족 140, 248
감사합니다 100, 348
강태공 336
건강한 사회인 184, 316, 334
건축물대장 314
견성성불 316, 323
결혼 358
경천 94, 255, 273
고양이 277
고유명사 25
공경심 143, 158, 345
공경하는 수행 159
공포 17, 31, 201, 205, 244, 339, 357
관세음보살 25, 59
관운장 177
관음경 26
괴롭히는 사람 98
구조적인 재앙 135, 141, 255
궁리 189, 354
궁한 마음 276, 319
극복하는 불교 237
금강경식 성공 106
기계 고장 48

【ㄴ】

내 마음이 불러왔다 259
내 안의 극락심 25
내 안의 자비심 25
내가 하겠다 105
내가 하는 보시 346
내가 하는 수도 343
내리막길 117
녹음기 63
닐스 보어 124

【ㄷ】

단순한 수련 142
단체 214
달마 대사 156, 178
대나무 176
대방광불화엄경 159
대승불교 222, 237
대학원 123, 230
대화 156, 216, 259
도둑의 누명 219
도원결 177
도인 28, 42, 129, 137, 153, 161, 218, 222, 246, 300

찾아보기 . 367

도피 100,
돈 41, 136, 172, 180, 254, 296, 303, 313,

【ㅁ】

마음 씀씀이 31, 56
마음속에서 찾는 244
마음을 닮는 수행 59
만물일체 280
만물정관 개자득 64
말이 된 스님 165
모른다 75, 106, 128, 208, 303
모범적인 사람 166
무료 급식 232, 335
무소유인 321
무시겁 133, 257, 262, 270, 310,351
무에서 유 44, 130, 180, 202
무주상 보시 39, 145, 261, 344
무허가 314
문화재단 320
미륵존여래불 19, 59, 125, 162, 264
민사 318

【ㅂ】

바치는 것 25, 58, 94, 109, 129, 140, 159, 162, 174, 179, 211, 260, 277, 297
바치는 방법 67, 141, 171
반석 179
반지 264

발원문 17, 294, 303, 352
밝아지는 것 185, 213,
번뇌가 보리 363
변명 84, 96, 218, 220
병의 원인 186, 273
보살불교 24
보편적 가치 171,
보편적 관념 174
복과 축복 142
본래 아는 능력 77
본래 없음 300, 339, 345
본연의 능력 122, 298, 304
본연의 모습 39, 212, 303
부자 107, 181
부처님 가르침 72, 194, 235, 263, 352,
부처님 마음 20, 162, 253, 271
부처님 마음 연습 257
부처님 시봉 17, 38, 41, 79, 107, 143, 177, 239, 295
부처님의 광명 50, 351
분신 276, 290, 357
불교의 절대성 142
불립문자 76
불세출의 도인 163
불쌍한 생각 136
불타는 집 112
붙은 마음 297, 304, 351
비교 286, 326

【ㅅ】

사고방식 52, 73, 121, 245, 341, 358

사회인 184, 315, 323, 334
살별 195
생이지지 67
선동하는 이 83
선입견 120, 125, 337
선지식 25, 70, 154, 235, 275, 304
선혜보살 95
설치는 마음 52, 243
성직자 214
소록도 199
수기설법 73, 156, 222, 233, 238, 268, 309
수도 190, 219, 239, 245, 316, 323, 331, 342
수행의 목적 183
순수이성비판 167
스승의 마음 56
스트레스 75, 186
스티브 잡스 188
시시각각 41
식당 114, 228, 312, 331
신구의身口意 253
신라 향가 196
신문팔이 172
신수 대사 309
신통력 59, 265
실제로 해라 300
싱귤래리티 130

【ㅇ】

아가와 같은 마음 240
아인슈타인 123
안중근 176
알파고 129
암송아지 49
안젤리나 졸리 188
양무제 178
어머니 79, 136, 231, 247, 324
업보 82, 114, 138, 188, 192, 233, 247, 256, 271, 330
업보 해탈 191, 249
업장 50, 214, 356
엔실리지 52
역경이 곧 축복 238
열등감 109, 329
영업정지 312
예쁘다는 마음 139
예수 이야기 233
예정된 운명 139, 216
올라오는 생각 162, 326
용수보살 148
우주의 축복 81
울력(운력) 261
원 세우는 뜻 40
원願 102
위신력 25, 265
윗목의 도반 285
육영수 여사 199
음탐심 302
이름 짓기 22, 106, 195
이승만 대통령 39
이일체제상 352
이토 히로부미 176
일체유심조 22, 167, 208, 337

【 ㅈ 】

자긍심 56
자기주장 152
자비심 25, 112, 138
자존심 96, 179, 259, 325
잠재의식에 의한 재앙 135
장양 179
장가계 179
재난이 축복 362
재판 218, 318
저 사람 155, 223, 289
전생의 죄업 218, 255, 265
전지전능 39, 53, 73, 89, 106, 129, 132, 137, 157, 163, 204, 207, 245, 298
절대 공경심 150, 158
절대자에 대한 예절 19
절체절명 119, 262, 267
정면 돌파 178
정신적인 여유 44
정신집중 103
정체성 285
젖소의 출산 268
제주도 225
조선 양반 63
조심성이 많은 사람 32
종교적 특성 142
중생불교 24
죄 지었다 256
죄무자성 종심기 140
쥐 105, 276
지식 교육 90, 120

지혜 26, 45, 62, 105, 157
지혜 교육 66, 89, 120
지혜와 능력 181
진실성 295
진실한 도인 167
진실한 원 173
진심 28, 273, 329, 354, 364
질문 속에 답 47

【 ㅊ 】

착각인 줄 34, 74, 110, 129, 137, 204, 207, 245, 276, 299, 343, 353, 363
참된 불자 142
참회 94, 140, 235, 265, 279
처벌 143
천일 수도 331
최고의 가르침 154
최고의 수행법 152
최대의 보람 96
축복 201, 237, 348, 363
축원 348
춘천 가는 기차 298
출가 49, 316, 324
측천무후 308
치심 26, 38, 213, 273

【 ㅋ 】

칸트 167, 362
컵 329
코로나바이러스 18, 31, 72, 197,

278, 357, 363

【 ㅌ 】

탐심 연습 296, 299
탐욕의 연습 295
탕자 78, 157
터널 281
토머스 쿤 121

【 ㅍ 】

패러다임 시프트 121
푸시킨 243
프로이트 306

【 ㅎ 】

하겠다 105, 299
하기 싫은 마음 51

학문의 난제 126
학이지지 67
한恨 36, 102
한센병 199
항복기심 230, 342
행동요강 291
허상 134, 292, 343, 362
형상 없는 부처님 162, 297, 353
지혜와 능력 181
호랑이 28, 224, 271, 279, 289
회심의 미소 213, 234
흔들리지 않는 마음 139

주제로 찾아보기

왜 금강경이어야 하나?

금강경 공부는 자신을 변화시켜 행복과 보람을 느끼게 한다	1권 p.109
아상의 함정에서 벗어나 부처님과 바로 만나는 금강경	1권 p.137
고통의 원인을 정확히 진단하고 해결하는 가르침	1권 p.233
부처님 가르침의 절대성 위대성 당위성을 강조하는 이유	1권 p.284
금강경 가르침의 위대성, 모든 것을 내 마음에서 찾는다	2권 p.113
재앙을 미리 소멸하는 금강경 가르침	2권 p.365
금강경 정신으로 돌아가자	3권 p.194
본래 없음을 바탕으로 하는 금강경 공부는 쉽고 빠르다	3권 p.339

우리 가르침의 정체성

부처님과 함께 하는 선지식의 가르침	1권 p.239
우리 법당의 정체성	2권 p.231
우리 가르침은 부처님과 함께 하는 참선이며 기도수행	2권 p.351
아름다운 우리 법당의 특징과 나아갈 길	2권 p.357
우리 가르침은 석가여래의 마음을 닮아 가는 공부	3권 p.55

난제의 원인과 해결

모든 문제의 해답은 네 안에 있다	1권 p.102
재앙의 원인, 이기적이고 타성적인 생각	1권 p.271
예정된 재앙을 극복하고 부처님 세계로	1권 p.279
축복의 씨앗, 고통을 감사하며 즐겁게 바친다	2권 p.57
밝은이가 보시는 재앙의 원인과 소멸	2권 p.185
내 마음이라 깨치고 참회할 때까지 재앙은 반복된다	2권 p.220
질문 속에 답이 있다	3권 p.47
공부의 핵심, 경천을 묵묵히 참회하고 부처님께 바치는 것	3권 p.94

고통에 저항하지 않고 감사하며 바칠 때 축복이 된다	3권 p.99
불타는 집에서 벗어나 진정으로 행복할 수 있다	3권 p.112
일시적 재앙과 구조적 재앙	3권 p.131
난제가 착각인 줄 알고 바칠 때 전지전능한 능력이 드러난다	3권 p.204
부처님 마음을 신구의身口意로 실천하여 재앙을 소멸한다	3권 p.253
절체절명의 위기 극복, 나는 무시겁으로 살생한 적이 없노라	3권 p.262
만물을 자기 몸처럼 사랑하고 실감한다면	3권 p.273
고통을 나의 분신으로 알고 사랑할 때 해탈할 수 있다	3권 p.357

걱정, 근심, 불안에 대처하는 자세

불안한 생각이 올라올 때	2권 p.261
아무 염려하지 마라, 걱정 근심이 본래 없는 것이다	2권 p.325
코로나바이러스에 대한 진실한 해법	2권 p.381

소원을 성취하는 원리

바치는 것은 재앙이 뒤따르지 않는 영원한 소원 성취법	1권 p.49
소원 성취의 원리, 잠재의식에서 '안 된다'는 생각을 소멸한다	1권 p.59
슬기롭게 소원을 이루는 방법	1권 p.159
진실한 소원이 이루어지는 원리	1권 p.189
소원 성취해서 부처님 드리겠다고 하면 진실로 내 것이 된다	2권 p.64
재앙은 소멸하고 소원을 성취하는 올바른 마음가짐	2권 p.130
소원을 적극적으로 성취하고 오래오래 유지하는 방법	2권 p.201
무엇을 이루려는 한恨을 바치면 소원 성취는 저절로	3권 p.36
소원 성취하여 부처님 기쁘게 해 드리기를 발원	3권 p.41
가장 확실하고 완전한 금강경식 소원 성취	3권 p.102

왜, 어떻게 바쳐야 하나

무슨 생각이든지 바쳐라, 선지식께서 말씀하신 이유	1권 p.129
불평이 착각인 줄 알고 바치면	1권 p.143
현재 현재에 진실하면 미래 미래는 완전할 것이다	1권 p.166
취해서 사는 삶에서 벗어나라	1권 p.176
분별을 바치는 것이 행복하게 사는 길	1권 p.331
부처님께 바치면 영원히 행복해지고 밝아진다	1권 p.337
분별심이 다양해도 하나만 마음 세워서 끝까지 바쳐라	2권 p.78
집중하여 아는 것과 깨달음은 다르다	2권 p.138

바치는 것은 공경심으로 완성된다	2권 p.179
난제를 부처님께 바치면 가장 좋은 결과로 축복받는다	2권 p.248
무슨 생각이든지 착각인 줄 알고 형상 없는 부처님께 바쳐라	2권 p.288
부처님께 바칠 때 우주를 움직이는 보편적 가치가 된다	3권 p.171

진정한 지혜를 얻는 길

투쟁에 맞서지 않고 아상을 소멸한 지혜로 대처한다	1권 p.255
금강경식 지혜 교육, 모른다는 생각을 부처님께 바쳐 터득한다	2권 p.100
도인의 법식, 바쳐서 나오는 지혜로 대처한다	2권 p.193
금강경 가르침, 4차 산업혁명 시대의 훌륭한 대안	2권 p.314
지혜로워지는 법문과 행복해지는 법문	2권 p.337
지혜로운 이는 일할 때 원을 세우며 바치고 연구한다	2권 p.342
모든 생각을 바쳐서 나오는 완전한 지혜	3권 p.62
지혜 교육을 받아야 성공하고 능력자가 된다	3권 p.89
선입견을 바쳐서 소멸하는 지혜 교육	3권 p.120

부처님 시봉하는 수행

우리 가르침은 목표달성이 아니라 부처님 시봉	2권 p.40
본능을 거스르기 싫은 마음을 부처님께 바치며 즐겁게 한다	2권 p.122
무슨 일이든지 이름 짓지 말아야 하는 이유	2권 p.147
밝은이가 가르쳐 주시는 진정한 행복의 길	2권 p.156
부처님 시봉하는 마음, 응무소주 이생기심의 실천	2권 p.294
발원문은 보살이 부처님 시봉하겠다는 서원	3권 p.17
나는 부처님 시봉하는 사람	3권 p.79
부처님께 의지하는 불교에서 부처님 시봉하는 불교로	3권 p.239

수행의 마음가짐

바라고 의지하는 아가 마음에서 오직 주는 마음으로	1권 p.17
자신이 못난 줄 알아야	1권 p.120
바람직한 수행은 나를 없애는 수행	1권 p.171
처음부터 부처님 시봉하는 마음으로	1권 p.178
법당에서는 자신을 가장 낮추고 밖에서는 당당하라	1권 p.246
선지식 모시고 대승의 마음으로 공부해야 한다	2권 p.27
진정한 불자는 늘 부처님을 향한다	2권 p.273
윗목의 도반을 호랑이가 물어가도 흔들리지 마라	3권 p.285

신심과 공경심의 위대한 힘

진정한 신심, 신심을 키우는 수행	1권 p.148
순수한 신심과 환희심, 장엄 불토의 본질	2권 p.331
불교는 절대성이 있는 종교, 단순한 수련이 아니다	3권 p.142
최고의 수행법, 부처님을 절대 공경하는 것	3권 p.152

선지식의 크신 사랑

아상을 소멸하는 선지식의 가르침	1권 p.33
선지식 없이 혼자 공부하는 것은 불가능하다	1권 p.39
선지식의 수기설법, 새로운 인생관을 확립하여 운명을 바꾼다	1권 p.67
음탐심을 깨치면 큰 지혜와 생사해탈로 이어진다	2권 p.304
선지식은 우리의 위대성을 수시로 일깨워 준다	3권 p.70

도인의 법식

도인의 법식이 담긴 책, 전 세계로 퍼져 세상이 변화하기를 발원	1권 p.115
진정한 종교개혁과 르네상스	1권 p.199
지혜와 능력을 개발하는 금강경 가르침	1권 p.215
백 선생님 가르침의 특징	2권 p.92
우리 가르침의 탁월함, 마음속에 이미 구족함을 알라	2권 p.239
도인은 자신을 드러내지 않는다	3권 p.161
도인은 말이 없다	3권 p.213
미래를 예견하시는 도인의 수기설법과 대승불교	3권 p.222
수행의 핵심은 음탐심의 해탈	3권 p.302
백성욱 박사 교육문화재단 설립의 의의	3권 p.312

참 불법의 특징

정법正法의 특징	1권 p.97
참 불법은 절체절명의 위기에서 벗어나게 하고 운명을 바꾼다	1권 p.344
고통에서 즉시 벗어나 지혜로워진다	1권 p.354
법다운 법당과 법다운 법문	2권 p.17
보살불교와 중생불교	3권 p.24

일체유심조

마음은 주위 환경을 변화시키고 새로운 것을 창조한다	1권 p.87
인과응부의 굴레에서 벗어나는 전지전능한 삶	1권 p.297

참나의 위대성	1권 p.305
마음 씀씀이가 운명을 만든다	3권 p.31

탐진치를 소멸하여 환희심이 나는 수행

도인의 법식, 탐진치의 현실적인 해석	1권 p.78
금강경 공부한 보람, 고난이 축복으로 된다	1권 p.223
불도佛道수행은 늘 즐거운 것	2권 p.46
탐진치를 소멸하여 환희심이 나도록 수행하라	2권 p.70
진정한 무주상 보시의 복덕은 바로 실감할 수 있다	2권 p.85
성공과 환희심을 유지하려면 치심癡心을 닦아야	2권 p.169
계율의 참뜻, 마음속에서도 하지 않아야 한다	2권 p.209
아상을 소멸하여 금생에 이루는 우리 가르침	2권 p.254
진심을 해탈하여야 세상 떠날 때 부처님을 향할 수 있다	2권 p.283
사람을 대할 때는 바라지 말고 주는 마음으로	2권 p.372

붙은 마음을 어떻게 떼나

마음을 떼는 방법, 부처님께 일일이 여쭤본다	1권 p.27
마음을 떼고 진실하게 그리면 한순간에 이루어진다	3권 p.294
부처님 감사합니다	3권 p.348

건강한 사회인이 되는 길

부귀영화의 길, 부처님 향하는 길과 다르지 않다	1권 p.313
불교 수행의 목적, 몸과 마음을 건강하게 하는 것	3권 p.183
자신이 못난 줄 알고 이 공부를 영광스럽게 알아야	3권 p.323

나, 국가, 불교가 발전하는 가르침

불교 발전의 길, 선지식의 가르침	1권 p.210
국가와 개인이 모두 잘살 수 있는 참 가르침	1권 p.262
이 시대 스님의 사명과 불교의 역할	1권 p.322
백 선생님 가르침, 한국불교가 사는 길	1권 p.360

편집후기

선지식의 크신 사랑으로
새벽을 밝히며

후기는 쓰지 않으셨으나 여러모로 성실하게 도와주신 청우 지혜 교육원 도반님들이 많이 계십니다. 그 도반님들과 함께 할 수 있었던 날들을 부처님께 감사드립니다.

서정완

듣고 또 듣고, 보고 또 보며
부처님의 가르침을 잘 알려주시어
현실에서 직접 적용하게 하시며
재앙을 축복으로 만드는 기쁨을 알려 주시는
선지식의 크신 사랑으로
기쁨이 솟아 나오는 샘을 찾았습니다.

이 가을 울긋불긋한 치장을 떨구며
철이 드는가 합니다.
오는 겨울도 봄으로 만들며
이 기쁜 마음도 부처님께 바칩니다.
부처님 감사합니다.

이혜림

우리 모두는 부처님과 같이 전지전능한 존재라는 사실을 일깨워 주시는 선지식의 말씀에서 희망과 용기를 얻습니다. 선지식의 무한한 사랑을 느끼며 깊이 감사할 따름입니다. 이 책이 전 세계인의 인생 지침서, 지혜 교육의 교과서, 그리고 세계적인 인재 양성소 금강경 연수원 건립의 토대가 되기를 발원합니다.

김순점

새벽을 달리고 달렸습니다. 새벽법문에 젖어들 때 세상은 고요했고 법사님은 늘 나의 오른쪽에 계셨습니다. 마침내 이른 새벽을 가르고 해가 떠오릅니다. 이 법문집을 읽게 될 모든 분들의 가슴에 밝은 태양이 떠오를 것을 확신합니다.

남경민

『재앙을 축복으로 만드는 사람들』 책표지와 본문 편집에 참여하게 되어 매우 영광입니다. 매주 토요일 새벽 5시의 영상 법문이 세 권의 책 시리즈로 재탄생하는 동안 법사님을 향한 도반님들의 공경심과 선지식의 지혜와 사랑을 실감할 수 있었습니다. 늘 귀한 법문을 해 주시는 법사님께 무한 감사드리며 책 작업에 참여하신 모든 분들 이 책 읽으시는 모든 분들이 세세생생 선지식 만나 부처님 시봉 잘 하시기를 발원드립니다.

노지선

선지식님의 새벽 법문은 들을 때에도 들을수록 새로운 마음으로 듣게 되는 희유한 법문이었습니다. 글로 바뀐 새벽법문 역시 선지식님의 선호념, 선부촉과 큰 은혜를 느낄 수 있는 보면 볼수록 또 보고 싶은 글이었습니다. 이 과정에 참여할 수 있어 무한한 영광입니다. 이 책을 통해 우리 가르침이 전 세계에 두루 퍼지고, 전 세계 모든 사람이 세세생생 선지식 모시고 금강경 공부 잘하여 스스로 전지전능한 존재임을 깨달아 부처님 시봉 잘하길 발원합니다.

박지현

선지식님의 말씀을 한 단어 한 단어 더욱 귀 기울여 들을 수 있는 영광된 기회를 주심에 감사드립니다. 희망과 용기를 주시는 밝은 말씀으로 칠흑 같은 어둠 속에 갇혀있던 제게 지금까지 경험해 보지 못한 마음 벅찬 희망의 새벽이 열리는 것 같습니다. 선지식님의 재앙을 축복으로 만드는 희유한 가르침과 헤아릴 수 없는 크신 사랑에 깊이 감사드리며, 모든 사람들이 이 책 잘 읽으셔서 마음에 눈부신 동이 트는 환희로운 새벽을 맞이하시기 발원드립니다.

문성경

선지식의 은혜와 모든 인연에 감사드립니다. 이번 작업은 주는 것이 곧 받는 것임을 실감하게 했습니다. 바쁠 때 겨우 자원을 하면 우연히 받은 교정물에서 제게 꼭 필요한 법문을 어김없이 얻게 되는 것이었습니다. '해가 뜨기 전의 새벽이 가장 어둡다'. 이는 달이 지고 해가 뜨기 직전의 순간이기 때문인데, 가장 어두워 보이지만 실은 밝아지기 위한 과정인 것입니다. 모든 사람을 영원한 밝음으로 이끄는 선지식의 귀한 가르침을 지침으로 하여 재앙을 축복으로 만드는 사람들의 대열에 동참하여 부처님 시봉 잘하시기를 발원드립니다.

함홍식

처음 시작은 선지식의 법문을 더욱 잘 이해하고 공부하기 위하여 활자로 옮겨 정리하는 것이었습니다. 한 사람 한 사람이 돌을 놓았고 그 돌이 쌓여 어느새 돌탑이 되었습니다. 이 돌탑은 보통의 돌탑과 달리 소원을 빌기 위함이 아니고, 신심과 공경심으로 이루어진 부처님 기쁘게 해 드리는 돌탑이 되었습니다. 이 돌탑에 작은 돌 하나 놓을 수 있는 기회를 주신 것에 감사합니다.

김형태

선지식 말씀 오해없이 그대로 전달되도록 듣고 또 들으며 녹취했던 시간, 글로 옮긴 내용 보고 또 보며 교정보았던 시간, 선지식의 말씀이 저희에게는 법비가 되어 온몸에 젖어들었던 행복한 시간이었습니다. 이 책을 보시는 모든 분들께서 환희심 가득 내어 세세생생 선지식 모시고 부처님 시봉 잘 하길 발원드립니다. 법사님 감사합니다. 부처님 감사합니다.

황수복

불법을 공부할수록 부처님의 은혜에 감격해서 눈물이 난다는 글을 읽은 적이 있는데, 법문 편집하면서 감격하는 그 마음을 이해할 수 있었습니다. 책에 있는 법문 한글자 한글자 마다 공부하는 사람들을 밝게 해 주시려는 법사님의 자비로운 마음이 담겨 있습니다. 이 희유한 법문이 책으로 나올 수 있도록 도움 주신 모든 분들께 감사드립니다. 모든 사람이 이 책 잘 읽어서 부처님과 법사님께 진심으로 감사하고 공경하는 마음으로 시봉 잘하기를 발원합니다.

김수

당나라 시인 두보杜甫는 만권의 독서를 하면 글을 쓰는 경지가 신神에 도달한다고 했습니다. 한때 많은 독서를 통한 지혜 교육으로 운명을 변화시킬 수 있다고 믿었지만, 세상에 나온 서적들은 대부분 지식교육의 한계를 넘지 못하였습니다.
하지만 이 책은 지식교육을 넘어 누구에게나 운명을 바꿀 수 있는 지혜교육의 길을 제시해줄 책이 될 것이라고 확신하였습니다.

채희선

선지식의 법문 작업에 비록 처음부터 참여하지는 못했지만, 마지막 작업이라도 참여할 수 있어서, 영광으로 생각하며 감사드립니다. 잊어버렸던 법문, 미처 듣지 못했던 법문을 읽게 되어 절로 공부가 되는 것 같아 즐거웠습니다. 법사님 감사합니다. 도반님 감사합니다.

이영주

새벽에 설하시는 선지식의 진리의 말씀은 나의 무지를 일깨우고, 지혜의 등불을 밝혀 항상 '참나'로 이끌어 주셨습니다. 그 법문이 너무 심오하고 높아서, 일상생활 속에서도 반복해서 들으며, 선지식의 가르침을 깨우치고자 하였습니다. 이제 새벽법문이 책으로 출판되니, 많은 사람들이 생활의 지침서로 삼아 더욱 밝아지고 난제를 축복으로 바꾸어 행복해지기를 발원드립니다. 법사님과 출판에 참여한 도반들께 진심으로 감사드립니다.

김은희

편집을 하면서 법문에 더욱 깊게 빠져들었고 새 정신이 났으며 마음이 든든해졌습니다. 오히려 제가 많은 복을 받았습니다. 선지식의 법문은 언제나 우리를 밝게 해 줍니다. 희유한 법문을 편집하고 후기까지 쓰게 된 무한한 영광을 부처님께 바칩니다. 출판에 무주상으로 참여하신 도반님들께 감사드립니다. 소중한 복을 짓게 해주신 선지식께 감사드립니다. 이 책을 보는 모든 분들이 재앙과 축복이 둘이 아님을 깨우쳐 고통에서 벗어나 부처님 전에 복 많이 지으시길 발원드립니다.

이 책을
전 세계 모든 사람이 잘 읽어서
부처님과 내가 둘이 아닌 진리
번뇌와 보리가 둘이 아닌 진리
재앙이 곧 축복임을 아는
불이不二의 진리를 단박에 깨쳐
부처님 시봉 잘하시기를 발원합니다.

재앙을 축복으로 만드는 사람들 3

초판 1쇄 인쇄일 | 2021년 11월 15일
초판 1쇄 발행일 | 2021년 11월 22일

지은이 | 김원수

발행처 | 도서출판 바른법연구원
주소 | 서울시 마포구 망원로 10길 21
등록번호 | 540-90-01473
등록일자 | 2020년 9월 1일
전화번호 | 02-337-1636
네이버 카페(바른법연구원) | https://cafe.naver.com/buddhaland
유튜브 | https://www.youtube.com 바른법연구원 김원수

ⓒ 2021, 김원수

ISBN 979-11-974426-4-3 04220
ISBN 979-11-974426-1-2 (세트)

값 18,000원

※이 책에 실린 내용은 무단으로 복제하거나 전재할 수 없습니다.
※잘못된 책은 교환해 드립니다.